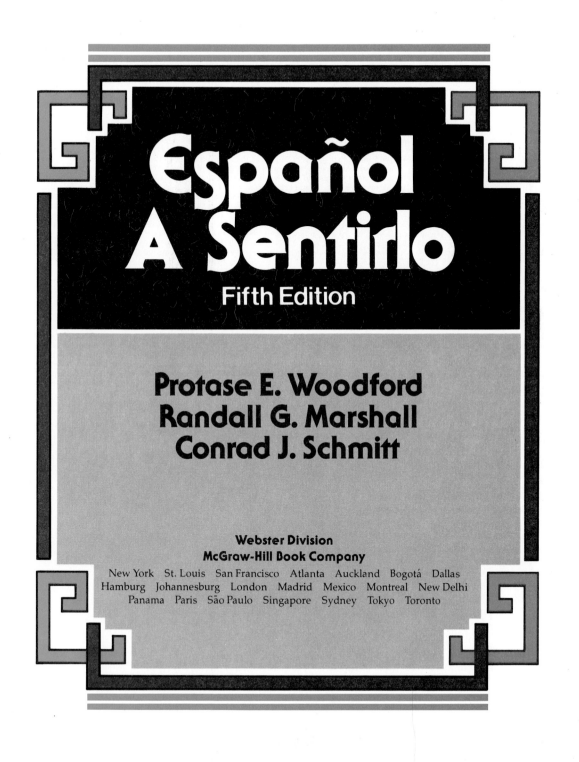

Español A Sentirlo

Fifth Edition

Protase E. Woodford
Randall G. Marshall
Conrad J. Schmitt

Webster Division
McGraw-Hill Book Company

New York St. Louis San Francisco Atlanta Auckland Bogotá Dallas
Hamburg Johannesburg London Madrid Mexico Montreal New Delhi
Panama Paris São Paulo Singapore Sydney Tokyo Toronto

Credits

Editor: Teresa Chimienti / Design Supervisor: Tracy Glasner / Production Supervisor: Angela Kardovich / Illustrations: Nava Atlas / Layout: Blaise Zito Associates, Inc. / Photo Research: Randy Matusow / Photo Editor: Suzanne Volkman / The cover photograph is of a modern Mexican handicraft.

The authors are indebted to the following persons and organizations for permission to include the photographs below:

Opener: Ned Haines/Photo Researchers; 5 Ingeborg Lipman/Magnum; 6 Michael Austin/Photo Researchers; 12 (t) Carl Frank/Photo Researchers, (b) Susan McCartney/ Photo Researchers; 13 (t) Chilean Mission to the United Nations, (c) Donald Dietz/Stock, Boston, (bl) Susan McCartney/Photo Researchers, (br) Bohdan Hrynewych/ Stock, Boston; 14 Yoram Kahana/Peter Arnold, Inc.; 16 (t) Robert Rattner, (c) Paul Fusco/Magnum, (b) Costa Manos/Magnum; 18 Andrew Sacks/Editorial Photocolor Archives; 22 Robert Rattner; 25 (t) Porterfield-Chickering/Photo Researchers, (b) Frank Siteman/Stock, Boston; 26–27 Robert Rattner; 28 Peter Menzel; 29 Claudio Edinger/Kay Reese & Associates; 32 Toge Fujihira/Monkmeyer; 35 Wide World; 39 Henry Bureau/Sygma; 42–43 Fred Ward/Black Star; 44 (t) Ted Carland/Red Cross, (b) Jerry Wachter/Focus On Sports; 47 (tl) Henry Bureau/Sygma, (tr) El Diario, La Prensa; 48 Mitchel B. Reibel/Focus On Sports; 51 Jack Fields/Photo Researchers; 52, 55 Focus On Sports; 56 Jim Holland/Stock, Boston; 57 Focus On Sports; 58 Mitchel B. Reibel/Focus On Sports; 59 Frank Siteman/Stock, Boston; 60 Cary Wolinsky/ Stock, Boston; 62 Paolo Koch/Photo Researchers; 65 John Lewis Stage/Photo Researchers; 66 John Vachon/Image Bank; 67 Peter Menzel; 68 Owen Franken/Stock, Boston; 71 Erika Stone/Peter Arnold, Inc.; 72 Porterfield-Chickering/Photo Researchers; 74 Rene Burri/Magnum; 77 (t) Cary Wolinsky/Stock, Boston, (b) Owen Franken; 79 J.K./Magnum; 82 Fritz Henle/Photo Researchers; 83 Mathias T. Oppersdorff/Photo Researchers; 84 Culver Pictures; 86 Edith Reichman/Monkmeyer; 90 Elizabeth Hamlin/Stock, Boston; 92 Gilles Peres/Magnum; 94 Herb Levart/Photo Researchers; 96 Peter Southwick/Stock, Boston; 97 Ernst Haas/Magnum; 98 Dr. Stephen Schneider/Lenox Hill Hospital; 100 Bernard Pierre Wolff/Photo Researchers; 102 Richard Kalvar/Magnum; 105 Wilhelm Braga/Photo Researchers; 106 Randy Matusow; 109 Susan McCartney/Photo Researchers; 112 Will McIntyre/Photo Researchers; 113 Owen Franken/Stock, Boston; 116 Jason Laure/Woodfin Camp; 119 Tom Hollyman/Photo Researchers; 120 Robert Capece/McGraw-Hill; 124 Norman Snyder/Kay Reese & Associates; 127 Jan Lukas/Photo Researchers; 132 Lynn McLaren; 134 Yvonne Freund/Photo Researchers; 136 Josephus Daniels/Photo Researchers; 137 Cary Wolinsky/Stock, Boston; 138 (l) Peter Menzel, (r) Roger B. Smith; 140 Alain Keller/Editorial Photocolor Archives; 141 Daniel S. Brody/Editorial Photocolor Archives; 146 Peter Menzel; 149 Norman Snyder/Kay Reese & Associates; 151 Patricia Hollander Gross/Stock, Boston; 153 Beryl Goldberg; 154 Peter Menzel; 155 Randy Matusow/McGraw-Hill; 158 Cary Wolinsky/Stock, Boston; 162 Carl Frank/Photo Researchers; 163 Warren Ballard/DPI; 165 Hans Stuck/DPI; 166, 167 Dave Nadig/Photo Researchers; 170 Maureen Fennelli/Photo Researchers; 171 Frank Siteman/Stock, Boston; 172 Dave Nadig/Photo Researchers; 173, 176 Mimi Forsyth/Monkmeyer; 181 Michal Heron/Woodfin Camp; 183, 184 Watriss Baldwin/Woodfin Camp; 185 Jean Claude LeJeune/Stock, Boston; 186 Watriss Baldwin/Woodfin Camp; 187 Marcia Keegan/Woodfin Camp; 190 Porterfield-Chickering/ Photo Researchers; 197 Michal Heron/McGraw-Hill; 198 Robert Capece/McGraw-Hill; 199 Ministerio de Cultura; 200 (l) Sybil Shelton/Monkmeyer, (r) Nicholas Sapieha/Stock, Boston; 204 Wilhelm Braga/Photo Researchers; 207 Thomas Hopker/Woodfin Camp; 208 C. Raimond Dityvon/VIVA/Woodfin Camp; 209 Norman Snyder/Kay Reese & Associates; 210–211 Beryl Goldberg; 213 M. Delluc/VIVA/Woodfin Camp; 216 Carl Frank/Photo Researchers; 218 Carl Purcell/Photo Researchers; 220–221 Elliot Erwitt/Magnum; 222 H. Cartier/Magnum; 224 Marc Riboud/Magnum; 225 (l) Henry Cartier-Bresson/Magnum, (r) Ministerio de Cultura, Spain; 226 Ministerio de Información y Turismo; 227 (t) Carl Frank/Photo Researchers, (b) William Carter/Photo Researchers; 230 Janine Niépce/Photo Researchers; 232 Eastern Airlines; 235 Andrew Sacks/Editorial Photocolor Archives; 236 Peter Menzel/Stock, Boston; 237 Ellis Herwig/Stock, Boston; 238 Peter Menzel; 242 Editorial Photocolor Archives; 244 Lisa Limer; 247 Wick Herrera; 249 The Bettmann Archive; 250 Marc and Evelyn Bernheim/Woodfin Camp; 254 Jerry Frank/DPI; 256 Mimi Forsyth/ Monkmeyer; 259 Burk Uzzle/Magnum; 261 Josef Koudelka/Magnum; 263 Nicholas Sapieha/Stock, Boston; 264 Marc & Evelyn Bernheim/Woodfin Camp; 268 Jeff Albertson/Stock, Boston; 270 Jerry Berndt/Stock, Boston; 272 Peter Southwick/Stock, Boston; 275 Porterfield-Chickering/Photo Researchers; 276 Mimi Forsyth/ Monkmeyer; 278 Peter Menzel; 279 Bernard Pierre Wolff/Photo Researchers; 280 Owen Franken/Stock, Boston; 281 Jim Holland/Stock, Boston; 286 Editorial Photocolor Archives; 289 Hispanic Society of America; 290 Gustave Doré; 293 Spanish National Tourist Office; 296 New York Public Library/Picture Collection; 298 MAS; 302 Peter Menzel; 306 Beryl Goldberg; 309 Banco de Bilbao; 310 Robert Rattner; 312 Ellis Herwig/Stock, Boston; 318 Beryl Goldberg; 320 Fred Mayer/Woodfin Camp; 322 Mary Thacher/Photo Researchers; 325, 326 Ministerio de Cultura, Spain; 327 Robert Rattner; 329 (l) Rick Winsor/Woodfin Camp, (r) Ministerio de Cultura, Spain; 331 Ministerio de Cultura, Spain; the color photographs appearing between pages 186 and 187 are from Editorial Photocolor Archives.

Library of Congress Cataloging in Publication Data

Woodford, Protase E
   Español: a sentirlo.

   Includes index.
   SUMMARY: A basic text for intermediate high
school Spanish students. Includes cultural,
social, and economic trends within Spanish-speaking
countries, with vocabulary, structure, dialogue,
oral and written exercises, narratives, and games.
   1. Spanish language—Grammar—1950–
[1. Spanish language—Grammar] I. Marshall,
Randall G., joint author. II. Schmitt, Conrad J.,
joint author. III. Title.
PC4112.W637 1981   468.2'421   80-39707
ISBN 0-07-071691-9

4 5 6 7 8 9 10   VHVH   91 90 89 88 87 86 85 84

Preface

The fifth editions of *Español: A Descubrirlo* and *Español: A Sentirlo* represent a logical and pragmatic approach to teaching the basic concepts of the Spanish language over a two-year period at the secondary school level. In this new edition of *Español: A Sentirlo*, the authors have maintained those qualities such as structure control, enforced reentry, variety and wealth of practice, and balance of skills, which have made it the most widely used Spanish text in the nation. Minimal changes have been made in the organization of structure. Almost all stories have been rewritten to place more emphasis on the day-to-day activities of people throughout the Spanish-speaking world, always contrasting and comparing these activities with those of our own culture. New to this edition are: full-color format with all new art and photographs; puzzles and games in every lesson; comic strips and cartoons for teaching and for enjoyment, composition, immediate reinforcement of oral skills with written practice; a more basic and explanatory approach to grammar terminology, and the *Entrevista*, a personalized activity unique to this series to enable students to personalize the content of each lesson by building directly on what the students know. For each hour of language study, the student will be rewarded with tangible gains in the ability to communicate and a visible and measurable step toward mastery.

Contents

Lección 1

Bases 1
Estructuras 4
  el imperfecto de los verbos regulares 4
    verbos en -ar 4
    verbos en -er e -ir 6
  el imperfecto de los verbos irregulares 8
    ser 8
    ir 10
Escenas 12
  En todas partes cuecen habas 12

Lección 2

Bases 19
Estructuras 22
  comparativo y superlativo 22
    adjetivos irregulares 22
  repaso del pretérito 24
    verbos regulares 24
Escenas 26
  ¿Dónde está León García con la calle
  Independencia? 26

Lección 3

Bases 33
Estructuras 34
  pronombres con preposición 34
  repaso del pretérito de los verbos
    irregulares 36
    tener, andar, estar 36
    poner, poder, saber 37
    querer, hacer, venir 38
    decir, traer, producir, traducir 40
    ir y ser 41
Escenas 42
  Roberto Clemente 42

Lección 4

Bases 49
Estructuras 52
  el imperfecto y el pretérito 52
    acción terminada, acción repetida 52
    dos acciones en la misma oración 54
Escenas 56
  Los deportes 56

Lección 5

Bases   63
Estructuras   65
  el presente progresivo   65
    los verbos en -ar   65
    los verbos en -er e -ir   67
Escenas   69
  Algunos chistes españoles   69

Lección 6

Bases   75
Estructuras   77
  algunos gerundios irregulares   77
    leer, traer, construir, creer   77
  los verbos de cambio radical e→i, o→u   78
  el imperfecto progresivo   80
Escenas   82
  ¿Una dueña te acompañaba?   82

Lección 7

Bases   87
Estructuras   91
  el pretérito   91
    verbos con el cambio radical -e→-i   91
    verbos con el cambio radical -o→-u   93
Escenas   95
  La doctora Brown   95

Lección 8

Bases   101
Estructuras   103
  los pronombres de complemento con el
    gerundio   103
    los pronombres reflexivos   103
  los pronombres de complemento directo e
    indirecto   105
  repaso del presente de los verbos de cambio
    radical   107
    verbos con el cambio -o→-ue   107
    verbos con el cambio -e→-ie   108
Escenas   110
  ¿Hora española u hora inglesa?   110

Lección 9

Bases   117
Estructuras   120
  el presente perfecto   120
    verbos en -ar   120
    verbos en -er e -ir   122
  los pronombres posesivos   124
Escenas   128
  Una familia puertorriqueña   128

Lección 10

Bases   133
Estructuras   135
  el pluscuamperfecto   135
    verbos regulares   135
  los participios irregulares   137
Escenas   139
  Les escribo de Norteamérica   139

Lección 11

Bases   147
Estructuras   150
  imperativo formal   150
    verbos regulares   150
    verbos irregulares   152
Escenas   155
  Una llamada telefónica   155

Lección 12

Bases   159
Estructuras   163
  imperativo familiar   163
    verbos regulares   163
    verbos irregulares   165
  la comparación de los adjetivos   167
    repaso—comparativo y superlativo   167
    la comparación de igualdad   168
Improvisaciones   171
  En la gasolinera   171
Escenas   172
  ¿Quieres ser mecánico?   172

Lección 13

Bases   177
Estructuras   180
  el subjuntivo   180
    el subjuntivo en cláusulas nominales   182
Escenas   186
  Los mexicano-americanos   186

Lección 14

Bases   191
Estructuras   194
  el subjuntivo con expresiones
    impersonales   194

repaso de los pronombres de complemento
directo   196
Improvisaciones   199
En el hotel   199
Escenas   200
La industria del turismo   200

Lección 15

Bases   205
Estructuras   207
repaso de los pronombres de complemento
indirecto   207
el subjuntivo   209
el subjuntivo con verbos especiales   209
Escenas   212
El machismo   212

Lección 16

Bases   217
Estructuras   219
el presente del subjuntivo de los verbos de
cambio radical   219
verbos con el cambio -o→-ue   219
verbos con el cambio -e→-ie   219
verbos con el cambio -o→-ue, -u   219
verbos con el cambio -e→-ie, -i   219
verbos con el cambio -e→-i   220
el subjuntivo con verbos o expresiones de
duda   222
Escenas   224
Manolito en la plaza de toros   224

Lección 17

Bases   231
Estructuras   233
repaso del futuro   233
verbos regulares   233
verbos irregulares   233
infinitivo y subjuntivo   235
Escenas   237
En el aeropuerto   237

Lección 18

Bases   243
Estructuras   245
el condicional   245
verbos regulares   245
verbos irregulares   247
Escenas   250
La condición femenina en la sociedad
hispana   250

Lección 19

Bases   255
Estructuras   257
repaso del pretérito   257
verbos con el cambio radical -e→-i   257
ir y ser   258
tener, estar, andar   258
poder, poner, saber   259
querer, hacer, venir   259
traer, decir, traducir, producir   259
sustantivos de adjetivos: su formación   262
Escenas   264
¿Hablas castellano?   264

Lección 20

Bases   269
Estructuras   271
el imperfecto del subjuntivo   271
usos del imperfecto del subjuntivo   272
cláusulas nominales   272
Escenas   278
En varios restaurantes   278

Lección 21

Bases   287
Estructuras   289
el subjuntivo en cláusulas adverbiales   289
el subjuntivo con aunque   292
repaso de las palabras negativas   295
Escenas   297
Un bosquejo de la novela española   297

Lección 22

Bases   303
Estructuras   306
el subjuntivo en cláusulas adverbiales   306
cláusulas de tiempo   306
el subjuntivo con antes de que   308
el subjuntivo en cláusulas relativas   310
el subjuntivo con ojalá, tal vez, quizá   312
Escenas   314
Algunos quehaceres   314

Lección 23

Bases   321
Estructuras   323
el presente perfecto del subjuntivo   323
cláusulas con si   324
el condicional perfecto   326
Escenas   329
Paloma   329

BASES

1. La <u>señorita</u> <u>bailaba</u>.
El <u>flamenco</u> es un <u>baile</u> <u>español</u>.
<u>Tocaba</u> las <u>castañuelas</u>.
<u>Tenía</u> el <u>pelo</u> <u>negro</u>, no <u>rubio</u>.

2. Los <u>turistas</u> <u>tomaban</u> <u>fotografías</u>.
Tenían <u>maletines de cuero</u>.

3. Es una <u>fábrica</u> de <u>automóviles</u>.
La <u>señora</u> es <u>ingeniera</u>.
<u>Fabrican</u> automóviles en la fábrica.

el cobre un metal de color rojo
es obvio es evidente, es claro
las habas los frijoles
la mujer la señora, la señorita
el dicho un proverbio o refrán popular
de prisa muy rápido
EE.UU. los Estados Unidos de América
crear formar, establecer
las semejanzas características similares, el contrario de **diferencias**
cocer (o → ue) cocinar

el estereotipo   ficticio, -a   exagerar
las hamburguesas
el piloto
la cuestión
el individuo
el aluminio
la contaminación

PRÁCTICA

A. Contesten a las siguientes preguntas.
1. ¿Qué bailaba la señorita?
2. ¿Qué tocaba ella?
3. ¿Tenía el pelo rubio la señorita?
4. ¿De qué color es su pelo?
5. ¿Quiénes tomaban fotografías?
6. ¿De qué son los maletines?
7. ¿Es ingeniera la señora?
8. ¿Qué fabrican en la fábrica?

B. Den una palabra relacionada.
1. individual
2. la ficción
3. la maleta
4. pilotear
5. las fotos
6. estereotípico
7. bailar
8. la exageración
9. fabricar
10. contaminar

C. Completen cada oración con una expresión apropiada.

1. Las _____ son vegetales.
2. Ellos quieren _____ una nueva forma de gobierno.
3. Muchos dicen que a los americanos les gusta comer _____.
4. Entre nosotros hay diferencias pero hay _____ también.
5. Los turistas tomaban _____ de la capital.
6. Ese cuento es _____; no es verdad.
7. En la ciudad todo el mundo camina _____.
8. El _____ y el _____ son metales muy útiles.
9. La joven tocaba las _____ mientras bailaba.
10. Los zapatos y los maletines son de _____ muy fino.

D. Corrijan cada oración según el dibujo.

1. La señorita tocaba la guitarra.

4. La secretaria trabajaba en una oficina.

2. Los turistas llevaban canastas de paja.

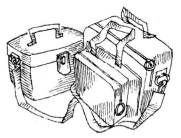

5. El chofer piloteaba un avión.

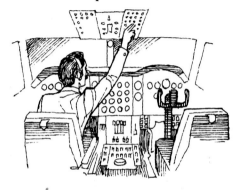

3. El señor cocía las papas en una sartén de piedra.

ESTRUCTURAS

el imperfecto de los verbos regulares

verbos en -ar

él, ella

A. Repitan.
La señorita bailaba bien.
El señor llevaba sombrero.

B. Sustituyan.

Beatriz { cantaba.
bailaba.
trabajaba.
hablaba.

C. Contesten.
¿Bailaba la señorita?
¿Llevaba sombrero el señor?
¿Hablaba él inglés?
¿Tomaba fotografías la joven?
¿Preparaba la comida Juan?
¿Visitaba el museo Carmen?
¿Tocaba ella la guitarra?
¿Trabajaba él en la fábrica?

ellos, ellas

D. Repitan.
Los señores llevaban maletines.
Juana y Lola tomaban café.

E. Sustituyan.

Ellos { fabricaban autos.
tomaban fotos.
llevaban camisas.
visitaban la fábrica.
preparaban la comida.

F. Contesten.
¿Llevaban ellos maletines?
¿Tomaban ellas café?
¿Fabricaban ellos autos?
¿Buscaban las señoras el museo?
¿Llegaban los muchachos?
¿Trabajaban todos en la fábrica?
¿Miraban los muchachos el auto?
¿Viajaban las jóvenes por Europa?

yo

G. Repitan.
Yo no hablaba bien.
Yo llevaba el sombrero.

H. Contesten.
¿Hablabas bien?
¿Llevabas el sombrero?
¿Cantabas toda la noche?
¿Visitabas la catedral?
¿Estudiabas todo el día?
¿Pasabas la tarde allí?
¿Tomabas las fotografías?
¿Tocabas las castañuelas?
¿Nadabas en el mar?
¿Fabricabas autos?
¿Bailabas en el mesón?
¿Viajabas en avión?

tú

I. Repitan.
Tú hablabas italiano.
¿Buscabas las fotos?
Tú no comprabas cobre.

J. Sigan las instrucciones.
Pregúntele a un amigo dónde trabajaba.
Pregúntele a una amiga qué tomaba.
Pregúntele a alguien qué visitaba.

Pregúntele a alguien cuándo llegaba.
Pregúntele a una joven cuándo estudiaba.
Pregúntele a un amigo qué tocaba.

nosotros, nosotras

K. Repitan.
Nosotros llegábamos temprano.
José y yo viajábamos en carro.

L. Sustituyan.

Papá y yo {
preparábamos las habas.
llevábamos sombrero.
trabajábamos mucho.
fabricábamos carros.

M. Contesten.
¿Miraban Uds. la televisión?
¿Llegaban Uds. temprano?
¿Viajaban Uds. en avión?
¿Preparaban Uds. la comida?
¿Visitaban Uds. el museo?
¿Tomaban Uds. café?
¿Fabricaban Uds. carros?
¿Mostraban Uds. mucho interés?
¿Caminaban Ud. y María de prisa?
¿Llamaban Ud. y José a la señora?

Estudiantes universitarios en la cafetería, Madrid

Ud., Uds.

N. Repitan.
Señora, ¿trabajaba Ud. en la capital?
Señor, ¿preparaba Ud. las habas?
Muchachos, ¿visitaban Uds. la catedral?

O. Sigan las instrucciones.
Pregúntele a la señora qué miraba.
Pregúntele al señor qué compraba.
Pregúnteles a los señores dónde trabajaban.
Pregúnteles a las señoras cómo viajaban.
Pregúnteles a los señores cómo usaban el metal.
Pregúnteles a los García cómo pasaban las
    vacaciones.

---Reglas---

The imperfect tense is used to express a continued or repeated action in the past.

Study the following forms of the imperfect tense of regular –ar verbs.

	hablar	trabajar
yo	hablaba	trabajaba
tú	hablabas	trabajabas
él, ella, Ud.	hablaba	trabajaba
nosotros, nosotras	hablábamos	trabajábamos
(vosotros, vosotras)	(hablabais)	(trabajabais)
ellos, ellas, Uds.	hablaban	trabajaban

Q. Complete cada oración con la forma apropiada del imperfecto del verbo indicado.
1. Mis amigos _____ a Europa. *viajar*
2. Ella no _____ nunca. *llorar*
3. Tú no _____ bastante carne. *comprar*
4. Yo no _____ bien el italiano. *hablar*
5. Mi padre y yo _____ temprano *llegar*
6. Nosotros _____ en casa. *estudiar*
7. Ud. no _____ durante el día. *trabajar*
8. ¿Qué _____ Uds. de noche? *tomar*
9. Ella _____ un carro. *buscar*
10. ¿A quién _____ tú? *llamar*

R. Escriba cada oración en el imperfecto.
1. Yo viajo en avión.
2. Paco y Elena trabajan en la fábrica.
3. Preparamos las habas con aceite.
4. ¿Buscas cobre en Chile?
5. Mis amigos llevan la merienda.
6. Adela y Miguel toman fotografías.
7. Los señores compran cobre en Chile.
8. Él fabrica televisores.
9. ¿Cómo usa Ud. el aluminio?
10. ¿A qué hora llegas?

verbos en -er e -ir

él, ella

A. Repitan.
Él comía el pan.
La ingeniera vivía allí.

B. Sustituyan.

El turista { tenía el pelo rubio.
recibía el dinero.
salía a las seis.
conocía la ciudad.

C. Contesten.
¿Comía el pan Elena?
¿Recibía el dinero Paco?

¿Tenía el pelo rubio la señora?
¿Conocía la ciudad el chico?
¿Aprendía el español la ingeniera?
¿Desaparecía el dinero?
¿Vendía el auto la joven?
¿Bebía agua el señor?
¿Hacía el viaje la señorita?

ellos, ellas

D. Repitan.
Las mujeres vendían vestidos.
Los ingenieros comían juntos.

E. Contesten.
¿Salían los automóviles?
¿Comían habas los muchachos?

6

¿Decían ellas la verdad?
¿Parecían ser jóvenes los señores?
¿Vendían las chicas el café?
¿Tenían dinero los pilotos?
¿A qué hora salían los ingenieros?
¿Escribían las cartas los estudiantes?
¿Dependían de otros los alumnos?
¿Podían volver los turistas?
¿Tenían maletines de cuero los turistas?

yo

F. Repitan.

Yo escribía todos los días.
Yo no conocía a la ingeniera.
Yo decía la verdad.

G. Contesten.

¿Comías en ese restaurante?
¿Servías las comidas?
¿Escribías bien?
¿Decías eso?
¿Conocías a la ingeniera?
¿Vendías carros?
¿Tenías mucho dinero?
¿Vivías lejos de aquí?
¿Salías temprano?
¿Abrías los maletines?

tú

H. Repitan.

¿Escribías tú muchas cartas?
¿Vendías la ropa?

I. Sigan el modelo.

> Yo aprendía español.
> Y tú también aprendías español.

Yo escribía una carta.
Yo leía el periódico.
Yo hacía mi trabajo.
Yo abría el maletín.
Yo tenía las castañuelas.
Yo sabía el nombre.
Yo repetía el dicho.

nosotros, nosotras

J. Repitan.

Nosotras no veíamos a los ingenieros.
Recibíamos el periódico.
José y yo vivíamos en Caracas.

K. Contesten.

¿Leían Uds. el periódico o el libro?
¿Venían Uds. temprano?
¿Salían Ud. y Elena a las nueve?
¿Vivían Uds. en el pueblo?
¿Subían Uds. al autobús?
¿Recibían Uds. cartas?
¿Vendían Ud. y la señora el carro?

Ud., Uds.

L. Repitan.

¿Escribía Ud. esa carta?
Doña Marta, ¿recibía Ud. el dinero?
¿Vendían Uds. la casa?

M. Sigan las instrucciones.

Pregúntele al señor cómo sabía la verdad.
Pregúntele al muchacho dónde ponía la guitarra.
Pregúntele a la joven si conocía a Juan.
Pregúnteles a las señoritas si podían estudiar aquí.
Pregúnteles a los turistas cuándo subían al autobús.
Pregúnteles a los estudiantes dónde vendían sus libros.

Note that *-er* and *-ir* verbs are identical in the imperfect tense. Study the following forms.

	comer	vivir
yo	comía	vivía
tú	comías	vivías
él, ella, Ud.	comía	vivía
nosotros, nosotras	comíamos	vivíamos
(vosotros, vosotras)	(comíais)	(vivíais)
ellos, ellas, Uds.	comían	vivían

APLICACIÓN ESCRITA

N. Complete cada oración con la forma apropiada del imperfecto del verbo indicado.
1. Yo siempre _____ la verdad. *decir*
2. Ella _____ muchos automóviles. *vender*
3. Tú no _____ nada. *hacer*
4. Mi hermana _____ cartas de Madrid. *recibir*
5. ¿Quién _____ esas cartas? *escribir*
6. Los jóvenes _____ la comida. *servir*
7. Ud. no _____ bastante dinero. *tener*
8. Mi abuela siempre _____ varios dichos. *repetir*
9. ¿_____ ser inteligentes los señores? *Parecer*
10. Nosotras lo _____ todo. *creer*

O. Complete el siguiente párrafo con la forma apropiada del imperfecto del verbo indicado.

Nosotros _____ (*comer*) casi siempre en el restaurante Luna. Yo siempre _____ (*creer*) que (ellos) _____ (*servir*) muy buenas comidas allí. Frecuentemente yo _____ (*pedir*) lechón asado, una especialidad de la casa. Siempre _____ (*tener*) un sabor estupendo. Pero mi amiga nunca _____ (*pedir*) el lechón. Ella siempre _____ (*querer*) mariscos. Sin excepción los meseros nos _____ (*atender*) muy bien y nos _____ (*traer*) la comida en seguida.

el imperfecto de los verbos irregulares

ser

él, ella, ellos, ellas

A. Repitan.
El señor era rico.
Ellas eran inteligentes.

B. Contesten.
¿Era joven Pepe?
¿Eran ingenieras las señoras?
¿Era guapo Miguel?
¿Eran pobres los turistas?
¿Era viejo el señor?
¿Eran ricas las señoras?
¿Era alta la joven?

yo, nosotros, nosotras

C. Repitan.
Yo era pobre.
Josefina y yo éramos pobres.
Nosotros éramos pobres.

D. Contesten.
¿Eras tú pobre?
¿Eras fuerte?
¿Eras guapo(a)?
¿Eras joven?
¿Eran Uds. ricos(as)?
¿Eran Uds. inteligentes?
¿Eran Uds. turistas?
¿Eran Uds. ingenieros(as)?

tú

E. Repitan.
Tú eras inteligente.
¿Eras rico?

F. Sigan las instrucciones.
Pregúntele a la joven qué era.
Pregúntele a alguien si era pobre.
Pregúntele al joven si era fuerte.

Ud., Uds.

G. Repitan.
Ud. era joven.
Uds. eran ricos.

H. Sigan las instrucciones.
Pregúntele al señor Iglesias si era pobre.
Pregúntele a la señorita Rueda si era rica.
Pregúntele a la profesora si era pilota.
Pregúnteles a las jóvenes si eran turistas.
Pregúnteles a los señores si eran profesores.

Study the following forms of the verb *ser*, which is irregular in the imperfect tense.

	ser		
yo	era	nosotros, nosotras	éramos
tú	eras	(vosotros, vosotras)	(erais)
él, ella, Ud.	era	ellos, ellas, Uds.	eran

APLICACIÓN ESCRITA

I. Complete cada oración con la forma apropiada del imperfecto del verbo *ser*.
1. Cuando yo _____ niña, viajaba mucho en avión.
2. Alicia no _____ ingeniera, _____ enfermera.
3. Los turistas no _____ pobres.
4. Mariana y yo _____ jóvenes.
5. Tú no _____ más que un chico.
6. Este periódico _____ bueno.
7. Ud. _____ la mujer más importante de la región.
8. Uds. no _____ pobres.
9. Ellas _____ profesoras.
10. Manolo _____ guapo.

ir

él, ella, ellos, ellas

A. Repitan.
Juana iba al pueblo.
Ellos iban a la capital.

B. Contesten.
¿Iba Rosario a la ciudad?
¿Iban ellos a la capital?
¿Iba el joven a clase?
¿Iban los viejos al restaurante?
¿Iba el ingeniero a la fábrica?
¿Iban las amigas a la playa?

yo, nosotros, nosotras

C. Repitan.
Yo iba a las montañas.
Nosotras íbamos al Caribe.
Mariana y yo íbamos temprano.

D. Contesten.
¿Ibas tú al parque?
¿Ibas tú a la cama?
¿Ibas al mercado?
¿Ibas a la tienda?
¿Iban Uds. a la catedral?
¿Iban Uds. de prisa?
¿Iban Uds. a otro país?
¿Iban Uds. al río?

tú

E. Repitan.
Tú ibas a clase.
¿Ibas a casa?

F. Sigan las instrucciones.
Pregúntele a su amiga adónde iba.
Pregúntele al muchacho cuándo iba.
Pregúntele a su mamá si iba al centro.
Pregúntele a la muchacha si iba a la playa.

Ud., Uds.

G. Repitan.
Ud. iba a Caracas.
Uds. iban al Caribe.

H. Sigan las instrucciones.
Pregúntele al profesor adónde iba.
Pregúnteles a las señoras cuándo iban a la fábrica.
Pregúntele a la señorita si iba a España.
Pregúnteles a los señores si iban al mercado.
Pregúntele a la profesora cuándo iba a la ciudad.

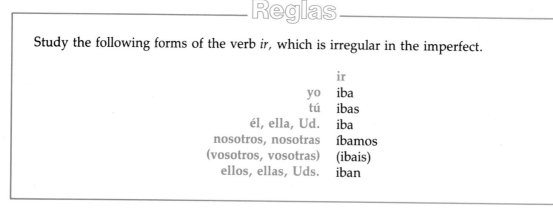

Reglas

Study the following forms of the verb *ir*, which is irregular in the imperfect.

	ir
yo	iba
tú	ibas
él, ella, Ud.	iba
nosotros, nosotras	íbamos
(vosotros, vosotras)	(ibais)
ellos, ellas, Uds.	iban

APLICACIÓN ESCRITA

I. Escriba una oración con el imperfecto
del verbo *ir* según lo que ve en el dibujo.

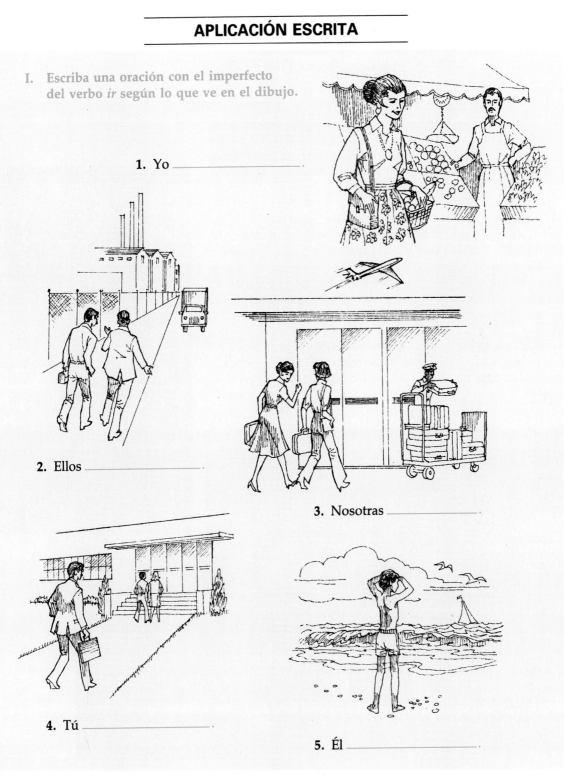

1. Yo _____

2. Ellos _____

3. Nosotras _____

4. Tú _____

5. Él _____

ESCENAS

En todas partes cuecen habas

Hace pocos años vivíamos en un mundo de estereotipos. *South of the border, down Mexico way* era la letra de una canción muy popular. México era «mañanaland.» En esa tierra ficticia nadie trabajaba. Los hombres llevaban sarape y sombrero. Cuando no dormían la siesta, tocaban la guitarra.

España era la tierra del «olé». Era la tierra de la corrida de toros y del baile flamenco. Las españolas todas tenían el pelo y los ojos negros. Día y noche bailaban y tocaban las castañuelas. Y claro, siempre llevaban una rosa en el pelo o entre los dientes. ¡Olé!

Es verdad que nosotros teníamos nuestro estereotipo de los españoles y de los hispanoamericanos. Y ellos también tenían su estereotipo de nosotros, los norteamericanos. Para ellos, el norteamericano era rico. Todos, hombres y mujeres, eran altos y rubios con los ojos azules. El turista norteamericano visitaba otros países sólo para tomar fotografías. El norteamericano comía solamente hamburguesas. Nunca tomaba agua—sólo gaseosas.

letra lyrics of a song

Es obvio que esos estereotipos no representaban la verdad.
Como todos los estereotipos, exageraban algunas características
e ignoraban otras. Para cada española que bailaba flamenco,
había miles de médicas, secretarias y profesoras. Para cada
turista norteamericano que sólo tomaba fotos, había muchos más
que tenían verdadero interés en la cultura del país que ellos
visitaban.

Hoy el turismo va en muchas direcciones. Los europeos
visitan las Américas. Los sudamericanos viajan al norte. El
otro día en el aeropuerto, mirábamos a la gente. Las señoras
y los señores caminaban de prisa con sus maletines por las
puertas de salida. ¿Quién sabía de dónde eran? El caballero
podía ser alemán o argentino. La señora era de Venezuela o
quizás de los EE.UU.

En el mundo de este siglo es imposible ser totalmente independiente. Vamos a ver un ejemplo. Un piloto colombiano
pilotea un avión que fabricaron en Seattle, Washington. Este
avión que fabricaron en los EE. UU. contiene cobre de Chile y
aluminio de Santo Domingo. La ingeniera en la fábrica de

caballero   gentleman

Seattle lleva zapatos españoles. Los zapatos españoles probablemente son de cuero norteamericano. Todos dependemos de otros para algo. Si el precio del cobre chileno sube, afecta a los trabajadores en Seattle. Si el cuero norteamericano sube en precio, los zapatos españoles cuestan más.

Si todos dependemos los unos de los otros, es importante conocernos un poco mejor. No somos todos iguales. Pero como dice el refrán español «en todas partes cuecen habas»—todos tenemos mucho en común. Lo primero que tiene que desaparecer son los estereotipos. Cada uno de nosotros es un individuo con sus virtudes y sus defectos personales. Lo que virtudes   virtues tenemos en común es el deseo de crear un mundo mejor. Queremos trabajar. Queremos vivir libres del hambre, de la guerra y de la contaminación. Somos de distintas razas. Hablamos diferentes idiomas. Las diferencias son interesantes, pero menos importantes que las semejanzas.

PREGUNTAS

1. Hace algunos años, ¿en qué tipo de mundo vivíamos?
2. ¿Cuál era la letra de una canción popular?
3. En esa tierra, ¿quién trabajaba?

4. ¿Qué hacían los hombres de esa tierra?
5. ¿Qué era España?
6. ¿Cómo eran las españolas?
7. ¿Cuándo bailaban?
8. ¿Cuál era el estereotipo del norteamericano?
9. ¿Por qué visitaba otros países el norteamericano?
10. ¿Qué comía?
11. ¿Qué bebía?
12. ¿Representaban la verdad esos estereotipos?
13. Describa Ud. el turismo de hoy.
14. ¿Cómo caminaba la gente en el aeropuerto?
15. ¿Dónde fabricaron el avión que pilotea el piloto colombiano?
16. ¿De dónde son los zapatos de la ingeniera?
17. Probablemente, ¿de qué son los zapatos españoles?
18. ¿Es posible ser totalmente independiente?
19. Si el precio del cobre chileno sube, ¿a quiénes afecta?
20. ¿Somos todos iguales?
21. ¿Qué quiere decir «En todas partes cuecen habas»?
22. ¿Qué tiene que desaparecer?
23. ¿Qué tenemos en común?
24. ¿Cómo queremos vivir?
25. ¿Cuáles son más importantes, las diferencias o las semejanzas?

Composición

Answer the following questions to form a paragraph.

¿Qué pilotea el piloto colombiano?

¿Dónde se fabricó el avión que pilotea?

¿De dónde es el cobre que el avión contiene?

¿Y qué lleva la ingeniera que trabaja en la fábrica?

¿De dónde es el cuero de los zapatos españoles que lleva?

En el mundo de hoy, ¿podemos vivir totalmente independientes los unos de los otros?

¿Nos afecta lo que pasa en otros países del mundo?

¿Les afecta a los otros lo que pasa aquí en los EE.UU.?

¿Es importante conocernos mejor?

¿Qué tiene que desaparecer?

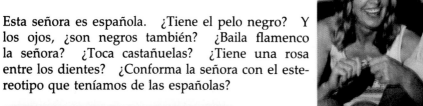

Esta señora es española. ¿Tiene el pelo negro? Y los ojos, ¿son negros también? ¿Baila flamenco la señora? ¿Toca castañuelas? ¿Tiene una rosa entre los dientes? ¿Conforma la señora con el estereotipo que teníamos de las españolas?

Este señor es mexicano. ¿Lleva él un sombrero grande? ¿Tiene sarape? ¿Qué lleva el señor? ¿Duerme una siesta? ¿Trabaja? ¿Dónde trabaja él? ¿Conforma este señor con el estereotipo que teníamos de los mexicanos?

Estas personas son norteamericanas. ¿Tienen todos el pelo rubio? ¿Comen hamburguesas? ¿Qué comen ahora? ¿Conforman estas personas con el estereotipo que tenían muchos de los norteamericanos?

Pasatiempo

Change one letter in each of the following words to form a
new word.

1. creer

2. corre

3. prima

4. haga

5. peso

6. toma

7. firmar

8. alto

9. calor

10. digo

Entrevista

Cuando tú eras niño(a), ¿viajabas a veces? • ¿Adónde
ibas? • ¿Con quiénes ibas? • ¿Cómo ibas, en carro,
en tren o en avión? • ¿Era largo o corto el viaje que
hacías? • ¿Te gustaba viajar o preferías quedarte en
casa?

¿Eres americano(a)? • ¿Eres alto(a) o bajo(a)?
• ¿Tienes los ojos azules? • ¿De qué color son los
ojos? • ¿Tienes el pelo rubio? • ¿De qué color es el
pelo? • ¿Conformas con el estereotipo que
los extranjeros tenían de los norteamericanos?
• ¿Siempre comes hamburguesas? • ¿Qué más
comes? • ¿Son verdaderos o ficticios los estereotipos?

BASES

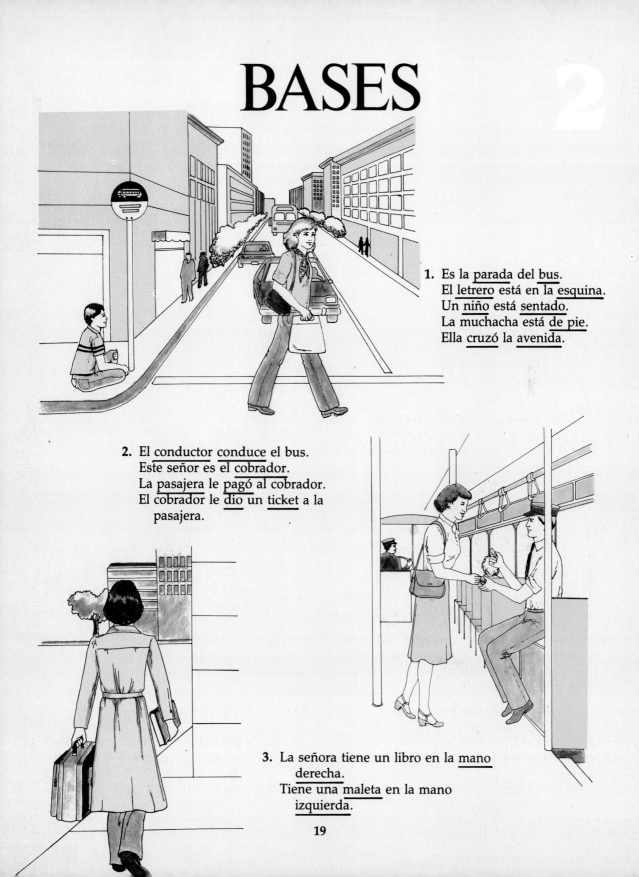

1. Es la parada del bus.
El letrero está en la esquina.
Un niño está sentado.
La muchacha está de pie.
Ella cruzó la avenida.

2. El conductor conduce el bus.
Este señor es el cobrador.
La pasajera le pagó al cobrador.
El cobrador le dio un ticket a la
pasajera.

3. La señora tiene un libro en la mano
derecha.
Tiene una maleta en la mano
izquierda.

el (la) forastero(a)   una persona que no es de aquí, un(a) extranjero(a)
una cuadra   una división o sección de una calle
virar   cambiar de dirección
las afueras   los suburbios
caro, -a   que cuesta mucho, el contrario de **barato, -a**
cómodo, -a   confortable

la ruta   recomendar

PRÁCTICA

A. **Contesten a las preguntas según la oración modelo.**
  1. La señora mira el letrero que está en la esquina.
     ¿Quién mira el letrero?
     ¿Qué mira la señora?
     ¿Dónde está el letrero?
     ¿Qué hace la señora?

  2. El cobrador le da un ticket al pasajero en el bus.
     ¿Quién le da un ticket al pasajero?
     ¿Qué le da el cobrador al pasajero?
     ¿A quién le da el ticket el cobrador?
     ¿Dónde le da el ticket?
     ¿Qué hace el cobrador?

B. **Den la palabra cuya definición sigue.**
  1. una sección de una calle
  2. cambiar de dirección
  3. una persona que no es nativa
  4. confortable
  5. que cuesta mucho, el contrario de *barato*
  6. un lugar que no está dentro de la ciudad

C. **Escojan la respuesta apropiada.**

  1. La persona que conduce el bus es
     a. el conductor.
     b. el cobrador.

  2. El
     a. conductor
     b. cobrador
     cobra el pasaje en el bus.

  3. Donde dos calles cruzan hay cuatro
     a. cuadras.
     b. esquinas.

4. Una persona que camina va   a. sentada.
                                                      b. a pie.

5. Los suburbios están en   a. las afueras.
                                       b. el centro.

6. Alguien que no es de este país es   a. forastero.
                                                          b. nativo.

7. Algo que cuesta mucho es   a. barato.
                                         b. caro.

8. La distancia entre una calle y otra es una   a. esquina.
                                                                          b. cuadra.

9. El lugar donde para el bus es la   a. parada.
                                                   b. cuadra.

10. Para tomar el bus es necesario tener   a. un boleto.
                                                                                b. un letrero.

D. Miren el siguiente dibujo y completen el párrafo.

La _____ del bus está en la _____. Hay un _____ que indica que para aquí el bus número _____. En este bus hay sólo un _____; no hay _____. Mucha gente está en el _____. En el bus hay muchos _____. Algunos están sentados pero otros están _____.

21

ESTRUCTURAS

comparativo y superlativo

adjetivos irregulares

A. Repitan.

Carlos es bueno.
Pero su hermano es mejor.
Y Tomás es el mejor de todos.

B. Sustituyan.

Elena es mejor que $\begin{cases} \text{su hermana.} \\ \text{su amiga.} \\ \text{Pablo.} \\ \text{yo.} \end{cases}$

Eduardo es el mejor $\begin{cases} \text{del grupo.} \\ \text{de todos.} \\ \text{de la clase.} \\ \text{de la fábrica.} \end{cases}$

C. Repitan.

María es mala.
Su hermana es peor.
Teresa es la peor de todas.

D. Sustituyan.

Roberto es peor que $\begin{cases} \text{Juan.} \\ \text{María.} \\ \text{Uds.} \\ \text{su hermana.} \end{cases}$

Alfredo es el peor $\begin{cases} \text{del grupo.} \\ \text{de la clase.} \\ \text{de la fábrica.} \\ \text{del pueblo.} \end{cases}$

E. Contesten.

¿Es bueno este carro?
¿Es mejor ese carro?
¿Es el mejor de todos aquel carro?
¿Es buena estudiante Teresa?
¿Es mejor estudiante María?
¿Es María la mejor estudiante de la clase?
¿Es mala esta guitarra?
¿Es peor esa guitarra?
¿Es aquella guitarra la peor de las tres?
¿Es malo Gómez?
¿Es peor González?
¿Es el peor del grupo Ramírez?

F. Repitan.

Ellas son mejores que Uds.
Son las mejores de todas.
Éstos son peores.
Son los peores del grupo.

G. Contesten.

¿Son buenos estos buses?
¿Son mejores los otros?
¿Son aquellos buses los mejores de todos?
¿Son malas las fotos?
¿Son peores las otras?
¿Son aquellas fotos las peores de todas?

H. Repitan.

Sara tiene dieciocho años.
Susana tiene quince años.
Sara es mayor que Susana.
Susana es menor que Sara.
Sara es la mayor de las hermanas.

I. Contesten.

¿Tiene dieciséis años Ramón?
¿Tiene once años su hermano?
¿Tiene nueve años su prima?
¿Quién es mayor?
¿Quién es menor?
¿Quién es el mayor de los tres?
¿Quién es el menor de los tres?
¿Quién es mayor, su madre o su abuela?
¿Quién es la mayor de la familia?

Museo semisubterráneo en La Paz, Bolivia

22

The following adjectives are irregular in the comparative and superlative.

mejor (más bueno)   mayor (tiene más años)
peor (más malo)   menor (tiene menos años)

Since these adjectives end in a consonant, they have only two forms, the singular and the plural.

singular   plural

María es mayor.   María y Elena son menores que Juan.
Juan es menor.   Paco y Pepe son mayores que Juan.

To form the superlative, the definite article is used.

superlative

El abuelo es el mayor de la familia.
Estas pistas son las mejores de todas.

Note the use of the word *de* in the superlative sentences above.

APLICACIÓN ESCRITA

J. Complete cada oración con la forma apropiada del comparativo o del superlativo.
1. Juana no es vieja pero es _____ que yo.
2. José es muy joven.   Es mi hermano _____ .
3. Elena es _____ ingeniera de la fábrica.
4. Ese conductor es malo.   Es _____ de todos.
5. Manolo es _____ que los otros porque no estudia.
6. Estos maletines son buenos.   Son _____ que los otros.
7. La carne es buena pero el queso es _____ .
8. Esta foto es mala pero las otras son _____ .
9. Estas muchachas son jóvenes.   Son _____ que las otras.
10. Carmen es muy joven.   Es _____ de la familia.

K. Describa a las siguientes personas usando *mayor, menor, mejor* o *peor* según los informes.

SARA
TIENE 18 AÑOS
MUY BUENA
ESTUDIANTE

PACO
TIENE 16 AÑOS
BUEN
ESTUDIANTE

ADELA
TIENE 14 AÑOS
ESTUDIANTE
MALA

repaso del pretérito

verbos regulares

A. Contesten.
¿Preparó la comida la abuela?
¿Trabajó en la fábrica Tomás?
¿Compró los boletos la señora?
¿Cruzó la calle la señora?
¿Paró el bus en la esquina?
¿Comió la hamburguesa Paco?
¿Dependió de su padre su amigo?
¿Salió el turista?
¿Decidió salir la señorita?

¿Viajaron en avión los pasajeros?
¿Tomaron ellos fotos?
¿Hablaron mucho los chicos?
¿Comieron ellos el pollo?
¿Recibieron la carta los señores?
¿Salieron temprano los buses?
¿Subieron al bus los pasajeros?
¿Abrieron la caja los señores?
¿Vendieron el carro los Gómez?

¿Nadaste en el mar?
¿Miraste el coche?
¿Te sentaste en el bus?

¿Vendiste el maletín?
¿Escribiste el artículo?
¿Conociste al cobrador?
¿Comiste el sándwich?
¿Saliste con los otros?

¿Cruzaron Uds. la avenida?
¿Bailaron Uds. anoche?
¿Cantaron Uds. en la calle?
¿Volvieron Uds. ayer?
¿Subieron Uds. al bus?
¿Abrieron Uds. las cartas?
¿Conocieron Uds. al ingeniero?
¿Comprendieron Uds. las direcciones?

B. Sigan las instrucciones.
Pregúntele a su amiga si compró el boleto.
Pregúntele al muchacho si nadó en el mar.
Pregúntele a alguien si comió el sándwich.
Pregúntele a la señora si cruzó la avenida.
Pregúntele a la ingeniera si vendió el cobre.
Pregúntele al forastero si se perdió.
Pregúnteles a los trabajadores si recibieron el dinero.
Pregúnteles a las señoras cuándo volvieron de España.
Pregúnteles a los jóvenes si tomaron fotos.

24

La joven estudia los cuadros del Greco,
Museo del Prado, Madrid

Reglas

Review the following forms of the preterite of regular verbs.

	hablar	comer	vivir
yo	hablé	comí	viví
tú	hablaste	comiste	viviste
él, ella, Ud.	habló	comió	vivió
nosotros, nosotras	hablamos	comimos	vivimos
(vosotros, vosotras)	(hablasteis)	(comisteis)	(vivisteis)
ellos, ellas, Uds.	hablaron	comieron	vivieron

APLICACIÓN ESCRITA

C. Escriba cada oración en el pretérito.

1. Rafael come mucho.
2. ¿Quién escribe mejor que ella?
3. Uds. miran la fábrica.
4. ¿Necesitan Uds. más ayuda?
5. Los estudiantes toman fotos.
6. Yo no salgo temprano.
7. ¿Ven Uds. al profesor?
8. Nosotros bajamos del tren a las cinco.
9. ¿Tú no vuelves nunca?
10. Ellas suben las montañas.

D. Complete cada oración con la forma apropiada del pretérito del verbo indicado.

1. Tú _____ todo el pollo. *comer*
2. Yo _____ tarde. *volver*
3. Nosotros _____ la calle. *cruzar*
4. Ella _____ los boletos. *comprar*
5. El bus _____ temprano. *salir*
6. Yo _____ la maleta. *abrir*
7. Pablo y yo _____ los billetes. *vender*
8. La familia _____ tu carta. *recibir*
9. Él _____ al conductor. *conocer*
10. Los García _____ la casa. *vender*

En la parada del autobús, Granada

ESCENAS

¿Dónde está León García con la Calle Independencia?

Señor ¿Se perdió Ud.? ¿Le puedo ayudar?

Forastero Gracias. Sí, creo que me perdí. Quiero ir al Museo Nacional. Me informaron que está cerca de aquí. Pero no sé dónde.

Señor El Museo Nacional es el mejor museo del país. Pero no está tan cerca. ¿Viene Ud. a pie?

Forastero Sí. Estoy en el Hotel Metropol. Caminé desde allí.

Señor Bueno. Estamos en la Avenida León García. El museo también está en León García—León García con la Calle Independencia. Ud. puede caminar hasta el museo. Pero son quince cuadras. Con el calor que hace no se lo recomiendo.

Forastero En el hotel me recomendaron tomar un taxi. Preferí caminar. Pero si el museo está tan lejos . . .

Señor El taxi es rápido y cómodo. Y muy caro. Es mejor tomar el bus. En esta esquina hay una parada. ¿Ve Ud. el letrero verde con el número cincuenta y dos?

Forastero	Sí, lo veo. Hay dos letreros. Uno lleva el número cincuenta y dos. El otro lleva el número nueve.
Señor	Esos números que ve Ud. representan las rutas de dos buses. La línea cincuenta y dos va desde aquí hasta la Plaza de la Revolución por León García. Pasa por enfrente del Museo Nacional. Frente al museo hay una parada. Ud. no quiere tomar el número nueve. Va por León García sólo hasta la Calle Sol. Y luego vira a la derecha para ir a las afueras. Ud. quiere seguir derecho.
Forastero	¿Cuánto tiempo dura el viaje? ¿Y cuánto cuesta el viaje al museo?
Señor	Ésta es la peor hora del día. Hay mucho tráfico en el centro. De aquí al museo le va a tomar media hora. Cuando no hay tráfico, el viaje dura diez minutos. El bus cuesta quince pesos.
Forastero	¿Hasta qué hora hay servicio de autobús? Pienso cenar con una amiga en el barrio del museo.
Señor	Los últimos buses salen a la medianoche.
Forastero	Muchísimas gracias. Ud. me dio mucha y muy buena información. Una pregunta más. ¿Pueden cambiar un billete de cien pesos en el bus?
Señor	No. Hay que tener el cambio exacto. Pero yo puedo cambiarle el billete. Los buses ahora sólo llevan conductor. Ya no llevan cobrador.
Forastero	Otra vez, mil gracias.

La ciudad grande y moderna
de Bogotá, Colombia

PREGUNTAS

1. ¿Se perdió el forastero?
2. ¿Adónde quiere ir el forastero?
3. ¿Cuál es el mejor museo del país?
4. ¿Está cerca el museo?
5. ¿Viene a pie el forastero?
6. ¿En qué avenida están?
7. ¿Dónde está el museo?
8. ¿Hace calor?
9. ¿Qué le recomendaron al forastero en el hotel?
10. ¿Es cómodo el taxi?
11. ¿Es caro el taxi?
12. ¿Es mejor ir en bus?
13. ¿Qué representan los números que vio en el letrero el forastero?
14. ¿Cuánto tiempo dura el viaje al museo?
15. Cuando no hay tráfico, ¿cuánto tiempo dura el viaje?
16. ¿Hasta qué hora hay servicio de autobús?
17. ¿Pueden cambiar billetes en el bus?
18. ¿Llevan cobrador los buses?

Composición

Answer the following questions to form a paragraph.

¿Dónde se perdió el forastero?

¿Adónde quería ir?

¿Lo ayudó un señor?

Según el señor, ¿estaba lejos o cerca el museo?

¿Cómo le recomendó ir al museo?

¿Por qué era mejor ir en bus que en taxi?

¿Tenía el forastero el cambio exacto para el bus?

¿Por qué era necesario tener el cambio exacto?

¿Le dio el cambio exacto el señor?

¿Era simpático el señor?   ¿Por qué dices que sí o que no?

Parada del bus, España

PERSPECTIVAS

Adivinanzas

¿Inventen la conversación entre la pasajera y el conductor?

Pasatiempo

Form a word from each group of letters.

1. R R V A I
2. O A R C O D R B
3. D U R A A C
4. E R L R E O T
5. R A C O
6. M Ó O C O D
7. F R E S O A T O R
8. U R E S A F A
9. T U R A
10. E P I

Entrevista

¿Vives en una ciudad o en las afueras de una ciudad? • Donde tú vives, ¿cuál es la mejor manera de viajar? • ¿Hay un buen sistema de buses? • ¿Hay paradas de bus en cada esquina? • ¿O hay solamente un terminal o una estación de autobuses? • ¿Hay letreros que indican el número del bus y la ruta que sigue? • Cuando tomas un autobús, ¿tienes que comprar un boleto antes de subir al bus o puedes pagar en el bus? • ¿A quién pagas en el bus, al conductor o al cobrador? • ¿Tienes que tener el cambio exacto?

Actividad

Expliquen la ruta que sigue el autobús.

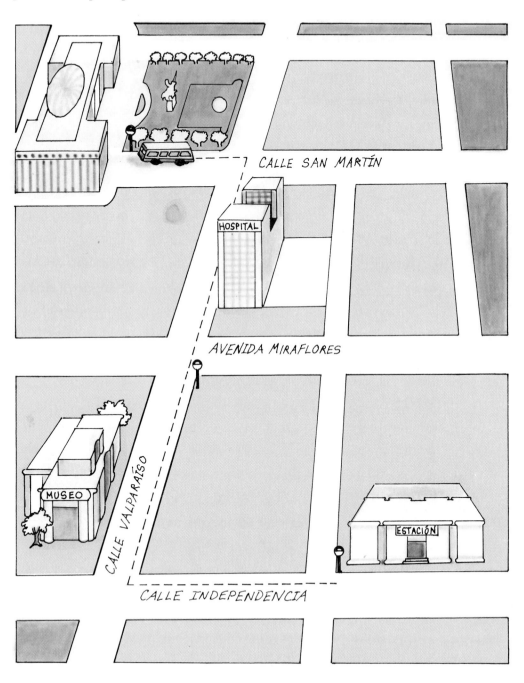

CALLE SAN MARTÍN

HOSPITAL

AVENIDA MIRAFLORES

MUSEO

CALLE VALPARAÍSO

ESTACIÓN

CALLE INDEPENDENCIA

← Destrucción del terremoto en Managua

BASES

3

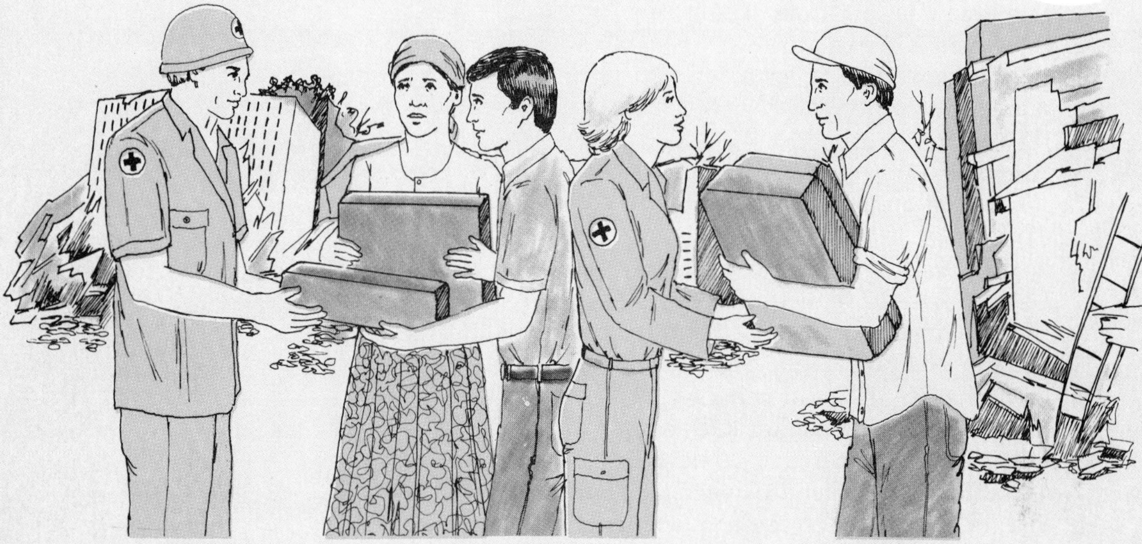

1. El terremoto fue una catástrofe.
   Hizo mucho daño.
   Este grupo se salvó la vida.
   El socorro llegó de todas partes del mundo.

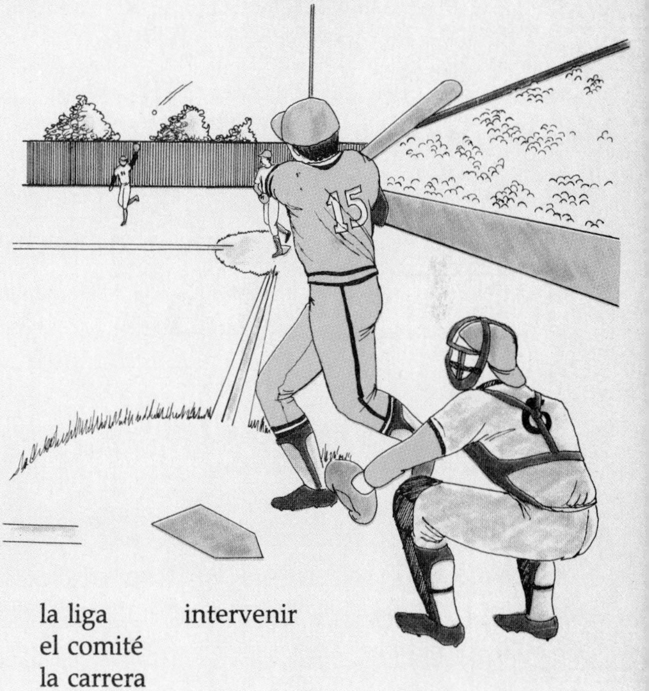

2. Es el bateador.
   Es un buen jugador. Batea muy bien.
   Su promedio como bateador es de .351.
   Aquel jugador es el jardinero derecho.

la Nochebuena la noche del 24 de diciembre
la Nochevieja la noche del 31 de diciembre
el jefe el líder
conseguir obtener
estar listo estar preparado
arrancar comenzar a funcionar, poner en marcha
comestibles comida, alimentos

la liga
el comité
la carrera

intervenir

A. Contesten a las siguientes preguntas.
1. ¿Qué fue una catástrofe?
2. ¿Qué hizo el terremoto?
3. ¿De dónde llegó el socorro?
4. ¿Batea el bateador?
5. ¿Es un buen jugador?
6. ¿Batea bien?
7. ¿Cuál es el promedio del bateador?

B. Completen cada oración con una expresión apropiada.
1. La noche del 24 de diciembre es _____.
2. Cuando hay un _____, la tierra se abre violentamente.
3. Roberto está preparado; está _____ para salir.
4. La noche del 31 de diciembre es _____.
5. El piloto _____ el motor y despega.
6. El bateador tiene un _____ de .351.
7. Yo no tengo auto; tendré que _____ uno.
8. Ella no quiere ser secretaria; quiere tener otra _____.

C. Den una palabra relacionada.
1. batear
2. comer
3. la tierra
4. venir

ESTRUCTURAS

pronombres con preposición

mí, ti

A. Repitan.
¿El boleto es para mí?
Sí, es para ti.

B. Contesten según se indica.
¿Para quién es el boleto? *ti*
¿En quién piensas? *ti*
¿De quién hablaba Marlena? *mí*

¿Para quién lo compró? *mí*
¿En quién pensaba el señor? *ti*

C. Contesten.
¿Es para ti la foto?
¿Hablan ellas de ti?
¿Quieren ir sin ti?
¿Son para ti los boletos?

D. Repitan.
Ella va conmigo.
¿Por qué no vienen contigo?

E. Contesten.

¿Quieren ir contigo?
¿Querían hablar contigo?
¿Pueden jugar contigo?
¿Prefieren esperar contigo?

F. Sigan las instrucciones.

Pregúntele a la joven si Carlos va con ella.
Pregúntele al joven si Roberto habla con él.
Pregúntele al estudiante si sus amigos trabajan con él.

las otras formas

G. Repitan.

El regalo es para él.
La foto es para ella.
Ellas lucharon contra nosotros.
No pueden ir sin Uds.

H. Contesten según se indica.

¿Con quién va Miguel al centro? *ella*
¿De quiénes es este libro? *ellos*
¿Con quién salió Juana? *él*
¿Para quiénes son los boletos? *ellas*
¿De quiénes hablan ellos? *Uds.*
¿En quiénes piensan ellos? *nosotras*
¿De quién recibió el dinero? *Ud.*

I. Sigan las instrucciones.

Pregúntele a la señora si el boleto es para ella.
Pregúntele al señor si hablan de él.
Pregúnteles a los jóvenes si podemos ir sin ellos.
Pregúnteles a los señores si Ud. puede esperar con ellos.

Roberto Clemente le presenta su pelota y su guante a un niño.

Reglas

A prepositional pronoun is one that follows a preposition. Some common prepositions in Spanish are: *a, de, en, para, con, por*. The forms of the prepositional pronouns are the same as the subject pronouns. The only exceptions are *mí* and *ti*.

subject	after preposition	subject	after preposition
yo	mí	nosotros, -as	nosotros, -as
tú	ti	(vosotros, -as)	(vosotros, -as)
Ud.	Ud.	Uds.	Uds.
él	él	ellos	ellos
ella	ella	ellas	ellas

Note that *mí* and *ti* when used with the preposition *con* become one word: *conmigo, contigo.*

¿Quieres ir conmigo?
Sí, quiero ir contigo.

J. Siga el modelo.

Yo voy contigo.
Tú vas conmigo.

1. Ella pensaba en él.
2. Él trabaja para Uds.
3. Ella va por nosotros.
4. Yo hablaba de ella.

5. Yo voy al teatro con ellos.
6. Hablamos de Uds.
7. No puedes ir sin él.
8. Pienso en ti.
9. Él jugaba con nosotros.
10. Tú viajabas con ellos.

repaso del pretérito de los verbos irregulares

tener, andar, estar

A. Repitan.

Ella tuvo mucho dinero.
Ellas anduvieron por el parque.
Yo estuve en Puerto Rico.
Nosotros tuvimos muchos.
¿Dónde estuviste?

B. Contesten.

¿Tuvo Bárbara bastante tiempo?
¿Anduvo el señor por la isla?
¿Estuvo el actor en el teatro?

¿Tuvieron los jóvenes las fotos?
¿Anduvieron las amigas por la calle?
¿Estuvieron los estudiantes en la escuela?

¿Tuviste otra oportunidad?
¿Anduviste por la calle?
¿Estuviste en la ciudad?

¿Tuvieron tú y tu amigo los billetes?
¿Anduvieron Uds. por los campos?
¿Estuvieron Uds. en la capital?

C. Sigan las instrucciones.

Pregúntele a alguien si tuvo el periódico.
Pregúntele a alguien cuándo anduvo por el campo.
Pregúntele a la joven por qué estuvo en el centro.
Pregúntele al señor si tuvo las fotos.
Pregúntele a la señora cuándo anduvo por el parque.
Pregúnteles a los señores qué tuvieron en casa.
Pregúnteles a los pilotos cuándo estuvieron en Puerto Rico.

 Reglas

Note that *tener*, *andar*, and *estar* share the same irregular stem in the preterite tense.

	tener	andar	estar
yo	tuve	anduve	estuve
tú	tuviste	anduviste	estuviste
él, ella, Ud.	tuvo	anduvo	estuvo
nosotros, nosotras	tuvimos	anduvimos	estuvimos
(vosotros, vosotras)	(tuvisteis)	(anduvisteis)	(estuvisteis)
ellos, ellas, Uds.	tuvieron	anduvieron	estuvieron

D. Escriba cada oración en el pretérito.

1. Andamos por la calle.
2. Estoy en la fábrica.
3. Ella no tiene tiempo.
4. ¿Dónde están los chicos?
5. ¿Cuándo andas por el parque?
6. Uds. no tienen bastante dinero.
7. ¿Dónde estamos?
8. ¿Qué tienes?
9. ¿Andan Uds. por la ciudad?
10. ¿Estás en el hotel?

E. Complete cada oración con la forma apropiada del pretérito del verbo indicado.

1. Yo _____ por la calle.   *andar*
2. Ella lo _____ en el carro.   *tener*
3. Él _____ contigo, ¿no?   *estar*
4. Ellos _____ por el museo.   *andar*
5. Nosotros no _____ bastante agua.   *tener*
6. Nosotras _____ con ellos.   *estar*
7. Yo _____ por la ciudad.   *andar*
8. ¿Tú _____ con Tomás?   *estar*

poner, poder, saber

A. Repitan.

La señora puso las tortillas en la mesa.
Ellos no pudieron ir.
Yo lo supe el otro día.
No lo pudimos terminar.

¿Qué pusieron Uds. en la bolsa?   *sándwiches*
¿No pudieron Uds. escribir en español?   *no*
¿Qué supieron Uds.?   *donde se encontraba el museo*

B. Contesten según se indica.

¿Qué puso Susana en la mesa?   *café*
¿Qué pudo hacer Tomás?   *nada*
¿Qué supo Juanita de la guerra?   *mucho*
¿Qué pusieron los muchachos en el maletín?   *los boletos*
¿Qué pudieron decir ellos?   *la verdad*
¿Qué supieron Sofía y Alicia?   *la hora de la salida*

¿No pusiste nada en el baúl del carro?   *sí, los maletines*
¿Pudiste viajar solo?   *no*
¿Supiste remar el barquito?   *sí*

C. Sigan las instrucciones.

Pregúntele a la muchacha cómo pudo nadar en el mar.
Pregúntele al niño si puso las salchichas allí.
Pregúntele a la joven si supo tocar la guitarra.
Pregúntele a la señora dónde puso el pan.
Pregúntele al señor cómo pudo comprar el boleto.
Pregúnteles a los señores qué pusieron en el carro.
Pregúnteles a los jóvenes qué pudieron vender.
Pregúnteles a las muchachas cómo supieron la hora de la llegada.

The verbs *poner, poder,* and *saber* are irregular in the preterite tense, but they have a similar stem irregularity.   Study the following.

	poner	poder	saber
yo	puse	pude	supe
tú	pusiste	pudiste	supiste
él, ella, Ud.	puso	pudo	supo
nosotros, nosotras	pusimos	pudimos	supimos
(vosotros, vosotras)	(pusisteis)	(pudisteis)	(supisteis)
ellos, ellas, Uds.	pusieron	pudieron	supieron

In the preterite tense, *saber* can mean "found out."

Ella lo supo ayer.

APLICACIÓN ESCRITA

D. Complete cada oración con la forma apropiada del pretérito del verbo indicado.
1. Yo _____ el pan en la mesa.   *poner*
2. Juan no _____ ir al mercado.   *poder*
3. Nosotros no _____ mucho de la guerra.   *saber*
4. Él _____ los comestibles en el baúl del carro.   *poner*
5. Él no _____ llegar a tiempo.   *poder*
6. No sé cómo ella _____ la verdad.   *saber*
7. ¿_____ tú los boletos en el maletín?   *Poner*
8. Yo no _____ tomar las fotos.   *poder*

E. Complete cada oración con la forma apropiada del pretérito del verbo indicado.
1. Sabes, quería ir a un partido de béisbol ayer pero no _____.   *poder*
2. Tú no _____. ¿Porqué? ¿Qué _____ que hacer?   *poder, tener*
3. Yo no _____ que hacer nada pero no _____ hallar los boletos.   *tener, poder*
4. ¿No _____ (tú) hallar los boletos? ¿Dónde los _____?   *poder, poner*
5. Los _____ (yo) en mi maletín.   *poner*

querer, hacer, venir

A. Repitan.
Yo vine tarde.
Nosotras lo hicimos ayer.
¿Por qué no quisiste ayudar?
Ella no quiso volver.

B. Contesten.
¿Quiso él volver a casa?
¿Hizo el viaje la señora?
¿Vino él de Puerto Rico?

¿Quisieron ellos tomar el sol?
¿Hicieron ellas el pan?
¿Vinieron ellas el otro día?

¿Quisiste nadar en el lago?
¿Hiciste el viaje a Nicaragua?
¿Viniste con tu amigo?

¿Quisieron Uds. volver?
¿Hicieron Uds. mucho trabajo?
¿Vinieron Uds.?

Pregúntele a alguien qué quiso hacer.

Pregúntele a alguien si hizo el viaje.

Pregúntele a su amigo cuándo vino de la isla.

Pregúntele a la profesora si quiso volver a México.

Pregúntele a la señora por qué vino con Juan.

Pregúnteles a los estudiantes qué quisieron hacer.

Pregúnteles a las muchachas si hicieron el viaje.

—— Reglas ——

The verbs *querer*, *hacer*, and *venir* have a similar irregular stem in the preterite tense. Study the following.

	querer	hacer	venir
yo	quise	hice	vine
tú	quisiste	hiciste	viniste
él, ella, Ud.	quiso	hizo	vino
nosotros, nosotras	quisimos	hicimos	vinimos
(vosotros, vosotras)	(quisisteis)	(hicisteis)	(vinisteis)
ellos, ellas, Uds.	quisieron	hicieron	vinieron

APLICACIÓN ESCRITA

D. **Forme oraciones completas en el pretérito.**
1. yo / no / querer / volver / ciudad
2. pasajeros / no / hacer / nada
3. ¿no / venir / Uds. / de / isla?
4. nosotros / no / querer / salir
5. ¿hacer / ella / mucho / viajes?
6. ¿venir / tú / de / capital?
7. ¿qué / querer / tomar / Uds.?
8. ayer / él / hacer / comida

Managua, después del terremoto

decir, traer, producir, traducir

A. Repitan.

Ella no dijo nada.
Los muchachos trajeron los refrescos.
Ud. produjo mucho café.
Yo traduje el poema.
Nosotros dijimos la verdad.
¿Tú trajiste los boletos?
¿Produjeron Uds. las habas?

B. Contesten.

¿Dijo Pancho la verdad?
¿Trajo la joven el dinero?
¿Produjo el señor el tabaco?
¿Tradujo mamá la carta?

¿Dijeron ellas que sí?
¿Trajeron las mujeres los refrescos?
¿Produjeron ellos el café?
¿Tradujeron los profesores el libro?

¿Me dijiste que sí?
¿Trajiste el libro?
¿Produjiste el pan?
¿Tradujiste el menú?

¿Dijeron Uds. la verdad?
¿Trajeron Uds. los bocadillos?
¿Produjeron Uds. muchos frijoles?
¿Tradujeron Uds. el libro?

C. Sigan las instrucciones.

Pregúntele a su amigo qué dijo.
Pregúntele a su amiga si trajo el maletín.
Pregúnteles a los jóvenes si dijeron la verdad.
Pregúnteles a los estudiantes si tradujeron el libro.
Pregúntele al señor si dijo algo.
Pregúntele a la señora si trajo el boleto.

 Reglas

The verbs *decir, traer, producir,* and *traducir* have the same irregular stem in the preterite tense.   Study the following.   Note the third person plural ending *-eron.*

decir	traer	producir	traducir
dije	traje	produje	traduje
dijiste	trajiste	produjiste	tradujiste
dijo	trajo	produjo	tradujo
dijimos	trajimos	produjimos	tradujimos
(dijisteis)	(trajisteis)	(produjisteis)	(tradujisteis)
dijeron	trajeron	produjeron	tradujeron

APLICACIÓN ESCRITA

D. Siga el modelo.

¿Trae Ud. los boletos hoy?
No, los traje ayer.

1. ¿Trae Ud. el periódico hoy?
2. ¿Producen Uds. mucho hoy?
3. ¿Traduce ella la carta hoy?
4. ¿Dice Ud. que sí?
5. ¿Traen Uds. a los niños hoy?
6. ¿Produce Ud. el modelo nuevo hoy?
7. ¿Traduzco la lección hoy?
8. ¿Dice papá que sí?

ir y ser

A. Repitan.
Él fue soldado.
Ellas fueron a Texas.
Yo fui presidenta.
Fuimos allá en bus.
¿Cuándo fuiste?

B. Contesten.
¿Fue Anita presidenta de la organización?
¿Fue Carlos miembro del club?
¿Fue en avión tu amigo?
¿Fue al teatro el actor?

¿Fuiste directora?
¿Fuiste presidenta?
¿Fuiste a México?
¿Fuiste al partido de béisbol?

¿Fueron miembros del comité tus amigos?
¿Fueron ellos al café?
¿Fueron a pie?

¿Fueron Uds. miembros?
¿Fueron Uds. al parque?
¿Fueron Uds. al estadio?

C. Sigan las instrucciones.
Pregúntele a su amiga si fue directora.
Pregúnteles a los jóvenes cómo fueron a España.
Pregúntele al señor si fue director.
Pregúnteles a los señores si fueron a América.
Pregúntele a su amigo cuándo fue al museo.

Reglas

The preterite forms of the verbs *ir* and *ser* are identical. The correct meaning is made clear by the context of the sentence.

	ir	ser
yo	fui	fui
tú	fuiste	fuiste
él, ella, Ud.	fue	fue
nosotros, nosotras	fuimos	fuimos
(vosotros, vosotras)	(fuisteis)	(fuisteis)
ellos, ellas, Uds.	fueron	fueron

APLICACIÓN ESCRITA

D. Escriba cada oración en el pretérito.
1. Él es un jugador de béisbol.
2. Yo voy a la ciudad.
3. Ellos son jardineros derechos.
4. ¿Va Ud. en seguida?
5. Vamos al partido de béisbol.
6. ¿Vas al parque?

ESCENAS

Roberto Clemente

Dos días antes de Navidad un terremoto destruyó la ciudad de Managua, Nicaragua. Eso fue en 1972. El centro de la ciudad presentaba una vista de destrucción total. Edificios, hoteles y comercios se quedaron destruidos. Miles de personas murieron en las ruinas de la capital. Otros miles que se encontraron fuera de los edificios cuando ocurrió el terremoto se salvaron la vida. Pero perdieron todas sus posesiones.

El gobierno de Nicaragua pidió ayuda. El socorro vino de Europa y de las Américas, Norte y Sur. La Cruz Roja Internacional y muchos gobiernos enviaron medicinas y alimentos a las víctimas.

La Cruz Roja Internacional	International Red Cross

Había uno que oyó las noticias de la catástrofe y decidió hacer algo. Fue Roberto Clemente. Nadie dijo que Clemente tenía que hacer algo pero como siempre él quería ayudar. Ahora iba a ayudar a sus hermanos nicaragüenses. ¿Quién era este hombre, este gran atleta, este héroe? ¿Y qué hizo?

Roberto Clemente nació en Puerto Rico en 1934 en el pueblo de Carolina. Cuando tenía 17 años ya era jugador profesional de béisbol. Clemente jugó con los Piratas de Pittsburgh por más de quince años. Su promedio como bateador durante su carrera fue de .317. Cuatro veces fue campeón de los bateadores con promedios de .351, .339, .329 y .357. Diez veces recibió el «guante de oro» por ser el mejor jardinero derecho de su liga.

guante de oro	Golden Glove award

Era diciembre en Puerto Rico. El calor tropical era perfecto para el atleta cansado. Clemente ya no era ningún niño. Tenía 38 años. Muy pocos jugadores de esa edad están todavía en las Grandes Ligas. En esta última tempor- **la temporada   season** ada de 1972 bateó su *hit* número tres mil. Él iba a descansar en su Puerto Rico y prepararse para la tempor- ada de 1973. Pero la naturaleza intervino. En Centro- américa la tierra se abrió. Las víctimas necesitaban ayuda. Roberto Clemente tuvo que hacer algo para ellos. Roberto oyó las noticias el día de Nochebuena. Durante la próxima semana se dedicó a organizar la ayuda para Nicaragua. Los puertorriqueños contribuyeron generosamente. El Comité de Auxilio, con Clemente como jefe, consiguió un avión. Llenaron el avión de medicinas, comestibles y ropa. Una semana después de recibir la noticia, Clemente tenía todo listo.

Nochevieja, 1972. El avión viejo está en la pista del aero- puerto de Isla Verde en San Juan. Los motores están en marcha. Clemente está con el piloto. El avión corre por la pista y despega. Pero nunca llega a Managua. Momentos después del despegue, el avión cayó en las aguas del Caribe y Roberto Clemente murió.

Dijo un famoso *manager* de las Grandes Ligas, «Nunca podrán hacer una película sobre la vida de Roberto. ¿Por qué no? Porque ningún actor puede hacer el papel de Roberto **el papel   the role** Clemente.»

Hoy día hay un gran centro deportivo en Puerto Rico para los niños de la isla. Esto fue un sueño de Roberto Cle- mente. Su nombre se encuentra en la lista de campeones del *Hall of Fame* del béisbol. La calle en donde él vivía lleva su nombre. Pero la Sra. de Clemente y sus hijos dicen que prefieren el nombre original de la calle. Porque cuando la calle llevaba el otro nombre, Roberta vivía.

acuan Managua; 20 Mil Muertos

TEGUCIGALPA, Honduras. (AP).— Pilotos que evacuan heridos desde Managua, dijeron ayer aquí que conforme se evalúa el daño provocado por los sismos y temblores en Nicaragua, se fortalece la cifra de 20,000 muertos como saldo de la tragedia.

El coronel Shultz, piloto de un avión norteamericano que llegó aquí, dijo que "la gente está aterrada", y que la mortandad es tremenda.

El gobierno hondureño ha dispuesto que el estadio y el gimnasio nacional sean acondicionados para recibir a los damnificados de Nicaragua. Informes oficiales indican que Costa Rica también ha ofrecido albergue a las víctimas, que quedaron sin hogares.

El general Anastasio Somoza, expresidente nacional que sigue siendo uno de los militares de más poder en este país centroamericano, dijo que por lo menos el 70 por ciento de Managua fue demolido por los temblores que la azotaron más violentamente el sábado por la mañana.

"Oficialmente hemos sepultado más de 800 personas", dijo, pero no sabemos cuál es el número total de muertos".

El teniente coronel José Alagret, comandante del cuerpo de ingenieros del ejército estima que el número total de muertos será entre 10,000 y 12,000 y más de 20,000 heridos. Doscientos mil, de los 300,000 habitantes de la capital, quedaron sin hogar.

La prisión de la ciudad, enclavada en una fortaleza en el corazón de la ciudad, fue posiblemente la mayor trampa de muerte al ocurrir el terremoto. Se cree que por lo menos 100 prisioneros murieron al derrumbarse las paredes de la prisión.

Se calcula, inicialmente, que los daños ascienden a $2 billones, una cifra descomunal para una nación que tiene un presupuesto anual de $100 millones.

Fue Per
Bomba
De I

TA
Uno
en la
nagu
mot
Ni
tr
du

r

c

PREGUNTAS

1. ¿Qué destruyó la ciudad de Managua?
2. ¿Cómo se quedaron los edificios, hoteles y comercios?
3. ¿Cuántas personas murieron?
4. ¿Qué pidió el gobierno de Nicaragua?
5. ¿De dónde vino el socorro?
6. ¿Qué enviaron muchos gobiernos y la Cruz Roja Internacional?
7. ¿Quién decidió ayudar a los nicaragüenses?
8. ¿Dónde nació Roberto Clemente?
9. ¿Con qué equipo jugó Clemente?
10. ¿Cuál fue su promedio como bateador?
11. ¿Para quién es perfecto el calor de Puerto Rico?
12. ¿Cuántos años tenía Clemente?
13. ¿Para qué iba a preparar?
14. ¿Qué intervino?
15. ¿A qué se dedicó Roberto?
16. ¿Cómo contribuyeron los puertorriqueños?
17. ¿Qué consiguió el Comité de Auxilio?
18. ¿De qué llenaron el avión?
19. ¿Llega a su destino el avión?
20. ¿Cómo murió Roberto Clemente?
21. ¿Por qué no podrán hacer una película sobre Clemente?

Composición

Write a composition on the life of Roberto Clemente. Include the following details.

el año en que nació

el lugar donde nació

la edad que tenía cuando se hizo jugador profesional de béisbol

su promedio como bateador

por qué decidió ir a Nicaragua

cómo murió

el día y el año en que murió

PERSPECTIVAS

Complete the following crossword puzzle.

Horizontal

1. lo que hace un jugador de béisbol
6. lo que se usa para hacer vino
9. estudiantes
11. pronombre
12. lugar
14. andar, pasear
15. pronombre
17. uno de dos verbos españoles que significa "to be"
18. el contrario de *bajos*
20. uno, dos, _____
22. -_____, -er, -ir
23. el número de años en un siglo
24. lo que los jugadores de fútbol norteamericano hacen con la pelota
26. el contrario de *oeste*
28. pronombre
29. pronombre
30. no cree
32. el contrario de *sí*
33. pronombre
34. lo que los pájaros usan para volar

Vertical

1. suficiente
2. contracción
3. pronombre
4. estación de radio
5. el contrario de *después*
6. utilizo
7. comestible
8. lo mismo que *17. Horizontal*
10. escuchar
13. conjunción
16. artículo definido
19. el contrario de *temprano*
20. un lugar donde se compran cosas
21. ganado
25. lo que hago en una piscina
27. estos, _____, aquellos
29. pronombre
31. contracción

Actividad

Aquí vemos el titular *Mundo Entero Ayuda a Managua*. Prepare Ud. otros titulares sobre la catástrofe que sufrió Managua.

Resumen Oral

Conteste a las siguientes preguntas según lo que ve en el dibujo.

¿Bateó el bateador?

¿Golpeó un jonrón?

¿Quién cogió la pelota?

¿Corrió de una base a otra un jugador?

BASES

4

1. El boxeo es un deporte.
Este boxeador es el campeón.
Los espectadores gritaban.
Ellos gritaban cuando ganó el
campeón.

2. Es un juego de jai alai.
Es la pared.
Es la cesta.
La pelota alcanzó una velocidad
tremenda.

← Nancy López-Melton, jugadora de golf

3. Los marinos jugaban al fútbol cerca
del barco.
Jugaban en el muelle.
Tenían un balón.
Los niños tenían un balón de trapo.

49

el amanecer   la llegada del día, cuando se levanta el sol
el anochecer   la llegada de la noche, cuando se pone el sol
la ley   la regla
la cubierta   la parte exterior de un barco por donde anda la gente

PRÁCTICA

A. Contesten a las siguientes preguntas.
  1. ¿Es el campeón el boxeador?
  2. ¿Gritaban los espectadores?
  3. ¿Es el jai alai un deporte?
  4. ¿Qué necesita el jugador de jai alai?
  5. ¿Quiénes jugaban al fútbol?
  6. ¿Dónde jugaban los marinos?
  7. ¿De qué era el balón que tenían los niños?
  8. ¿Pueden andar por la cubierta del barco los marinos?

B. Contesten según se indica.
  1. ¿Cuándo ibas a salir?   *al amanecer*
  2. ¿Y cuándo pensabas volver?   *al anochecer*
  3. ¿Quiénes gritaban durante el juego?   *los espectadores*
  4. ¿Por dónde andaban los marinos?   *la cubierta*
  5. ¿Dónde estaban los barcos?   *en el muelle*

C. Completen según el dibujo.
  1. El _____ salió victorioso.

  2. Él es el _____.

  3. Los _____ están contentos y gritan.

4. Al lado del muelle había un _____.

5. Los marinos no andaban por la _____ del barco.

6. Ellos estaban en el _____.

Un barco en el muelle de Valparaíso, Chile

7. Algunos niños llegaron. Uno de ellos salió y luego volvió con un balón de _____. Luego los niños empezaron a jugar también.

el imperfecto y el pretérito

acción terminada, acción repetida

A. Sustituyan.

Bárbara miró la televisión {
ayer.
anoche.
el otro día.

Bárbara miraba la televisión {
todos los días.
cada noche.
cuando era niña.

Nosotros comimos allí {
una vez.
el viernes pasado.
el verano pasado.

Comíamos allí {
con frecuencia.
todos los viernes.
a veces.

Roberto Durán, boxeador famoso

B. Contesten según se indica.

¿Cuándo comías tortillas? *siempre*

¿Cuándo recibían ellas las noticias? *todos los días*

¿Cuándo leía Juan el periódico? *a veces*

¿Cuándo hablaban Uds. con ellas? *muchas veces*

¿Cuándo almorzaba ella allí? *todos los días*

¿Cuándo subían Uds. las montañas? *todos los veranos*

¿Cuándo ibas al hospital? *los domingos*

¿Cuándo atendía ella al enfermo? *cada tarde a las cinco*

¿Cuándo viajaban ellos al campo? *todos los días*

¿Cuándo decía él la verdad? *nunca*

C. Contesten.

¿Jugaron las jóvenes al tenis el otro día?

¿Cuándo jugaron ellas al tenis?

¿Jugaban las jóvenes al tenis todos los días?

¿Cuándo jugaban las jóvenes al tenis?

¿Habló Ud. con Tomás ayer?

¿Cuándo habló Ud. con Tomás?

¿Siempre hablaba Ud. con Tomás?

¿Cuándo hablaba Ud. con Tomás?

¿Pasaron Uds. una semana en la playa el verano pasado?

¿Cuándo pasaron Uds. una semana en la playa?

¿Pasaban Uds. una semana en la playa todos los veranos?

¿Cuándo pasaban Uds. una semana en la playa?

¿Hizo Teresa un viaje a la Florida el año pasado?

¿Cuándo hizo Teresa un viaje a la Florida?

¿Hacía Teresa un viaje a la Florida cada año?

¿Cuándo hacía Teresa un viaje a la Florida?

¿Salieron del barco anoche los marinos?

¿Cuándo salieron del barco los marinos?

¿Salían los marinos del barco todas las noches?

¿Cuándo salían los marinos del barco?

¿Comió Ud. alguna vez en aquel restaurante?

¿Cuántas veces comió Ud. en aquel restaurante?

¿Comía Ud. con frecuencia en aquel restaurante?

¿Cuándo comía Ud. en aquel restaurante?

¿Gritaron los espectadores durante el partido de ayer?

¿Cuándo gritaron los espectadores?

¿Gritaban los espectadores durante todos los juegos?

¿Cuándo gritaban los espectadores?

Reglas

The preterite tense is used to express an action completed at a definite time in the past.

    Ayer comí a las ocho.
    Pepe bailó con Carmen anoche.

The word "imperfect" means not yet completed (or "perfected"). Therefore, the imperfect tense is used to express an action in the past that is continuous or repeated. The time at which the action was or will be completed is unimportant.

    Yo siempre comía a las ocho.
    Pepe bailaba con Carmen con frecuencia.

APLICACIÓN ESCRITA

D. Complete cada oración con el tiempo apropiado del verbo.

1. Los espectadores siempre _____ . *gritar*
2. El señor siempre _____ los partidos. *ganar*
3. Yo _____ solamente una vez al muelle. *ir*
4. Las chicas siempre _____ al tenis *jugar*
5. Ayer nosotros _____ el barco. *ver*
6. Los ingenieros _____ en aquella fábrica el año pasado. *trabajar*
7. ¿Qué _____ tú anoche? *hacer*
8. Carmen y yo _____ en ese restaurante los sábados. *comer*
9. Ella nos _____ al teatro frecuentemente. *acompañar*
10. Los González _____ anoche a las nueve. *salir*

E. Cambie cada oración según se indica.

1. David me habló ayer.
   _____ todos los días.
2. Los muchachos jugaban al fútbol los sábados.
   _____ el sábado pasado.
3. Yo la vi una vez.
   _____ frecuentemente.
4. Anoche la pelota alcanzó una velocidad tremenda.
   Durante cada partido _____ .
5. Ella me lo dijo una vez.
   _____ constantemente.
6. Pasamos una hora allí.
   _____ todos los veranos allí.
7. Los campeones volvieron el martes al anochecer.
   _____ todos los días al anochecer.
8. Los espectadores siempre gritaban.
   _____ anoche.
9. Los jugadores siempre salían del estadio a las seis.
   _____ el otro día a las seis.
10. Jugábamos al tenis los domingos.
    _____ el domingo pasado.

dos acciones en la misma oración

A. Sustituyan.

Cuando yo entré la ingeniera $\begin{cases} \text{trabajaba.} \\ \text{hablaba.} \\ \text{comía.} \end{cases}$ Los niños dormían cuando nosotros $\begin{cases} \text{llegamos.} \\ \text{llamamos.} \\ \text{salimos.} \end{cases}$

B. Contesten.

¿Gritaban los espectadores cuando salió el campeón?

¿Estaba su madre en la sala cuando entró Sofía?

¿Hablaba Victoria con el marino cuando llegó Andrés?

¿Estaba el espectador en el estadio cuando vinieron los chicos?

¿Esperaba el español aquí cuando llegó su esposa?

¿Jugaban los marinos cuando empezó a llover?

¿Dormía Ud. cuando ella salió?

¿Estudiaban Uds. cuando llamó Víctor?

¿Trabajaba Ud. cuando volvió Rosita?

Severino Ballesteros

Reglas

Many sentences in the past tense express two types of action. The action that was going on is expressed by the imperfect tense, and the action that intervened or interrupted the first action is expressed by the preterite tense.

Mi madre estaba en la sala cuando entró Fernando.

APLICACIÓN ESCRITA

C. Conteste según se indica.

1. ¿Qué hacías cuando yo entré? *leer*
2. ¿Qué hacían Uds. cuando ellos salieron? *esquiar*
3. ¿Qué hacía yo cuando tú llegaste? *dormir*
4. ¿Qué hacíamos cuando ellos volvieron? *trabajar*
5. ¿Qué hacían las chicas cuando él llegó? *ir a la playa*

D. Complete cada oración con el tiempo apropiado del verbo.

1. Mi familia _____ el problema cuando yo _____. *discutir, entrar*
2. Yo _____ a mi padre cuando los marinos _____ a jugar. *esperar, empezar*
3. Papá _____ en casa cuando ellos lo _____. *trabajar, llamar*
4. Ella _____ fotos cuando _____ a sus amigos. *tomar, ver*
5. Los americanos _____ pescado cuando el turista los _____. *comer, mirar*
6. Ella _____ cuando Manolo la _____. *bailar, saludar*
7. Yo _____ al jai alai cuando _____ el accidente. *jugar, tener*
8. ¿_____ Ud. en la cocina cuando ella _____? *Estar, volver*
9. Papá y yo _____ por Europa cuando mamá nos _____. *viajar, llamar*
10. Los marinos _____ por la cubierta del barco cuando _____ a los niños en el muelle. *andar, ver*

ESCENAS
Los deportes

Hace muchos años, muy poca gente participaba en los deportes. No fue porque no les gustaban los deportes. Fue que no tenían tiempo para jugar. Se metían a trabajar antes del amanecer y no terminaban hasta el anochecer. Hasta los niños pequeños trabajaban en el campo y en las fábricas.

Durante el siglo veinte esto cambió en gran parte. Muchos gobiernos hicieron leyes para proteger a los trabajadores. Prohibieron trabajar a los niños menores. Todo esto resultó en más tiempo libre, y ¿quién no quiere disfrutar de sus horas libres? Luego, ¿por qué no participar en algunos deportes y asistir a otros?

El deporte no reconoce fronteras. El mundo entero tiene sus campeones. Pero hay algunos deportes que son más populares que otros en un país u otro. El fútbol es un deporte sumamente popular en los países hispanoamericanos. Pero no tuvo su origen allí. Vamos a ver como se introdujo el fútbol en Hispanoamérica.

Hace mucho tiempo un barco inglés llegó al puerto de Buenos Aires. Los marinos ingleses no tenían nada que hacer. Estaban en la cubierta. Ellos hablaban y leían cuando uno de ellos apareció con un balón. En seguida todos bajaron al muelle. Allí comenzaron un partido de fútbol. Poco a poco el muelle se llenó de espectadores. Algunos de los niños miraban con gran interés. Uno de ellos salió y volvió con un balón de trapo. Los niños entonces imitaron a los marinos ingleses. Dicen que así introdujeron el fútbol a la Argentina. Hoy los argentinos

Hasta Even

sumamente extremely

son fanáticos del fútbol.   Los sudamericanos ganaron La Copa Mundial del fútbol más veces que nadie.

La Copa Mundial   World Cup

Hoy día, el fútbol es popular en todos los países hispanos. Es un deporte realmente internacional.   Pero los ingleses lo inventaron.   Y es un deporte de grupo.   Todos los jugadores en un equipo tienen que colaborar para ganar.

Los vascos, gente del norte de España, inventaron un deporte. Lo llamaron jai alai.   *Jai alai* es una palabra vasca.   En español se llama *pelota*.   Este deporte es un deporte de individuo.   Un jugador juega contra otro.   Cada uno lleva una cesta en la mano. Tiran la pelota contra una pared.   La pelota es muy dura.   A veces la pelota alcanza una velocidad de 120 kilómetros por hora.

Tiran   They throw

Con la excepción del fútbol casi todos los deportes favoritos hispanos son de individuo.   ¿Por qué?   Quizás por la misma razón que la guitarra es su instrumento musical favorito.   Porque es una orquesta de una sola persona.   ¿Y la corrida de toros? No hay nada más solitario que el matador ante el toro.

Lo bello del deporte es que se adapta a todas las condiciones. Para las personas que prefieren jugar con un grupo hay deportes de equipo: hockey, béisbol, básquetbol.   Para los individualistas hay deportes como el tenis, el boxeo y el golf.

Lo bello   What is beautiful

Jai alai

Guillermo Vilas

PREGUNTAS

1. ¿Cuándo participaba muy poca gente en los deportes?
2. ¿No les gustaban los deportes?
3. ¿Tenían tiempo para jugar?
4. ¿Qué hacían todo el día?
5. ¿Trabajaban los niños pequeños?
6. ¿Cuándo cambió esto en gran parte?
7. ¿Qué prohibieron muchas leyes?
8. ¿En qué resultaron estas leyes?
9. ¿Qué no reconoce el deporte?
10. ¿Cuál es un deporte muy popular en los países hispanoamericanos?
11. ¿Tuvo el fútbol su origen en Latinoamérica?
12. ¿Cuándo llegó un barco inglés a Buenos Aires?
13. ¿Dónde estaban los marinos?
14. ¿Dónde comenzaron ellos un partido de fútbol?
15. ¿Quiénes lo miraban con interés?
16. ¿A quiénes imitaron los niños?
17. Hoy, ¿les gusta el fútbol a los argentinos?
18. ¿De dónde son los vascos?
19. ¿Qué inventaron ellos?
20. ¿Es el jai alai un deporte de equipo?
21. ¿Qué lleva el jugador de jai alai?
22. ¿Contra qué tiran los jugadores la pelota?
23. ¿Cómo es la pelota de jai alai?
24. ¿Cómo es la corrida de toros?
25. ¿Se adapta el deporte a todas las condiciones?

Nancy López-Melton, durante un partido de golf

Composición

Answer the following questions to form a paragraph.

¿Cuándo llegó un barco inglés a Buenos Aires?

¿Dónde estaban los marinos?

¿Qué hacían ellos en el muelle?

¿Quiénes los miraban?

¿Con qué apareció un niño argentino?

¿Qué hicieron los niños?

¿Por qué tiene importancia este episodio en un muelle de Buenos Aires?

Las jóvenes juegan al fútbol.

PERSPECTIVAS

Pasatiempo

In each one of these groups of words, there is one word that does not belong. Which one is it?

1. boxeo, béisbol, fútbol, espectador
2. trapo, marino, muelle, barco
3. tremendo, enorme, pobre, grande
4. cobrador, jai alai, pared, cesta
5. ayer, el otro día, hoy, anoche

Vista

Mire la foto y diga si las oraciones dicen la verdad.

Los jugadores juegan al tenis.
Es un deporte de individuo.
Los jugadores juegan en el muelle.
Los jugadores llevan pantalones largos.
Los jugadores tienen una cesta.
Los jugadores tocan el balón con la mano.
Los jugadores tienen un balón de trapo.

Entrevista

¿A ti te gustan los deportes? • ¿Cuál es tu deporte favorito? • ¿Es un deporte de equipo o de individuo? • ¿Juegas con un equipo? • ¿Con qué equipo juegas?

Actividad

Escoja sus deportes favoritos del dibujo y luego explique si Ud. prefiere los deportes de individuo o los deportes de equipo. Después, diga todo lo posible para describir las actividades en el dibujo.

BASES

5

1. Una señora <u>se está riendo</u>.
Se está riendo a <u>carcajadas</u>.
La otra señora <u>está llorando</u>.

← Calle pintoresca
en Córdoba,
España

2. El dependiente está vendiendo
<u>jabón</u>.
Hay un <u>escaparate</u> en la tienda.
Alguien está pasando <u>por enfrente</u>
<u>del</u> escaparate.

3. Es una <u>res</u>.
Es un <u>cordero</u>.
Es un <u>pájaro</u>.

63

contar   decir, relatar
terco, -a   obstinado, -a
el chiste   un cuento humorístico
el (la) periodista   una persona que escribe para periódicos
la belleza   la calidad de atractivo, de bonito
un par de   dos

la tragedia
la comedia
la paciencia
la fama

PRÁCTICA

A. **Contesten según la oración modelo.**
1. El señor está llorando porque está triste.
    ¿Quién está llorando?
    ¿Cómo está el señor?
    ¿Por qué está llorando?
2. La señora se está riendo a carcajadas porque le gustó el chiste.
    ¿Quién se está riendo?
    ¿Se está riendo mucho?
    ¿Cómo se está riendo ella?
    ¿Qué le gustó mucho a la señora?
    ¿Por qué se está riendo a carcajadas?
3. El periodista está pasando por enfrente del escaparate.
    ¿Quién está pasando por enfrente del escaparate?
    ¿Por dónde está pasando el periodista?
    ¿Qué está haciendo el periodista?

B. **Completen cada oración con una expresión apropiada.**
1. La señora Blanco escribe para *El Tiempo;* es _____.
2. A Luis le gusta reír.   Siempre tiene un _____.
3. La señora compró un _____ de pollos; uno para ella y otro para su hija.
4. Él quería ganar _____ en el teatro.
5. Marta anda por _____ de la estación de ferrocarril.
6. Yo conozco al _____ que trabaja en esa tienda.

C. **Corrijan cada oración falsa.**
1. Una persona terca siempre acepta las opiniones de otros.
2. Un buen chiste nos hace llorar.
3. El dependiente trabaja en la playa.
4. La gente se lava con jamón.
5. El periodista escribe novelas.

ESTRUCTURAS

el presente progresivo

los verbos en -ar

A. Sustituyan.

Ella está $\left\{\begin{array}{l}\text{mirando}\\\text{cambiando}\\\text{tomando}\end{array}\right\}$ las fotos.

Ellos están $\left\{\begin{array}{l}\text{luchando}\\\text{hablando}\\\text{trabajando}\end{array}\right\}$ ahora.

Yo estoy $\left\{\begin{array}{l}\text{cantando.}\\\text{bailando.}\\\text{tocando.}\end{array}\right.$

Estamos $\left\{\begin{array}{l}\text{preparando}\\\text{comprando}\\\text{mirando}\end{array}\right\}$ la carne.

¿Estás $\left\{\begin{array}{l}\text{hablando}\\\text{estudiando}\\\text{cantando}\end{array}\right\}$ con él?

B. Sigan el modelo.

¿Hablar?   ¿Yo?
Sí, yo estoy hablando.

¿Trabajar?   ¿Ella?
¿Estudiar?   ¿Él?
¿Tomar café?   ¿Nosotros?
¿Preparar la comida?   ¿La empleada?
¿Comprar carne?   ¿Yo?
¿Pasar por enfrente del escaparate?   ¿Ellos?
¿Alquilar un barquito?   ¿Paco?
¿Tocar la guitarra?   ¿Tú?
¿Visitar a mi pueblo?   ¿Uds.?
¿Entrar en la universidad?   ¿Ud.?

C. Sigan las instrucciones.
Pregúntele a la estudiante si está estudiando.
Pregúntele a su amigo si está llevando un sombrero.
Pregúnteles a sus amigos si están comprando la carne.
Pregúnteles a los señores si están contestando la carta.
Pregúntele al señor si está tomando café o té.

Barco en un muelle en la región vasca de España

Pueblo pequeño de Aragón

Reglas

The present progressive tense is a very pictorial tense. It is used to emphasize that an action is in the process of taking place at the moment. It is formed by the present tense of the verb *estar* and the present participle.

                present
    estar   participle

Paco está mirando la televisión.   *Paco is watching television.*
Ellas están trabajando en la ciudad.   *They are working in the city.*

Note that the present participle of regular *-ar* verbs is formed by dropping the *-ar* ending of the verb and adding *-ando.*

    mirar → mirando
    hablar → hablando
    comprar → comprando

Note that the present participle has only one form. It is invariable.

D. Escriba cada oración en el presente progresivo.

1. Yo toco la guitarra.
2. Ellas toman las fotos.
3. ¿Preparas las hamburguesas?
4. Compramos un automóvil.
5. ¿Visitan Uds. la capital?
6. Juana y Pepe trabajan allí.
7. Pedro y yo fabricamos carros.
8. Los espectadores gritan.
9. La mayoría no mira el juego.
10. ¿Tira Ud. la pelota?

los verbos en -er e -ir

A. Sustituyan.

La señorita
Juan
María
Él
} está produciendo café.

Ellos están {
comiendo
vendiendo
recibiendo
escribiendo
} algo.

Estoy vendiendo {
gasolina.
autos.
bicicletas.
productos.
}

¿Qué estás {
comiendo?
escribiendo?
haciendo?
bebiendo?
viendo?
}

B. Sigan el modelo.

> Ellos venden libros.
> ¿Y tú?
> Yo estoy vendiendo libros también.

Ellos reciben cartas.   ¿Y ellas?
Yo produzco muchos autos.   ¿Y tú?
Salimos temprano.   ¿Y Jaime?
Ellos comen mucho.   ¿Y los jóvenes?
La señora bebe limonada.   ¿Y las chicas?
Yo pierdo mucho tiempo.   ¿Y Ud.?
Ellos vuelven ahora.   ¿Y Uds.?
Ella sube al autobús.   ¿Y su hija?
Ud. escribe una carta.   ¿Y Paco?

Venden queso en la tienda,
Barcelona

— Reglas —

The present participle of regular verbs ending in *-er* and *-ir* is formed by dropping the infinitive ending *-er* or *-ir* and adding *-iendo*.   Remember that the present progressive tense is formed by combining the present tense of *estar* with the present participle.

Los viejos están bebiendo limonada.
Estamos produciendo zapatos.

APLICACIÓN ESCRITA

C. Conteste según el modelo.

¿Por qué no sales ahora?
Pero estoy saliendo ahora.

1. ¿Por qué no vende Ud. el auto?
2. ¿Por qué no escriben ellas?
3. ¿Por qué no bebes el agua?
4. ¿Por qué no produce ella el maíz?
5. ¿Por qué no traducen Uds. el libro?
6. ¿Por qué no aprendo yo?
7. ¿Por qué no comen las señoras la carne?
8. ¿Por qué no reciben ellos la carta?
9. ¿Por qué no subes al bus?
10. ¿Por qué no volvemos mañana?

D. Complete cada oración con la forma apropiada del presente progresivo del verbo indicado.
1. Los niños _____ ahora. *comer*
2. Sarita y yo _____ en la fábrica. *trabajar*
3. Ellos no _____ la conversación. *entender*
4. Mi hija y yo _____ el idioma. *aprender*
5. ¿Tú _____ mucho maíz? *producir*
6. Ellas _____ la catedral y la universidad. *visitar*
7. El marino _____ desde la cubierta. *gritar*
8. Ud. no _____ de nadie. *depender*
9. ¿Jaime y tú _____ los platos en la mesa? *poner*

Un vasco

ESCENAS
Algunos chistes españoles

¿Cuántas veces escuchamos un chiste que no tiene gracia? Por lo menos para nosotros no tiene gracia. Otro escucha el mismo chiste y se ríe a carcajadas.

> tiene gracia   is funny

Cualquier actor te dirá que es más fácil hacer llorar que hacer reír. La edad, la clase social, las costumbres y las características nacionales o regionales influyen en el humor. Lo que hace al alemán morirse de risa puede dejar al mexicano sin una sonrisita.

A continuación hay algunos chistes españoles. Si no te mueres de risa, ¿es porque no tienes ningún sentido de humor? ¿O es que los chistes no son muy chistosos? Tú dirás.

> una sonrisita   a little smile

La fuente favorita de chistes para los españoles son las características de la gente de las distintas regiones de España. Desde hace siglos varias regiones tienen su estereotipo. «Baturro» es el nombre que los españoles dan al aragonés rústico. Viene de Aragón, una región en el norte de España. Según la tradición, el baturro es muy noble, pero muy terco. Cuando tiene una idea, nunca la cambia.

> la fuente   the source
>
> hace   for

El baturro y el jabón

Cuentan que un baturro está andando por la ciudad. Tiene hambre. Pasa por enfrente de un escaparate. En el escaparate hay jabones. Los jabones le parecen quesos. Entra en la tienda. Le pregunta al dependiente: —¿Están Uds. vendiendo esos quesos?

> Cuentan   They tell

—¿Quesos? Ésos no son quesos, señor. Son jabones.

El baturro está perdiendo la paciencia. —Yo sé lo que es queso. Y sé lo que es jabón. Quiero un cuarto de kilo de ese queso.

El dependiente le da el cuarto de kilo del «queso». El baturro le paga y sale de la tienda. El baturro está en la acera. Está comiendo el jabón. El dependiente sale de la tienda y le pregunta:

> gusto   taste

Se dice que la mejor cocina en España es la vasca. Los vascos tienen clubes dedicados al comer. Los vascos tienen fama de comer mucho y hablar poco.

El vasco y los pajaritos fritos

Un periodista madrileño habla con un vasco en uno de los clubes de comer.

70

En Norteamérica el tejano tiene fama de exagerar un poco. En España el que exagera es el andaluz.

el que   the one

El andaluz y el tejano

Un turista tejano está paseando por Sevilla.   Un sevillano le está acompañando de guía.   El tejano ve la Torre del Oro. (Construyeron la torre en tiempos de Cristóbal Colón.)   El tejano le pregunta al guía: —*¿Cuánto tiempo tomar a construir eso?*

Torre   Tower

—Creo que tomó algunos años por lo menos—contesta el guía.

—*En Texas, nosotros poder construir en un año.*

Más tarde están caminando delante de la Real Maestranza, la plaza de toros más bella del mundo.

—*¿Cuánto tiempo es para construir eso?*

El sevillano está pensando.   Por fin contesta: —Pues, no tomó más que un par de semanas.   O menos.

—*En Texas, no tomar más uno semana.*

Están subiendo y bajando las calles de Sevilla.   Están viendo las bellezas de la ciudad.   Se encuentran delante de la Catedral de Sevilla y la Giralda, la torre al lado de la catedral.   Miles de artesanos árabes construyeron la torre de la Giralda entre 1184 y 1196.   La catedral es la segunda más grande después de San Pedro en Roma. ¿Y qué dice el tejano?

—*¿Cuánto tiempo tomar esto iglesia?*

—¿Qué iglesia?   ¿Dónde?   ¡Ah, allí!   No le puedo decir. Anoche mismo pasé por aquí y no había nada.

había   pasado de *hay*

PREGUNTAS

1. ¿Qué dice cualquier actor?
2. ¿Qué influye en el humor?
3. ¿Qué es «baturro»?
4. ¿Dónde está Aragón?
5. ¿Cómo es el baturro?
6. ¿Por dónde está andando el baturro?
7. ¿Qué hay en el escaparate?
8. ¿A qué se parecen los jabones?
9. ¿Qué le pregunta el baturro al dependiente?
10. ¿Qué responde el dependiente?
11. ¿Qué responde el baturro?
12. ¿Cuánto «queso» compra el baturro?
13. ¿Adónde va el baturro?
14. ¿Qué le pregunta el dependiente al baturro?
15. ¿Cómo responde el baturro?
16. ¿Qué tipo de clubes tienen los vascos?
17. ¿De qué tienen fama los vascos?
18. ¿Dónde están el periodista y el vasco?
19. ¿Cuántas reses van a servir?
20. ¿Y cuántos corderos?
21. ¿Cuántos pajaritos fritos podrán comer?
22. ¿De qué tiene fama el tejano?
23. En España, ¿quiénes tienen fama de exagerar?
24. ¿Dónde están el tejano y el andaluz?
25. Según el andaluz, ¿cuánto tiempo tomó para construir la Torre del Oro?
26. ¿Qué es la Real Maestranza?
27. ¿Dice la verdad el andaluz cuando indica que tomó dos semanas para construir la plaza de toros?
28. ¿Habla bien el español el tejano?
29. ¿Qué están viendo en Sevilla?
30. ¿Quiénes construyeron la Giralda?
31. Según el andaluz, ¿qué había anoche en ese lugar?

Torre del Oro, Sevilla

Composición

Using the vocabulary in the list below, write the story of the *baturro* and the soap in paragraph form.

el baturro	el jabón	perder la paciencia
Aragón	el queso	la acera
rústico	el escaparate	comer
terco	el dependiente	tener gusto a
tener hambre		

Pasatiempo

In the following crucigram, there are 20 Spanish words that you have already learned. On a separate sheet of paper, write the letters of the crucigram. Then circle each word you can find. The words can go from left to right, from right to left, from the top down, or from the bottom up.

```
A  B  O  R  T  O  R  E  Í  R
P  E  R  I  O  D  I  S  T  A
A  L  R  A  T  N  O  C  C  R
R  L  L  O  R  A  R  A  O  O
T  E  R  C  O  B  D  P  R  Ñ
E  Z  J  A  B  Ó  N  A  D  E
E  A  D  N  E  I  T  R  E  S
H  L  R  E  L  A  T  A  R  D
P  Á  J  A  R  O  S  T  O  O
E  N  F  R  E  N  T  E  M  S
```

Entrevista

¿Te gustó alguno de los chistes? • ¿Cuál te gustó? • ¿Por qué te gustó? • ¿Cuentas chistes a menudo? • ¿Cuál fue el último chiste bueno que oíste (si se puede repetir en clase)? • ¿Crees que el sentido de humor hispano y el norteamericano son iguales? • ¿Cuál de tus amigos cuenta mejor los chistes? • ¿Tienes un profesor o una profesora que cuenta chistes? • ¿Quién es? • ¿Son buenos o malos sus chistes?

BASES

6

1. Los <u>novios</u> están en un baile.
   La <u>dueña</u> es una viejecita.
   Ella está mirando a los novios.
   <u>Está cosiendo</u> también.
   Los novios están diciendo algo.

2. La madre le <u>cogió</u> a la niña <u>de</u> la mano.
   La niña <u>tosía</u>.

la viuda   una mujer cuyo esposo está muerto
el curso   el programa de estudios, la clase
el (la) sinvergüenza   una persona sin honor
el bisabuelo   el abuelo de su padre o de su madre
en seguida   inmediatamente

el aire   escaparse

PRÁCTICA

A. Contesten a las siguientes preguntas.
  1. ¿Dónde están los novios?
  2. ¿Quién es una viejecita?
  3. ¿A quiénes está mirando la dueña?
  4. ¿Qué más está haciendo la dueña?
  5. ¿A quién le cogió de la mano la madre?
  6. ¿Tosía la niña?
  7. ¿Es difícil el curso que sigues?
  8. ¿Vas a hacer el trabajo en seguida?
  9. ¿Tienes bisabuelos?

B. Escojan la respuesta apropiada.

1. Los   a. novios   van a casarse.
         b. nuevos

2. La   a. dueña   lamenta la muerte de su esposo.
        b. viuda

3. Aquel   a. intelectual   siempre hace algo estúpido.
           b. sinvergüenza

4. El niño   a. tosía   porque tenía catarro.
             b. cosía

5. Mi bisabuelo es   a. menor   que mi abuelo.
                     b. mayor

ESTRUCTURAS

algunos gerundios irregulares

leer, traer, construir, creer

A. Repitan.
Susana está leyendo el libro.
Los muchachos están trayendo la bolsa.
¿Estás construyendo otra casa?
Pepe está creyendo la historia.
Estoy construyendo una fábrica.

B. Contesten según el modelo.

¿Construyes una casa?
Sí, estoy construyendo una casa.

¿Lees el periódico?
¿Construyen ellos un hospital?
¿Trae Ud. los refrescos?
¿Leen Uds. los libros?
¿Construye ella otra casa?
¿Traigo yo un problema?
¿Leemos los documentos?
¿Construimos las dos casas?
¿Traes el dinero?
¿Lee el chico el periódico?
¿Crees lo que dice?

Jóvenes de México

Muchacha de San Juan, Puerto Rico

Some verbs are irregular in the formation of the present participle (*gerundio* in Spanish). Note that *leer, traer, construir,* and *oír* take the ending *-yendo: leyendo, trayendo, construyendo, oyendo.*

Estamos construyendo una casa nueva.

APLICACIÓN ESCRITA

C. Conteste según el modelo.

¿Qué lees?   *el periódico*
Estoy leyendo el periódico.

1. ¿Qué traen ellos?   *los refrescos*
2. ¿Qué lee Ud.?   *la revista*
3. ¿Qué construyen?   *una universidad*
4. ¿Qué creen Uds.?   *el cuento*

D. Escriba cada oración en el presente progresivo.
1. Ella lee la carta.
2. La dueña trae la cesta.
3. Yo no construyo nada.
4. Ellos construyen otro edificio.
5. La viuda trae un par de pollos.
6. Los novios leen el periódico.
7. Traemos más dinero.
8. Ud. lee muy bien el español.
9. ¿Uds. construyen una fábrica?
10. La participante trae un balón.

los verbos de cambio radical

e → i, o → u

A. Sustituyan.

¿Estás {
diciendo la verdad?
pidiendo esos trapos?
vistiendo al niño?
repitiendo el poema?
durmiendo?
}

B. Contesten según el modelo.

¿Qué pide ella?   *más tiempo*
Está pidiendo más tiempo.

¿Qué dice él?   *la verdad*
¿Qué pide Juan?   *más dinero*
¿Qué sirve la empleada?   *la sopa*
¿Qué dicen ellos?   *adiós*
¿Qué piden los participantes?   *ayuda*
¿Qué repite Ud.?   *el chiste*

Los jóvenes se divierten durante una
fiesta, España

Reglas

Radical-changing verbs of the third conjugation also have a stem change in the present
participle.   Study the following forms.

decir	diciendo	preferir	prefiriendo
pedir	pidiendo	sentir	sintiendo
servir	sirviendo	dormir	durmiendo
venir	viniendo	morir	muriendo
repetir	repitiendo		

APLICACIÓN ESCRITA

C. Complete cada oración con la forma apropiada del presente progresivo del verbo indicado.
1. Los jóvenes _____ la verdad. *decir*
2. La viuda _____ ahora. *servir*
3. Yo _____ el frío. *sentir*
4. Nosotros _____ una comida española. *pedir*
5. Tú _____ la misma cosa *repetir*
6. Ella _____ que no. *decir*
7. Carlos _____ el coche. *pedir*
8. El viejecito _____ la comida. *servir*
9. ¿_____ todos? *dormir*
10. Nosotros nos _____ de frío. *morir*

el imperfecto progresivo

A. Repitan.
Ella estaba trabajando en la oficina.
Ellos estaban leyendo el periódico.
Yo estaba comiendo en el café.
¿Estabas escribiendo en el avión?
Estábamos mirando la televisión.

B. Contesten afirmativamente.
¿Estabas pidiendo más dinero?
¿Estaban Uds. mirando a los novios?
¿Estaba cantando David?
¿Estaban construyendo la casa los jóvenes?
¿Estábamos repitiendo bien?
¿Yo estaba llorando?
¿Estaban llegando en tren?
¿Estaba cosiendo la dueña?
¿Estaban tosiendo los niños?

Reglas

The imperfect progressive is formed by combining the imperfect tense of the verb *estar* and the present participle.   This tense places the emphasis on the duration of the action in the past that is being described.   Note the following.

Luisa, ¿por qué no hablabas más?
No pude porque tú estabas hablando.

APLICACIÓN ESCRITA

C. Conteste con el imperfecto progresivo según el dibujo.

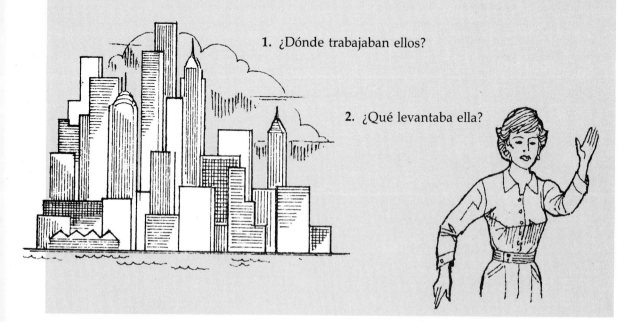

1. ¿Dónde trabajaban ellos?

2. ¿Qué levantaba ella?

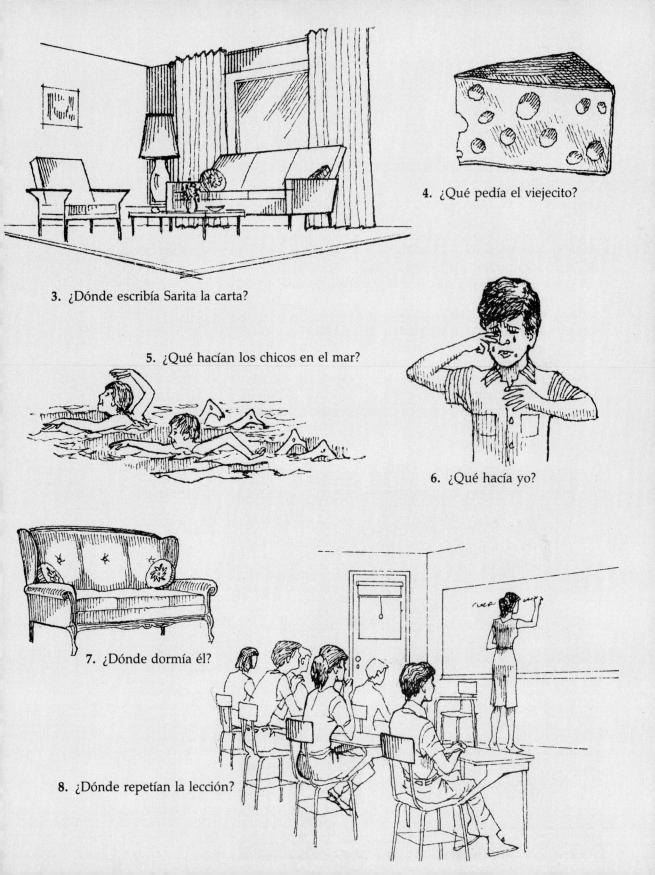

3. ¿Dónde escribía Sarita la carta?

4. ¿Qué pedía el viejecito?

5. ¿Qué hacían los chicos en el mar?

6. ¿Qué hacía yo?

7. ¿Dónde dormía él?

8. ¿Dónde repetían la lección?

ESCENAS
¿Una dueña te acompañaba?

Niña	Ay, abuelita. Me estoy muriendo de pena. Estoy tan triste.
Abuela	Yo sabía que algo te estaba molestando. ¿Qué te pasa?
Niña	Yo puedo ir a Norteamérica. Hay un programa de intercambio en la escuela. Un estudiante norteamericano viene aquí por seis meses. Un estudiante de aquí va allá por seis meses. Uno aprende inglés. El otro aprende español.
Abuela	Muy buena idea. ¿Cuándo vas a ir?
Niña	¡Nunca! Mamá y papá están diciendo que no. Dicen que una señorita no debe viajar sola—que no es costumbre.
Abuela	Ellos tienen razón. No es costumbre entre nosotros. Pero las costumbres cambian. Cuando tu abuelo me estaba cortejando nunca salíamos solos. La dueña siempre estaba mirando. Ella era mi tía Rufina. Era viuda, hermana de mi padre, tu bisabuelo.

pena sorrow

intercambio exchange

cortejando courting (dating)

Niña	¿Y ella siempre iba con Uds.?
Abuela	Siempre. A los bailes, al teatro. La tía Rufina se sentaba detrás de nosotros. Cuando estábamos bailando, ella estaba leyendo o cosiendo. Pero siempre con un ojo pegado en nosotros.
Niña	¿Y Uds. nunca pudieron escaparse de la dueña?
Abuela	Nunca. Y no porque no tratamos de hacerlo. Si tu abuelo trataba de cogerme de la mano, la tía Rufina tosía. Y nos miraba con ojos feroces. Cuando creíamos que ella se dormía, nos levantábamos para salir del baile o del teatro para tomar el aire. En seguida ella se levantaba. No había manera de escaparse de la tía Rufina.
Niña	¡Qué horror! ¿También mi mamá iba con dueña?
Abuela	No. Tu abuelo y yo tuvimos una batalla sobre eso. Él, que sí. Yo, que no. —La niña no puede salir sin una persona mayor—dijo él. —Pero, van todos los muchachos de su curso. Ella no va sola con el novio—dije yo. Por fin resolvimos el problema. Tu mamá podía salir sin dueña. Pero tenía que volver temprano.
Niña	¿Cuántos años tenía mamá, entonces?
Abuela	A ver. Ella estaba siguiendo cursos en la universidad. Tenía dieciocho o diecinueve años.
Niña	¿Y abuelito no se opuso más? ¿De veras dejó a mamá salir sola con un muchacho?
Abuela	Sola, no. Ella podía salir con un grupo de muchachos como ya dije. Tu papá quería llevarla al cine. Los dos solos. Tu abuelo se puso como una fiera. —¡Qué se está creyendo este sinvergüenza! Salir con mi hija, él y ella solitos. ¡Jamás!
Niña	¿Qué pasó pues? ¿Fueron al cine, o qué?
Abuela	Como ya no había una tía Rufina—que en paz descanse—yo decidí ver la película también. Y también tu abuelo. Los cuatro fuimos al cine . . . Y ahora, quiero saber algo más sobre este intercambio. ¿Con quiénes vivirás? ¿Qué vas a estudiar?
Niña	Mañana están trayendo una de las participantes a la escuela. Ella fue a Norteamérica el año pasado. Ella va a hablar de sus experiencias allí.
Abuela	Yo creo que tus padres y yo vamos a ir a la escuela mañana. Vamos a escuchar a la señorita. Así podemos informarnos mejor.
Niña	Abuelita, tú eres una santa.
Abuela	No, niña. Soy una viejecita. Y ya tengo mucha experiencia.

con un ojo pegado   with an eye glued

No había manera   There was no way

una batalla   battle

se opuso   oppose

una fiera   a wild beast

que en paz descanse   may she rest in peace

83

PREGUNTAS

1. ¿Quién se está muriendo de pena?
2. ¿Qué sabía la abuela?
3. ¿Adónde puede ir la niña?
4. ¿Qué programa hay en la escuela?
5. Describa Ud. el programa.
6. ¿Cuándo va a ir la niña?
7. ¿Qué dicen su mamá y su papá?
8. ¿Las costumbres cambian?
9. Cuando el abuelo y la abuela estaban cortejando, ¿podían salir solos?
10. ¿Siempre los acompañaba la tía Rufina?
11. ¿Dónde se sentaba la tía en el teatro?
12. ¿Qué estaba haciendo la dueña cuando los jóvenes estaban bailando?
13. ¿Iba la mamá de la niña con una dueña también?
14. ¿Cómo resolvieron los abuelos el problema?
15. ¿Cuántos años tenía la madre de la niña entonces?
16. ¿Salía ella con un grupo?
17. ¿Los acompañaban a veces los padres?
18. ¿Quién va a hablar mañana en la escuela?
19. ¿Qué cree la abuela?
20. ¿Cómo es la abuela?
21. ¿Qué tiene ella?
22. ¿Va a participar en el intercambio la niña?

Un joven español cortejando a la reja

Composición

Answer the following questions to form a paragraph.

Cuando el abuelo estaba cortejando a la abuela, ¿salían solos?

¿Quién los acompañaba?

¿Quién siempre los estaba mirando?

¿Dónde se sentaba la tía Rufina en el teatro?

Si el abuelo trataba de cogerle de la mano a la abuela, ¿qué hacía la dueña?

¿Había manera de escaparse de la tía Rufina?

¿Existe hoy esta costumbre en los países de habla española?

¿Es una figura del pasado la dueña?

Actividad

Inventen una conversación entre la muchacha y el muchacho.

PERSPECTIVAS

Pasatiempo

Below is a list of words. Only those words that represent a member of the family will fit into the puzzle. Can you choose those words and fit them into the puzzle in the proper order?

hija	papa	dueña
abuelo	bisabuelo	padre
aire	novios	viejecita
esposo	dinero	primo

Entrevista

¿Tienes un(a) novio(a) o sales con varios(as) amigos(as)? • Por lo general, ¿sales con solamente una persona o sales con un grupo? • ¿Tienes que recibir permiso de tus padres? • ¿Te acompaña alguien cuando sales con un(a) amigo(a)? • ¿Adónde vas con tu amigo(a)?

• Según la conversación que tiene la niña con su abuela, ¿qué opinas?—En los países hispanos hoy día, ¿pueden los jóvenes salir solos o los acompaña una dueña? • ¿Es la dueña una costumbre del pasado? • ¿Tienen que pedir permiso los jóvenes antes de salir con alguien? • ¿Salen más con solamente una persona o con un grupo de amigos?

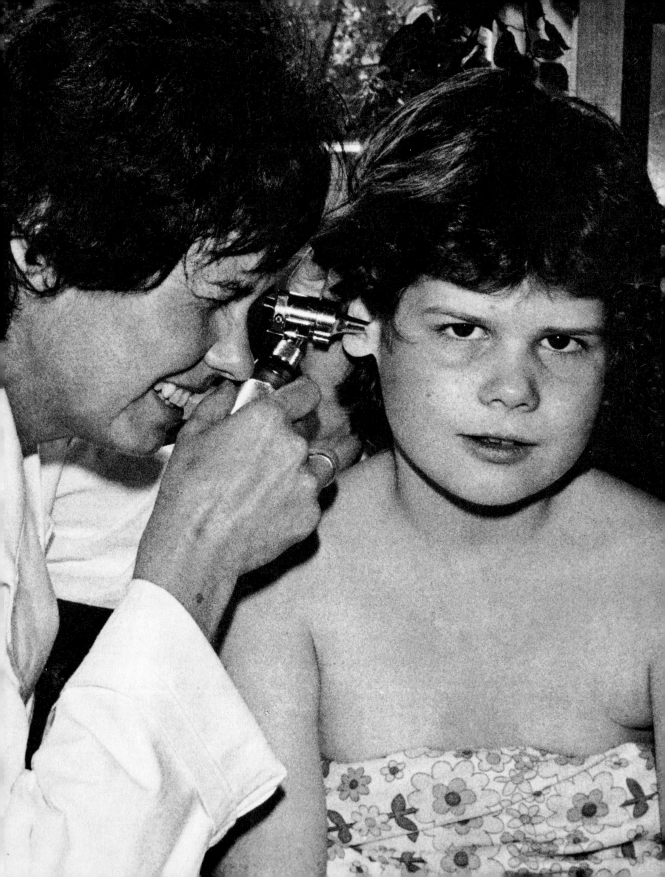

BASES

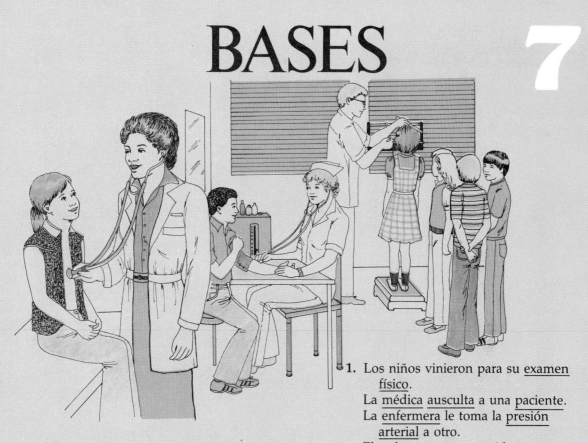

7

1. Los niños vinieron para su <u>examen</u> <u>físico</u>.
La <u>médica</u> ausculta a una <u>paciente</u>.
La <u>enfermera</u> le toma la <u>presión</u> <u>arterial</u> a otro.
El <u>enfermero</u> <u>pesa</u> y <u>mide</u> a otros.

← La pediatra
examina a la niña

2. Es la <u>sala de emergencia</u>.
La niña <u>se hirió</u>.
<u>Se cortó con vidrio</u>.
El médico le toma muchos <u>puntos</u>.
La niña está muy <u>pálida</u>.

3. Este señor sufrió un ataque al
corazón.
Él está en la sala de operaciones.
El anestesista le da anestesia.
La cirujana le opera.

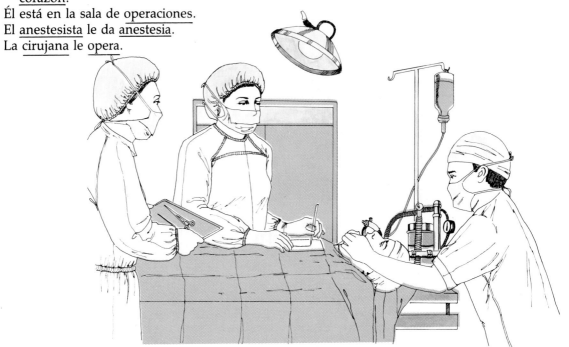

4. Es un futbolista.
Tiene un dolor de barriga.
Tiene una fiebre alta.
El futbolista le pidió ayuda a la
enfermera.

desmayarse   caer inconsciente; perder la conciencia
solicitar   pedir oficialmente
la madrugada   las primeras horas de la mañana
una herida   una lesión en el cuerpo, causada por un accidente
una bomba   una máquina para sacar líquido o aire

el respirador   voluntario, -a
la reputación   contaminado, -a
la residencia
el administrador
la administradora
la pediatría
la cirugía
el estetoscopio
el turno
el especialista
la especialista
el detalle

PRÁCTICA

A. Contesten a las siguientes preguntas.
 1. ¿Para qué vinieron los niños?
 2. ¿Quién ausculta a una paciente?
 3. ¿Qué le toma la enfermera a otro paciente?
 4. ¿Quién pesa a otros?
 5. ¿Los mide también?
 6. ¿Con qué se cortó la niña?
 7. ¿Quién le toma muchos puntos?
 8. ¿Cómo está la niña?
 9. ¿Qué sufrió un señor?
10. ¿Dónde está él?
11. ¿Qué le da el anestesista?
12. ¿Quién le opera?
13. ¿Quién tiene un dolor de barriga?
14. ¿Tiene una fiebre alta?
15. ¿A quién le pidió ayuda el futbolista?

B. Reemplacen la expresión con otra equivalente.
 1. ¿Tuviste que *determinar el largo de* la pista?
 2. Ellos van a *pedir oficialmente* un puesto en el hospital.
 3. El señor tiene la cara muy *blanca.*
 4. La enfermera va a *determinar cuántos kilos tiene* la niña.
 5. El futbolista *cayó inconsciente.*

6. Tuvimos que trabajar hasta *las primeras horas de la mañana.*
7. Necesitas una *máquina para sacar líquido* si vas a hacer ese proyecto.
8. El choque le causó una *lesión en el cuerpo.*

C. Completen cada oración.
  1. Cada año el médico me da un _____ físico.
  2. Él me ausculta con el _____.
  3. También me toma la _____ arterial.
  4. El cirujano trabaja en la sala de _____.
  5. Alguien rompió el _____ de la ventana.
  6. El niño se _____ con el vidrio.
  7. Tuvieron que tomarle veinte _____.
  8. Por fin pudieron cerrar la _____.
  9. Tiene la cara muy caliente. Creo que tiene _____.
 10. La paciente no respira bien. Vamos a usar el _____.
 11. La señora está muy grave. Sufrió un ataque al _____.

D. Den una palabra relacionada.
  1. respirar
  2. enfermo
  3. la medicina
  4. operar
  5. la anestesia
  6. especial
  7. el fútbol
  8. examinar
  9. atacar

La mujer se hirió en la calle

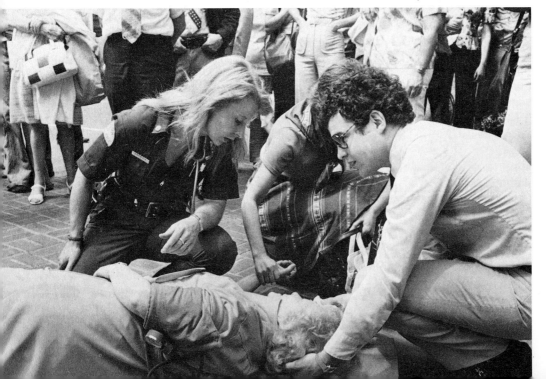

ESTRUCTURAS

el pretérito

verbos con el cambio radical –e → –i

A. Repitan.
María pidió su libro.
Los otros pidieron un refresco.
Yo pedí más pan.
Tú no pediste nada.
Nosotros pedimos agua.
Ud. pidió un boleto.

B. Sustituyan.

¿Qué $\begin{Bmatrix} \text{pidió} \\ \text{sirvió} \\ \text{repitió} \\ \text{midió} \end{Bmatrix}$ la médica?

¿Qué $\begin{Bmatrix} \text{pidieron} \\ \text{sirvieron} \\ \text{repitieron} \end{Bmatrix}$ los estudiantes?

C. Contesten.
¿Se hirió el niño?
¿Pidió Juan su turno?
¿Se rió el señor?
¿Sirvió la comida Pepe?
¿Consiguieron ayuda los pacientes?
¿Se vistieron los niños?
¿Sirvieron ellos la comida?
¿Serviste las habas?
¿Vestiste al niño?
¿Repetiste la pregunta?
¿Eligieron Uds. al presidente?
¿Sirvieron Uds. al médico?
¿Siguieron Uds. la misma ruta?

D. Sigan las instrucciones.
Pregúntele a la joven qué pidió.
Pregúntele al joven por qué lo repitió.
Pregúnteles a los jóvenes qué sirvieron.
Pregúnteles a las jóvenes qué consiguieron.
Pregúntele al señor por qué sonrió.
Pregúntele a la señora por qué no pidió ayuda.
Pregúntele al señor a quién siguió.
Pregúntele a la señora qué midió.

Reglas

Stem-changing verbs of the third class (such as *pedir*) change the stem from *-e* to *-i* in the third person singular and plural of the preterite.

pedir
pedí
pediste
pidió
pedimos
(pedisteis)
pidieron

Other verbs like *pedir* are *herir, medir, repetir, seguir, reír, perseguir* (to pursue), *elegir* (to elect), *conseguir, servir, sonreír,* and *vestir* (to dress).

91

APLICACIÓN ESCRITA

E. Escriba cada oración en el pretérito.
 1. Los participantes sirven la comida.
 2. Los niños lo repiten todo.
 3. ¿Quién pide ayuda?
 4. Hoy ellos eligen al gobernador.
 5. ¿Consigues el dinero?
 6. No pedimos nada.
 7. Yo no sirvo ese queso.
 8. ¿Quiénes consiguen los boletos?
 9. Elegimos a un nuevo presidente.
10. Ella repite la lección con la maestra.

F. Complete cada oración con la forma apropiada del pretérito del verbo indicado.
 1. El paciente _____ ayuda cuando llegó a la sala de emergencia. *pedir*
 2. Los médicos _____ cerrarle la herida. *conseguir*
 3. Yo _____ no ir al hospital. *elegir*
 4. La enfermera _____ al niño. *vestir*
 5. El futbolista _____ que tenía dolor de barriga. *repetir*
 6. Ellos lo _____ durante el examen físico. *medir*
 7. ¿Por qué no _____ tú una anestesia? *pedir*
 8. Yo _____ que tenía fiebre. *repetir*
 9. Los pacientes no _____ de nada. *reírse*
10. Ella _____ la carrera de medicina. *seguir*

En la sala de emergencia

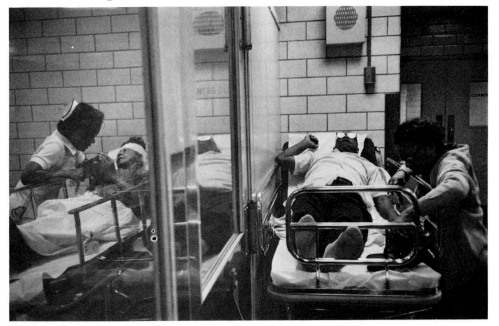

verbos con el cambio radical –o → –u

A. Repitan.
El presidente durmió aquí.
Los animales murieron.
¿Durmió Ud. en el auto?
¿Se murieron Uds. de hambre?
Yo dormí en el sofá.
Dormimos en el parque.
Tú no te moriste de tristeza.

B. Contesten según se indica.
¿Quién durmió en el sofá? *Bárbara*
¿Cuándo durmió ella aquí? *anoche*
¿Quién murió? *el viejo*
¿Murieron ellos durante la guerra? *sí*
¿Se murieron ellos de pena? *no*
¿Durmieron allí los niños? *no*
¿Dormiste en el parque? *no*
¿Te moriste de tristeza? *no*
¿Cuándo durmieron Uds. allí? *anoche*

Reglas

The verbs *dormir* and *morir* change the stem –o to –u in the third person singular and plural of the preterite.

dormir	morir
dormí	morí
dormiste	moriste
durmió	murió
dormimos	morimos
(dormisteis)	(moristeis)
durmieron	murieron

APLICACIÓN ESCRITA

C. Complete cada oración con la forma apropiada del pretérito de *dormir* o *morir*.
1. Abuelita _____ en mi cama anoche.
2. Mi bisabuelo _____ a los noventa años.
3. Los enfermeros no _____ durante toda la noche.
4. Yo no _____ en aquel sofá.
5. El señor _____ de un ataque al corazón.
6. Nosotros _____ en casa de nuestros amigos.
7. Los pobres se _____ de hambre.
8. ¿Tú no _____ bien anoche?
9. ¿Dónde _____ Uds. anoche?
10. Yo me _____ de hambre.

D. Complete cada oración con la forma apropiada del pretérito del verbo indicado.
1. La policía los _____. *perseguir*
2. El niño no _____. *vestirse*

Yo _____ en casa de mi amigo. *dormir*
4. Nosotros _____ a todos los pacientes. *servir*
5. ¿Ud. _____ ayuda? *pedir*
6. ¿A quién _____ Uds.? *elegir*
7. ¿Cómo _____ las jóvenes? *dormir*
8. Ellas _____ los chistes. *repetir*
9. Linda y Ramón _____ los mismos cursos. *seguir*

¿Adónde llevan al paciente?

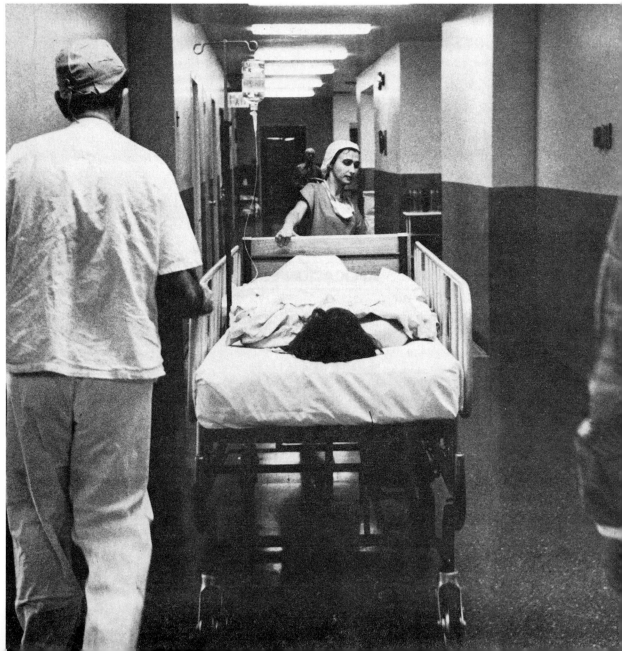

ESCENAS

La doctora Brown

Linda Brown es médica. Ella está haciendo la residencia en un hospital grande. El hospital está en una ciudad de dos millones de habitantes. Casi el diez por ciento de la población allí es de habla hispana. El hospital es excelente. Tiene muy buena reputación. Todos los médicos jóvenes quieren hacer la residencia allí.

Linda Brown solicitó un puesto en el hospital. Los administradores le pidieron a la doctora Brown mucha información. Ellos querían saber si ella hablaba un idioma extranjero. La doctora Brown siguió cursos de español en la escuela secundaria y en la universidad. Ella les dijo a los administradores que hablaba español bastante bien. Ella consiguió el puesto.

La doctora Brown siempre quería ser médica. En la universidad eligió cursos en ciencias—biología, química y física. Durante las vacaciones ella hacía trabajo voluntario en un hospital. Allí observaba de cerca a los médicos. En el departamento de cirugía ella ayudaba a los médicos y enfermeros con los instrumentos. A Linda le encantaba trabajar con las manos. Y ella pensaba ser un día cirujana. También le interesaba el departamento de pediatría. Antes de comenzar el curso de otoño, los niños venían para su examen físico. Los enfermeros los medían y los pesaban. Luego les tomaban la presión arterial. Los auscultaban. Los médicos siempre dejaban a los niños escuchar su propio corazón con el estetoscopio. Todo esto le fascinaba a Linda porque podía participar antes de ser médica. Ella decidió ser cirujana de pediatría.

En el hospital donde trabaja hay una sala de emergencia. Todos los médicos tienen que hacer turno allí. El trabajo es muy duro. Todo tiene que hacerse rápidamente. Anoche le tocó a Linda estar de turno. Desde las siete de la tarde hasta la una de la madrugada ella no consiguió un minuto de descanso. Por fin, a la una pudo sentarse por diez minutos. Le sirvieron una taza de café. Antes de terminar Linda su café llegó otra ambulancia. Una niña se cortó con el vidrio de una ventana rota. Linda le cerró la herida. Tuvo que tomar dieciséis puntos en el brazo izquierdo. La niña estaba nerviosa, sus padres también. Linda les dijo que no era nada grave. La niña se vistió y salió con sus padres, un poco pálida, pero sana.

¡Otra ambulancia! ¡Ataque al corazón! El señor ya no respiraba. Linda le puso una inyección. Empleó entonces un

le encantaba   she loved

turno   shift

descanso   rest

sana   healthy
Empleó   She used
entonces   then

respirador. Linda lo mandó en seguida a la sala de operaciones. Allí esperaban un anestesista con la anestesia, otro cirujano (amigo de Linda), un enfermero y una enfermera, todos especialistas en ataques cardíacos. El equipo de especialistas hizo todo lo posible. Pero sin éxito. El pobre señor se murió en la sala de operaciones.

éxito success

A las dos de la mañana trajeron a un futbolista a la sala de emergencia. Un equipo sudamericano estaba en la ciudad. Tuvieron un partido con un equipo norteamericano en el estadio municipal. El futbolista trataba de explicar lo que le pasaba. No hablaba inglés. Linda le pidió detalles en español.

—Me duele la barriga—repitió el jugador una y otra vez.

Me duele hurts me

—¿Recibió Ud. un golpe?—le preguntó Linda.

un golpe a kick, a blow

—No. Cuando empecé a jugar, me iba a desmayar. Comencé a sudar. Luego quise vomitar. Ahora tengo unos dolores terribles en la barriga.

sudar to sweat

—¿Cuándo y qué comió Ud.?

—Una hora antes del partido comí una docena de ostras, nada más.

ostras oysters

Linda le tomó la temperatura. Tenía fiebre. Ella pidió una bomba para vaciarle el estómago.

vaciar to empty

—¿Cómo estará nuestro amigo?—le preguntaron a Linda los otros jugadores.

—Creo que estará mejor muy pronto.

Todos le dieron las gracias a la médica. Ella sonrió. —De nada—les contestó.

A las seis de la mañana Linda terminó su turno en la sala de emergencia. Llegó Rafael Molina para hacer su turno. Rafael es un médico paraguayo.

—¿Dormiste bien, Rafael?

—Como un tronco, Linda. ¿Y tú?

—¡Muy cómico! No tuvimos tiempo ni para respirar esta noche.

—Lo siento. Pero mejor tú que yo. Mañana me toca a mí el turno de noche.

—Adiós, sinvergüenza. Voy a quedarme en cama una semana.

PREGUNTAS

1. ¿Cómo se llama la médica?
2. ¿Dónde está haciendo la residencia?
3. ¿Cuántas personas hay en la ciudad?
4. ¿Es grande la ciudad?
5. ¿Cómo es el hospital?
6. ¿Qué quieren todos los médicos jóvenes?
7. ¿Qué solicitó la doctora Linda Brown?
8. ¿Qué le preguntaron a ella en la entrevista?
9. ¿Dónde siguió la doctora Brown cursos de español?
10. ¿Qué consiguió ella?
11. En la universidad, ¿qué estudiaba?
12. ¿Qué trabajo hacía durante sus vacaciones?
13. ¿Dónde ayudó ella a los médicos y enfermeros?
14. ¿Con qué le gustaba a Linda trabajar?
15. ¿Qué pensaba ser ella un día?
16. ¿Qué hacían los del departamento de pediatría?
17. ¿Qué decidió Linda?
18. ¿Qué hay en el hospital?
19. ¿Cómo es el trabajo allí?
20. ¿Qué le tocó a Linda anoche?
21. ¿A qué hora empezó Linda a hacer turno?
22. ¿Qué hizo ella a la una?
23. ¿Qué le sirvieron?
24. ¿Cuándo llegó otra ambulancia?
25. ¿Con qué se cortó la niña?
26. ¿Cuántos puntos le tuvo que tomar a la niña?
27. ¿Qué llegó después?
28. ¿Qué tenía el señor?
29. ¿Quién le puso una inyección?
30. Entonces, ¿qué empleó ella?
31. ¿Adónde lo mandó en seguida?
32. ¿Quiénes esperaban allí?
33. ¿Le salvaron la vida?
34. ¿A quién trajeron a las dos de la mañana?
35. ¿Quién le pidió detalles?
36. ¿Qué le dolía al futbolista?
37. ¿Qué le preguntó Linda?
38. ¿Hablaban ellos en inglés?
39. ¿Cuáles eran sus síntomas?
40. ¿Qué comió el futbolista?
41. ¿Para qué pidió Linda la bomba?
42. ¿Estará mejor mañana?
43. ¿Quién llegó a las seis?
44. ¿Cómo durmió él?

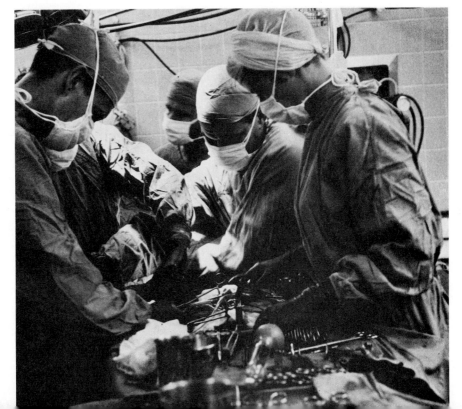

Los circujanos operan en la sala de operaciones

Composición

Answer the following questions to form a paragraph.

¿Dónde hace su residencia la doctora Brown?

¿Le ayuda en su trabajo el español?

¿Cómo le ayuda?

¿Tiene ella que hacer su turno en la sala de emergencia?

¿Quiénes llegan durante toda la noche a la sala de emergencia?

¿Con qué se cortó una niña?

¿Qué le tomó la doctora para cerrarle la herida?

¿Llegó en una ambulancia un señor que no respiraba?

¿De qué sufrió el señor?

¿Tenían que operarle en seguida?

¿Quién esperaba al cirujano en la sala de operaciones?

¿Te parece interesante el trabajo de un(a) médico(a)?

Los paramédicos están listos con la ambulancia, Nueva York

Pasatiempo

Rearrange the letters below to form words. Then rearrange the circled letters to reveal the name of a place where you would find the unscrambled items.

1. R I H O E D ⊖ — — — —⊖

2. U I R C A J A N —⊖—⊖— — — —

3. N T A S E E S A I — — — —⊖— — —⊖

4. S E T O S E O C T O I P —⊖— — — — —⊖— —

5. M L C A U A B N A I — — — —⊖—⊖— — —

— — — — — — — — — —

Actividad

¿Verdad?

Durante un examen físico el médico o la médica . . .

te mide.   te examina la garganta.
te toma puntos.   te opera.
te ausculta.   te toma la presión arterial.
te pesa.   te examina la barriga.
te da una anestesia.   te pone una inyección.

Entrevista

¿Tuviste alguna vez un examen físico? • ¿Tuviste alguna vez un accidente? • ¿Te heriste? • ¿Qué te pasó? • ¿Pediste ayuda? • ¿Fuiste alguna vez a un hospital? • ¿Fuiste a la sala de emergencia? • ¿Te examinó un(a) médico(a)? • ¿Te tomó puntos? • ¿Tuvo que operarte el (la) médico(a)? • ¿Te pusieron una inyección? • ¿Te dieron una anestesia?

BASES

8

← Hombres de
negocios madrileños

1. Es una <u>librería</u>.
   Hay una <u>venta</u> de libros.
   Están vendiéndolos a precios muy bajos.
   Hay libros y <u>revistas</u> en el escaparate.

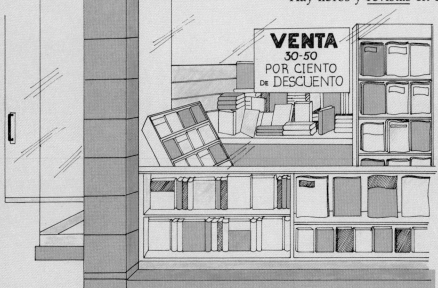

VENTA
30-50
POR CIENTO
DE DESCUENTO

2. Un amigo está <u>brindándole</u> al otro.
   Los dos amigos tienen una <u>cita</u>.

el siglo   cien años
de veras   realmente
gozar   gustar hacer
tener ganas de   querer, desear

la computadora   técnico, -a
el anglosajón   ridículo, -a
la anglosajona
la puntualidad

PRÁCTICA

A. Contesten.
   1. ¿Qué venden en una librería?
   2. ¿Dónde hay libros y revistas?
   3. ¿A quién está brindando el amigo?
   4. ¿Qué tienen los dos amigos?
   5. ¿En qué siglo vivimos?
   6. ¿Gozas de tus cursos?

B. Escoja la palabra o expresión apropiada.

   1. Durante una venta los precios son más   a. bajos.
                                              b. altos.

   2. Nosotros vivimos en   a. el mes   veinte.
                            b. el siglo

   3. Exhiben los libros en   a. la ventanilla.
                              b. el escaparate.

   4. Venden libros en una   a. librería.
                             b. literatura.

   5. a. Gano   leer aquel libro.
      b. Tengo ganas de

Cuando trabajamos, trabajamos

ESTRUCTURAS

los pronombres de complemento con el gerundio

los pronombres reflexivos

A. Repitan.
Estela se lava.
Estela está lavándose.
Ellos se visten.
Ellos están vistiéndose.

B. Sustituyan.

Estoy { lavándome.
acostándome.
sentándome.
levantándome.

Estás { afeitándote.
peinándote.
vistiéndote.

¿Están Uds. { lavándose?
preparándose?
vistiéndose?
cansándose?

C. Contesten.
¿Está levantándose María?
¿Está acostándose Juan?
¿Está lavándose el niño?

¿Están brindándose los amigos?
¿Están lavándose los niños?
¿Están vistiéndose los señores?
¿Estás sentándote?
¿Estás lavándote?
¿Están Uds. lavándose?
¿Están Uds. vistiéndose?
¿Están Uds. acostándose?

D. Sigan las instrucciones.
Pregúntele a alguien si está lavándose.
Pregúntele a alguien si está peinándose.
Pregúntele al señor si está afeitándose.
Pregúntele a la señora si está vistiéndose.
Pregúnteles a los chicos si están levantándose.
Pregúnteles a los señores si están acostándose.

E. Sigan el modelo.

Jaime se lava.
Jaime está lavándose.

Gloria se levanta.
Alonso se peina.
Yo me lavo.
Las chicas se visten.
Nos sentamos aquí.
¿Te miras en el espejo?
¿Se pone Ud. la chaqueta?
¿Se afeitan Uds.?
Las muchachas se acuestan.

Reglas

When the reflexive (or any other) pronoun is attached to the end of the present participle, an accent mark is written to maintain the stress in the proper place.

Ella se lava.   pronoun
Ella está lavándose.

Note, however, that the pronoun may also precede the auxiliary verb *estar*.

pronoun
Me estoy lavando.
¿Por qué te estás peinando otra vez?

APLICACIÓN ESCRITA

F. Escriba cada oración en el presente progresivo.

1. Juana se lava.
2. Nosotras nos levantamos.
3. Ellos se peinan ahora.
4. Yo me afeito.
5. Los pacientes se miran en el espejo.
6. Los chicos se visten.
7. ¿No te escapas de aquí?
8. ¿Se acuesta Ud.?

G. Complete según el dibujo con el presente progresivo.

1. Yo _____ .
   Él _____ .
   Tú _____ .

3. Nosotras _____ .
   Ellos _____ .
   Bárbara y yo _____ .

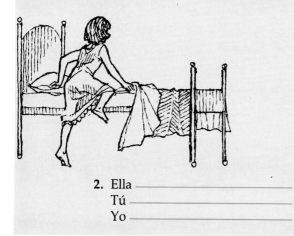

2. Ella _____ .
   Tú _____ .
   Yo _____ .

4. Nosotros _____ .
   Ellas _____ .
   Carlos y Martín _____ .

los pronombres de complemento directo e indirecto

A. Repitan.

Los policías están mirando el edificio.
Los policías están mirándolo.
Ella está llevando la revista.
Ella está llevándola.
Él está sirviendo las bebidas.
Él está sirviéndolas.

B. Sustituyan.

Ella está
$\left\{\begin{array}{l}\text{mirándome.}\\\text{hablándome.}\\\text{sirviéndome.}\end{array}\right.$

¿Estás
$\left\{\begin{array}{l}\text{buscándonos?}\\\text{brindándonos?}\\\text{escribiéndonos?}\end{array}\right.$

Estoy
$\left\{\begin{array}{l}\text{enseñándole}\\\text{hablándole}\\\text{escribiéndole}\end{array}\right\}$ a él.

Estamos
$\left\{\begin{array}{l}\text{hablándoles}\\\text{escribiéndoles}\\\text{sirviéndoles}\end{array}\right\}$ a ellas.

C. Sigan el modelo.

Está llevando la maleta.
Está llevándola.

Está llevando la maleta.
Está llevando las maletas.
Están llevando el maletín.
Están llevando los maletines.
Estoy mirando a Juan.
Están buscando a la niña.
Estamos vendiendo las revistas.
Están saludando a la directora.
Están sirviendo el café.
Está vistiendo a los niños.

Unos momentos de diversión en un café de Asturias

D. Contesten.

¿Está buscándote María?
¿Está brindándote tu amigo?
¿Están vendiéndote las revistas?
¿Está sirviéndote el mesero?

¿Está hablándoles a Uds.?
¿Están ayudándoles a Uds.?
¿Está dándoles el dinero?
¿Están preparándoles una comida?

Direct and indirect object pronouns may be attached to the present participle.   Remember that an accent is written to maintain the stress.

Está llevando la maleta.

direct object pronoun

Está llevándola.

indirect object pronoun

Estamos hablándoles a ellos.

Note, however, that the pronoun may also precede the auxiliary verb *estar*.

La está llevando.
Les estamos hablando a ellos.

APLICACIÓN ESCRITA

E. Cambie las siguientes oraciones según el modelo.

Está llevando el maletín.
Está llevándolo.

1. Estoy mirando la computadora.
2. Estamos leyendo las revistas.
3. ¿Estás mirando la televisión?
4. Estamos hablando a Marta.
5. ¿Están llevando la guitarra a la playa?
6. ¿Están bailando el tango?
7. El mesero está sirviendo la carne de res.
8. La familia está comiendo las tortillas.
9. Los participantes están brindando al director.
10. El profesor está mirando a Pepe y a Pablo.

repaso del presente de los verbos de cambio radical

verbos con el cambio –o → –ue

A. Repitan.

Ella vuelve mañana.
Ellos pueden ir.
Yo me muero de frío.
¿Duermes hasta muy tarde?
¿Puede Ud. llegar a la una?
¿Cuentan Uds. el dinero?

B. Sustituyan.

¿Cuándo $\begin{cases} \text{volvemos?} \\ \text{podemos ir?} \\ \text{nos acostamos?} \\ \text{dormimos?} \\ \text{contamos los libros?} \end{cases}$

C. Contesten.

¿Vuelven Uds. mañana?
¿Se acuestan Uds. temprano?
¿Pueden Uds. ir a España?
¿Duermen Uds. ocho horas?
¿Se mueren Uds. de hambre?
¿Cuentan Uds. los boletos?

D. Contesten.

¿Muere el viejo?
¿Duerme el niño?
¿Se acuesta mamá?
¿Pueden venir los pilotos?
¿Vuelven las pasajeras?
¿Cuentan ellos el dinero?
¿Te mueres de hambre?
¿Vuelves pronto?
¿Duermes en aquella cama?
¿Cuentas los libros?

Reglas

Review the forms of the following verbs that have the stem change –o to –ue in the present tense. Note that the only forms that do not change are *nosotros* and *vosotros*.

contar	volver	dormir
cuento	vuelvo	duermo
cuentas	vuelves	duermes
cuenta	vuelve	duerme
contamos	volvemos	dormimos
(contáis)	(volvéis)	(dormís)
cuentan	vuelven	duermen

APLICACIÓN ESCRITA

E. Complete cada oración con la forma apropiada del presente del verbo indicado.

1. Ella no _____ dormir bien. *poder*
2. Yo me _____ de hambre. *morir*
3. ¿_____ tú en el sofá? *Dormir*
4. Tú _____ temprano. *volver*
5. Ellos _____ los coches. *contar*
6. ¿Quién _____ al fútbol? *jugar*
7. ¿No _____ tú esta noche? *volver*
8. Papá _____ temprano. *acostarse*
9. Yo siempre _____ ocho horas. *dormir*
10. Ellas _____ volver en taxi. *poder*

verbos con el cambio –e → –ie

A. Repitan.

La clase comienza en diez minutos.
Ellos piensan ir a Europa.
Yo pierdo mucho tiempo aquí.
¿Entiendes bien el español?
¿Cierra Ud. la puerta?
¿Prefieren Uds. ser periodistas?

B. Sustituyan.

¿Comenzamos
¿Perdemos tiempo
¿Nos sentamos
¿Cerramos la puerta
} ahora?

¿Qué {
comenzamos
perdemos
entendemos
preferimos
cerramos
} ahora?

C. Contesten.

¿Comienzan Uds. ahora?
¿Empiezan Uds. la clase?
¿Cierran Uds. la puerta?
¿Entienden Uds. el inglés?
¿Pierden Uds. mucho dinero?
¿Prefieren Uds. ir en taxi?
¿Prefieren Uds. la ciudad?

D. Contesten.

¿Lo entiende la doctora?
¿Pierde tiempo el ingeniero?
¿Prefiere café el señor?
¿Cierran ellos la puerta?
¿Comienzan ellos el juego?
¿Se sientan ellos?
¿Empiezas ahora?
¿Te sientas aquí?
¿Prefieres salir en seguida?

E. Sigan las instrucciones.

Pregúntele a la joven si entiende.
Pregúntele al joven dónde se sienta.
Pregúntele a la señorita si entiende el español.
Pregúnteles a los señores si prefieren la carne o el pollo.
Pregúnteles a las señoras en qué piensan.

Reglas

Review the forms of the following verbs that have the stem change –e to –ie in the present tense.

comenzar	perder	preferir
comienzo	pierdo	prefiero
comienzas	pierdes	prefieres
comienza	pierde	prefiere
comenzamos	perdemos	preferimos
(comenzáis)	(perdéis)	(preferís)
comienzan	pierden	prefieren

Llegando a una cita en Málaga

APLICACIÓN ESCRITA

F. Complete cada oración con la forma apropiada del presente de uno de los verbos
siguientes: *cerrar, comenzar, entender, pensar, perder, preferir* o *sentarse*.

1. Los bomberos _____ salir en seguida.
2. ¿Uds. _____ mucho dinero?
3. Las clases _____ mañana.
4. Ella _____ ir en avión.
5. Mis amigas _____ español.
6. Los participantes _____ a cantar.
7. Yo _____ en esta silla.
8. Nosotros _____ la puerta de la tienda.
9. Ella siempre _____ su dinero.
10. Yo _____ bien el alemán.

G. Complete cada oración con la forma apropiada del presente del verbo indicado.

1. Ahora yo _____ bien el español.   *entender*
2. Nosotros _____ el trabajo a la una.   *comenzar*
3. ¿Cuál _____ tú, el béisbol o el fútbol?   *preferir*
4. ¿A qué hora _____ Uds. a la mesa?   *sentarse*
5. Ellos _____ ir a la Argentina.   *pensar*
6. ¿Por qué no _____ tú la ventana?   *cerrar*
7. Yo _____ el tiempo hablándote.   *perder*
8. ¿No _____ tú?   *entender*
9. ¿_____ las clases a las nueve?   *Comenzar*
10. Nosotros no _____ bien el idioma.   *entender*

ESCENAS
¿Hora española u hora inglesa?

Pedro Ruíz tiene una cita con su amigo Raúl Moreno.   La cita es para la una de la tarde.   Van a comer en un restaurante.   Raúl está esperándolo en el restaurante.   Son las dos de la tarde.

> Raúl, hombre. Perdón. Siento la demora. Yo sé que estás aquí esperándome por mucho tiempo.

> Pedro, no tienes por qué pedir perdón. Tendrás una razón muy buena. A mí no me molesta. Compré una revista y estoy leyéndola.

la demora delay

> Pues, salí temprano de la oficina. Era tan temprano que entré en una librería, La Librería Parnaso. Tienen una venta de libros técnicos. Yo los miraba. No puedes imaginar quién entró. Carlos Ortiz.

> ¿Carlitos? Hace siglos que no lo veo. ¿Qué está haciendo él ahora?

Hace It's been

> Quiero decirte; pero no puedo. Él tiene un trabajo muy raro. Me lo explicaba. Tiene que ver con computadoras. Yo no lo entiendo. ¿Y tú? Debes tener mucha hambre. Yo te hice esperar tanto.

> Pues, entiendo perfectamente bien que no podías abandonar a Carlitos. ¿Por qué no lo invitaste a comer con nosotros?

Tiene que ver It has to do

el camarero   el mesero

(En el mismo restaurante se encuentran dos amigos norteamericanos, Roger y Dave.)

111

Los anglosajones hablan de «hora latina» u «hora española» y generalmente consideran que «hora española» quiere decir una falta de puntualidad.   Los anglosajones creen que cada momento es importante.   Ellos cuentan los minutos para cada actividad.   Los ingleses dicen «el tiempo es oro».

quiere decir   means
la falta   lack

el oro   gold

Pasando el tiempo, ¿trabajo o diversión?

112

Pasando el tiempo, ¿trabajo o diversión?

Los hispanos hablan de «hora inglesa» u «hora americana».
Con eso quieren describir una puntualidad que a ellos les parece
ridícula.   Los hispanos brindan a sus amigos: «Salud, dinero y   la salud   health
amor—y tiempo para gozarlos».   El tiempo mismo no es tan   el amor   love
importante.   Lo que se hace con el tiempo es importante.
Dos culturas, dos conceptos.

PREGUNTAS

1. ¿Para qué hora es la cita de Pedro y Raúl?
2. ¿Adónde van?
3. ¿Dónde está esperando Raúl?
4. ¿Qué hora es?
5. ¿Qué siente Pedro?
6. ¿Le molesta la demora a Raúl?
7. ¿Qué compró Raúl?
8. Al salir de la oficina, ¿adónde fue Pedro?
9. ¿Qué miraba Pedro en la librería?
10. ¿A quién encontró Pedro?
11. ¿Cuánto tiempo hace que Raúl no ve a Carlos?
12. ¿Con qué tiene que ver el trabajo de Carlos?
13. ¿Invitó Pedro a Carlos a comer con ellos?
14. ¿Por qué no pudo aceptar la invitación Carlos?
15. ¿Quién está mirándolos en el restaurante?
16. ¿Qué otras personas se encuentran en el mismo restaurante?
17. ¿Está esperando mucho tiempo Roger?
18. Para los anglosajones, ¿qué representa la «hora latina»?
19. ¿Qué consideran importante los anglosajones?
20. ¿Qué consideran importante los hispanos?

Composición

Answer the following questions to form a paragraph.

¿Tenían una cita Pedro y Raúl?

¿Para qué hora era la cita?

¿Adónde iban?

¿Quién llegó primero al restaurante?

¿A qué hora llegó Pedro?

¿Qué leía Raúl?

¿A Raúl le molestó la demora de Pedro?

¿Era de «hora inglesa» esta cita?

¿Era de «hora española» esta cita?

¿Son diferentes los conceptos de tiempo en diferentes culturas?

Pasatiempo

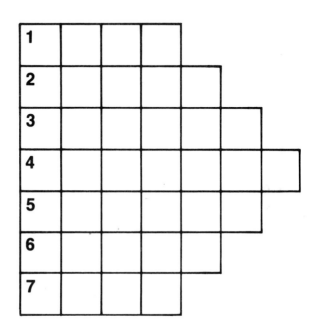

Who or what am I? Answer the questions to fill in the puzzle. All the words end in -s.

1. períodos de 365 días
2. las ocasiones cuando dos o más amigos salen juntos
3. períodos de cien años
4. lo que cuestan las cosas
5. cosas que personas leen
6. como son los precios durante una venta
7. períodos de 24 horas

Entrevista

¿Cuál es más puntual, la «hora española» o la «hora inglesa»? • Cuando tú tienes una cita, ¿siempre llegas a tiempo? • A veces, ¿llegas un poco tarde? • ¿Te molesta si tienes una cita con alguien y la persona llega tarde? • ¿Es más importante llegar a tiempo para algunas citas que otras? • ¿Es importante llegar a tiempo si tienes que ir a la escuela? • ¿A la casa de un amigo? • ¿A una comida? • ¿A una entrevista? • ¿A un cine? • ¿A una discoteca? • ¿A la playa?

BASES

9

1. La <u>modista</u> ha cosido un vestido.

2. El joven ha dormido.
  Ha tenido un <u>sueño</u>.
  <u>Ha soñado</u> con un viaje a una isla
  tropical.

← Una niña en el
desfile puertorriqueño
en Newark, Nueva
Jersey

el (la) ciudadano(a)   habitante de una ciudad o una nación

a menudo   frecuentemente

el marido (la mujer)   el esposo (la esposa) Mi papá es el marido de mi mamá.   Mi mamá es la
mujer de mi papá.

enamorarse   sentir amor por una persona

crudo, -a   el contrario de **cocinado, -a** o **cocido, -a**

regresar   volver

mudarse   ir de un lugar a otro

rechazar   no aceptar

a veces   en diferentes ocasiones

retirarse   dejar de trabajar, no trabajar más

el (la) farmacéutico(a)   una persona profesional que trabaja en una farmacia

bilingüe   realizarse
              graduarse

PRÁCTICA

A. **Contesten según la oración modelo.**
  1. La modista cose un vestido elegante.
      ¿Quién cose?
      ¿Qué cose la modista?
      ¿Cómo es el vestido que cose?

  2. El señor sueña muy a menudo con ir a Puerto Rico.
      ¿Quién sueña?
      ¿Con qué sueña?
      ¿Cuándo sueña con ir a Puerto Rico?

  3. El marido y la mujer se mudaron de Nueva York a Chicago.
      ¿Quiénes se mudaron?
      ¿De dónde se mudaron?
      ¿Adónde se mudaron?

B. **Den una palabra relacionada.**
  1. la ciudad
  2. el amor
  3. la mudanza
  4. la farmacia
  5. el regreso

C. **Completen cada oración con una expresión apropiada.**
  1. La señora cose vestidos; es _____ .
  2. No me gusta la carne _____ .
  3. Mi padre no va a trabajar más; va a _____ .

4. Ella no es de aquí; es _____ de Chile.
5. Los estudiantes van a _____ en junio.
6. El policía habla dos idiomas; es _____.
7. Ella no acepta ayuda; siempre la _____.
8. Pablo no es farmacéutico pero trabaja en la _____.
9. La señora y su _____ compraron una casa nueva.
10. Los Gómez quieren _____ de los suburbios a la ciudad.

La Universidad de Puerto Rico en Río Piedras

ESTRUCTURAS

el presente perfecto

verbos en -ar

él, ella, ellos, ellas

A. Repitan.
Él ha viajado mucho.
Ella ha trabajado mucho.
Ellos han llegado esta mañana.
Ellas han rechazado la idea.

B. Contesten.
¿Ha viajado la señorita?
¿Ha pagado mucho el estudiante?
¿Ha estudiado mucho su hermano?
¿Han jugado al fútbol los alumnos?
¿Se han graduado los estudiantes?
¿Lo han rechazado ellos?

yo, nosotros, nosotras

C. Repitan.
Yo he nadado allí.
Yo he buscado la verdad.
Hemos pasado mucho tiempo allí.
Hemos comprado el periódico.

D. Contesten.
¿Has hablado con tu tía?
¿Has estudiado en aquella escuela?
¿Se lo has explicado a Martín?
¿Han preguntado Uds.?
¿Han contestado Uds. el teléfono?
¿Han llamado Uds. a la médica?

tú, Ud., Uds.

E. Repitan.
Tú has comprado mucho.
Uds. lo han terminado.
Señorita, ¿ha estado Ud. en Chile?

F. Sigan las instrucciones.
Pregúntele a la joven si ha pensado en su hermano.
Pregúntele al joven si ha estudiado la lección.
Pregúnteles a los jóvenes si han visitado el colegio.
Pregúnteles a las señoritas si han trabajado en aquella oficina.
Pregúntele al señor si ha jugado al tenis.
Pregúntele a la señora si ha preparado el documento.

Una familia puertorriqueña en su casa en Nueva York

The present perfect tense is used to express an action completed recently.

Carmen, ¿has hablado con María hoy?
Lo hemos terminado esta mañana.

The present perfect tense is formed by combining the present tense of the verb *haber* with the past participle. The forms of the present of the verb *haber* are:

haber
he	hemos
has	(habéis)
ha	han

The past participle of regular *-ar* verbs is formed by dropping the *-ar* ending of the infinitive and adding *-ado*.

infinitive	past participle
hablar	hablado
mirar	mirado
estudiar	estudiado

Note that the object pronouns are always placed before the auxiliary verb *haber*.

object pronoun
Lo he terminado.

APLICACIÓN ESCRITA

G. Escriba cada oración en el presente perfecto.
1. Yo preparé la comida.
2. ¿Hablaste con tu padre?
3. Los chicos jugaron en la calle.
4. Comenzamos el trabajo.
5. ¿Quién trabajó en aquella fábrica?
6. Uds. no pensaron en las consecuencias.
7. Marta y yo visitamos el pueblo dos veces.
8. Daniel no estudió la lección.
9. ¿Por qué rechazó Ud. esa idea?
10. ¿Qué compraste en la farmacia?

H. Complete cada oración con la forma apropiada del presente perfecto del verbo indicado.

1. Yo _____ con Juan esta mañana. *hablar*
2. Nosotras _____ los libros. *comprar*
3. Yo _____ la lista. *estudiar*
4. Las niñas _____ en el parque. *jugar*
5. El señor _____ el museo. *visitar*
6. Tú _____ a Marta. *llamar*
7. Nosotros _____ el trabajo. *terminar*
8. Yo _____ en el comité. *pensar*
9. Ella _____ a California. *retirarse*
10. Los Molina _____ de aquí. *mudarse*

verbos en -er e -ir

él, ella, ellos, ellas

A. Repitan.
Ella ha comido mucho.
Él ha salido hace poco.
Las señoras lo han decidido.
Ellos han recibido las cestas.

B. Sustituyan.

Yo no he
{ comido
comprendido
sufrido
recibido } nada.

Nosotros hemos
{ comido
dormido
entendido
comprendido } bien.

¿Por qué no has
{ comido?
salido?
dormido?
asistido? }

C. Contesten.
¿Ha salido el chico?
¿Ha comido la muchacha?
¿Ha recibido el dinero papá?

¿Han vendido ellas el coche?
¿Han asistido todos a clase?
¿Han pedido ellas el vino?

¿Has dormido bien?
¿Has ido esta mañana?
¿Has defendido tu opinión?

¿Han comprendido Uds.?
¿Han sufrido Uds.?
¿Han decidido Uds.?

D. Sigan las instrucciones.
Pregúntele a la muchacha si ha comido vegetales crudos.
Pregúntele al muchacho si lo ha recibido.
Pregúnteles a ellas si han asistido a clase.
Pregúnteles a los señores si han decidido.
Pregúntele al señor si ha vendido la casa.
Pregúntele a la señora por qué no ha salido.

The past participles of *-er* and *-ir* verbs are formed by dropping the infinitive ending and adding *-ido*.

infinitive	past participle
comer	comido
vender	vendido
salir	salido
pedir	pedido

The present perfect tense of *-er* and *-ir* verbs is also formed by combining the present tense of the verb *haber* with the past participle.

he vendido
has comido
ha comprendido
hemos salido
(habéis dormido)
han decidido

APLICACIÓN ESCRITA

E. **Escriba cada oración en el presente perfecto.**
1. ¿Entendiste el plan?
2. Ellos no comieron el pollo.
3. Ella recibió una carta.
4. Los amigos vinieron en tren.
5. Ud. tradujo el libro.
6. Yo nunca asistí al teatro.
7. El niño se durmió en el sofá.
8. ¿Quién bebió el agua?
9. No recibimos nada.
10. ¿No comprendiste al profesor?

F. **Complete cada oración con la forma apropiada del presente perfecto del verbo indicado.**
1. Yo _____ allí antes. *comer*
2. Paco _____ el coche. *conducir*
3. ¿_____ Uds. la carta? *Traducir*
4. Los maestros _____ el problema. *discutir*
5. ¿_____ tú tu opinión? *Defender*
6. ¿_____ Uds. bien anoche? *Dormir*
7. Ella _____ muy temprano. *salir*
8. Nosotros _____ las lecciones. *comprender*

¿Supermercado puertorriqueño o norteamericano?

los pronombres posesivos

B. Sustituyan.

A. Repitan.

¿El libro?
No tengo el tuyo.
Tengo el mío.

Tengo
$\begin{cases} \text{el mío.} \\ \text{la mía.} \\ \text{los míos.} \\ \text{las mías.} \end{cases}$

C. Sigan el modelo.

¿La foto?
Tengo la mía, no la tuya.

¿La cesta?
¿La cámara?
¿El pasaporte?
¿El dinero?
¿Las cartas?
¿Las maletas?
¿Los billetes?
¿Los paquetes?
¿La invitación?
¿Los balones?
¿El refresco?
¿Las guitarras?

D. Contesten según el modelo.

¿Quieres mis boletos?
Sí, quiero los tuyos.   No los míos.

¿Prefieres mi cámara?
¿Prefieres mis revistas?
¿Quieres mi libro?
¿Quieres mis periódicos?
¿Prefieres mi oficina?
¿Prefieres mis bolsas?
¿Quieres usar mi coche?
¿Quieres mirar mis fotografías?

E. Repitan.
¿Su camisa?   Sí, Juan tiene la suya.
¿Su auto?   Sí, Dolores y Anita tienen el suyo.
¿Sus cartas?   Sí, ella tiene las suyas.
¿Sus billetes?   Sí, ellos tienen los suyos.

F. Sustituyan.

Señor, Ud. tiene $\begin{cases} \text{el suyo.} \\ \text{la suya.} \\ \text{los suyos.} \\ \text{las suyas.} \end{cases}$

Señores, Uds. tienen $\begin{cases} \text{el suyo.} \\ \text{la suya.} \\ \text{los suyos.} \\ \text{las suyas.} \end{cases}$

G. Contesten según el modelo.

¿Tiene Dorotea su libro?
Sí, tiene el suyo.

¿Tiene la joven su maleta?
¿Tiene el joven sus billetes?
¿Tiene ella su sombrero?
¿Tiene el niño su balón?
¿Tiene la señora su bolsa?
¿Tienen ellos su cámara?
¿Tienen las chicas sus blusas?
¿Tiene el marino sus maletas?

H. Sigan el modelo.

Tengo mi periódico.
Y Ud. tiene el suyo, señor.

Tengo mi cámara.
Tengo mi trabajo.
Tengo mis billetes.

I. Repitan.

¿El auto?   Sí, aquí está el nuestro.
¿Las maletas?   Sí, aquí están las nuestras.

J. Contesten según el modelo.

¿Tienen Uds. sus camisas?
Sí, tenemos las nuestras.

¿Tienen Uds. su dinero?
¿Tienen Uds. su fotografía?
¿Quieren Uds. sus boletos?
¿Quieren Uds. sus cartas?
¿Prefieren Uds. su carro?

The following are the forms of the possessive pronouns in Spanish:

> el mío, la mía, los míos, las mías
> el tuyo, la tuya, los tuyos, las tuyas
> el suyo, la suya, los suyos, las suyas
> el nuestro, la nuestra, los nuestros, las nuestras
> (el vuestro), (la vuestra), (los vuestros), (las vuestras)
> el suyo, la suya, los suyos, las suyas

Note that the possessive pronoun agrees with the noun it replaces, not with the possessor.

possessor   noun   possessive pronoun

> El chico tiene su corbata, no la tuya.
> María tiene sus billetes, no los míos.

You will note that the forms of *suyo* can refer to either *él, ella, ellos, ellas, Ud.,* or *Uds.*

> Susana tiene el suyo.   Ellos tienen las suyas.
> David tiene la suya.   Ud. tiene los suyos.

After the verb *ser* the definite article is often omitted with the possessive pronoun.

article omitted

> Este libro es mío.
> ¿Es tuya esta carta?
> Estas cartas son nuestras, no tuyas.

APLICACIÓN ESCRITA

K. Cambie las siguientes oraciones según el modelo.

Yo leí mis libros.
Leí los míos.

1. Tú hiciste tu trabajo.
2. He comido mi bocadillo.
3. Ellos han vendido su casa.
4. Abrimos nuestras maletas.
5. Han leído su periódico.
6. ¿Comprendiste tu lección?
7. Bárbara vendió sus billetes.
8. Tú estás llevando mi sombrero.
9. La señora compra tu casa.
10. Ángel tiene su carro.

L. Cambie las siguientes oraciones según el modelo.

El carro es de mí.
El carro es mío.

1. La casa es de nosotros.
2. Las revistas son de él.
3. La maleta es de ella.
4. Los espejos son de ti.
5. Los carros son de ellos.
6. El sándwich es de Ud.

Agencia de viajes en Nueva York

ESCENAS
Una familia puertorriqueña

He vivido en Nueva York casi toda mi vida. Mi hermana mayor, Lucía, y yo nacimos en Puerto Rico. Mi hermano menor, Alberto, nació aquí en la ciudad.

Nuestros padres vinieron al «continente» en 1947. Los dos han trabajado siempre. Mi papá trabajaba en una fábrica. Mi mamá como modista. Papá siempre ha tenido un sueño— volver a Puerto Rico. Hace un año que se ha retirado; su sueño se ha realizado. Ellos salieron para Puerto Rico la semana pasada. Toda la familia los acompañó al aeropuerto. Todos menos Lucía. Ella ya está en Puerto Rico.

Nosotros los puertorriqueños somos ciudadanos de los Estados Unidos. Podemos viajar entre la isla y el continente libremente. Mi familia visita Puerto Rico muy a menudo. El vuelo dura sólo tres horas y pico. Allí tenemos muchos parientes: tíos y primos. Y ahora viven allí mis padres y mi hermana Lucía con su marido y sus hijos. Lucía ha estado en Puerto Rico muchos años. Es farmacéutica. Ella se graduó de la escuela superior en el Bronx. Ella decidió estudiar farmacia en la Universidad de Puerto Rico. Así volvió a la isla. Se quedó en casa de nuestros abuelos mientras estudiaba. En la universidad ella conoció a Bernardo. Bernardo estudiaba medicina. Se enamoraron y se casaron. A Lucía siempre le ha encantado Puerto Rico. Cuando la familia vino a Nueva York Lucía ya tenía nueve o diez años. Ella hablaba muy poco inglés. Yo sólo tenía tres o cuatro años. Yo aprendí inglés rápidamente. Ella, no. Alberto, nuestro hermano, habla muy poco español. Él se crió en Nueva York. Entiende español pero casi no lo habla. Si hablamos de idiomas, para Alberto el inglés es suyo, Lucía, el español es suyo. Y para mí, ambos, el inglés y el español son míos.

Alberto no va mucho a la isla. Probablemente irá más a menudo ahora, porque nuestros padres han regresado. Alberto y su familia se han mudado a un pueblo en Massachusetts. Alberto es comerciante en máquinas de oficina.

Los hijos de Lucía son bilingües. Hablan español mejor que inglés. Con los míos es al contrario. Ellos hablan inglés mejor que español. Los hijos de Alberto nunca han aprendido a hablar español. Los suyos sólo hablan inglés.

Es curioso cómo miembros de la misma familia pueden ser tan diferentes. Mi hermana es completamente puertorriqueña.

tres horas y pico	a little over three hours
ha encantado	has charmed
ambos	both

128

Ella ha decidido quedarse para siempre en su isla. Su idioma, sus costumbres, hasta su comida, todos son puertorriqueños. Lucía casi nunca ha servido una comida sin arroz y habichuelas. Ella dice que «los americanos» comen la carne cruda. Yo creo que Lucía hace de un buen biftec una suela de zapato. Lo cocina demasiado.

suela sole

Y Alberto sin embargo es puro yanqui. Él detesta el ajo en la comida. No le gusta nada picante. Prefiere carne y papas a un buen arroz con pollo. Él ha perdido las costumbres y las tradiciones de su familia. Ya no son suyas. ¿Y cuáles son las mías? Yo no estoy seguro. A veces me siento como un híbrido. Hay costumbres puertorriqueñas que me gustan. Yo las he mantenido. He abandonado las que no me gustan. Por ejemplo, siempre me han gustado las fiestas en Puerto Rico. Allí todo el mundo asiste—los bebés y los viejitos. No hay una segregación de edades. Aquí es raro ver a unos abuelos en una fiesta de muchachos. Lo mismo con las costumbres de aquí. He aceptado algunas. He rechazado otras. Yo prefiero la independencia que les damos a los jóvenes en los EE.UU. Yo creo que Lucía protege demasiado a sus hijos. Ella cree que yo no cuido bastante a los míos. Una cosa que sí he aprendido. Las costumbres, las tradiciones, las lenguas, sólo porque son las nuestras no son las únicas. Las nuestras son las mejores para nosotros. Las mías son mejores para mí, las tuyas para ti, las suyas para otros. Es una lección que muchos hemos olvidado.

híbrido hybrid (something created from two different species)

PREGUNTAS

1. ¿Dónde nació el escritor?   ¿Y su hermana mayor?
2. ¿Dónde nació Alberto?
3. ¿Cuándo vinieron los padres al «continente»?
4. ¿Dónde trabajaba el padre?
5. ¿Cómo trabajaba la madre?
6. ¿Cuál era el sueño del padre?
7. ¿Se ha realizado su sueño?
8. ¿Cuándo salieron para Puerto Rico?
9. ¿Dónde está Lucía?
10. ¿Visita Puerto Rico frecuentemente la familia?
11. ¿Tienen parientes en Puerto Rico?   ¿Quiénes son?
12. ¿Qué es Lucía?
13. ¿Con quiénes vivía Lucía cuando era estudiante?
14. ¿Aprendió inglés rápidamente el autor?
15. ¿Habla bien el español Alberto?
16. ¿Cuál es el idioma de Alberto?   ¿De Lucía?
17. ¿Adónde se ha mudado Alberto?
18. ¿Qué idiomas hablan los niños de Lucía?
19. ¿Cuál hablan ellos mejor?   ¿Y los niños del escritor?
20. ¿Hablan español los niños de Alberto?
21. ¿Qué ha decidido su hermana?
22. ¿Qué piensa Lucía de la carne que comen los continentales?
23. ¿A Alberto le gusta la comida con ajo?
24. ¿Qué ha perdido Alberto?
25. A veces, ¿cómo se siente el autor?
26. ¿Ha aceptado o ha rechazado las costumbres él?
27. ¿Cuáles son las mejores costumbres para nosotros?

Composición

Answer the following questions to form a paragraph.

En su familia, ¿hay personas que hablan otro idioma o hablan solamente inglés?

¿Cuáles son algunas comidas que a Uds. les gustan mucho?

¿Tiene su familia muchas o pocas fiestas?

Las costumbres de su familia, ¿tienen alguna influencia de su origen étnico?

Crucigrama

PERSPECTIVAS

Complete the following crossword puzzle.

Horizontal

1. marido
7. lo que hacen las modistas
11. conjunción
12. tierra
13. marcharse
14. el contrario de *bajo*
17. conjunción
18. el contrario de *pimienta*
19. pronombre posesivo
21. pronombre
22. pronombre
23. cuerpos de agua donde puedes nadar
24. preposición
25. pronombre
27. contracción
28. artículo definido
29. preposición
32. cambiar de un lugar a otro
35. lo que llevan las mujeres y las chicas
39. pronombre
40. un animal
41. donde uno vive
42. artículo definido
43. el contrario de *desaparece*
45. lo que tienes en los dedos
46. una forma del verbo *ser*
47. el contrario de *odio*
50. utiliza
51. el contrario de *después*
53. el contrario de *sí*
54. de donde despegan los aviones
56. no _____ un libro, escribo un libro
59. el contrario de *noche*
60. preposición
61. pronombre posesivo
62. una señora cuyo esposo está muerto
63. un chico que no tiene padres
64. el contrario de *muere*

Vertical

1. pronombre
2. pronombre posesivo
3. el dinero de México
4. lo que tiene el océano
5. lo que brilla en el cielo
6. conjunción
7. no muy simpático
8. pronombre
9. lo que tienes cuando quieres beber algo
10. lo que hace él en el mar
11. no *éste*
13. tierra que tiene agua por todos lados
15. sitio
16. el contrario de *este*
21. todavía
23. una península tiene agua a los tres _____
26. raras, de un tipo
28. lo que aparece en el cielo por la noche
30. lo que se usa para hacer vino
31. el país donde está Madrid
33. cocinada en un horno
34. lo que tienes cuando quieres dormir
36. artículo definido
37. entremés
38. entregar
41. lo que se usa para llevar cosas
44. dinero
45. utilizo
48. el contrario de *bueno*
49. un cuerpo de agua
50. _____, dos, tres
51. de esta manera
52. un deporte de invierno
55. un pensamiento
57. -ar, -_____, -ir
58. palabra interrogativa
60. lo que se usa para hacer un sándwich
61. pronombre posesivo

BASES

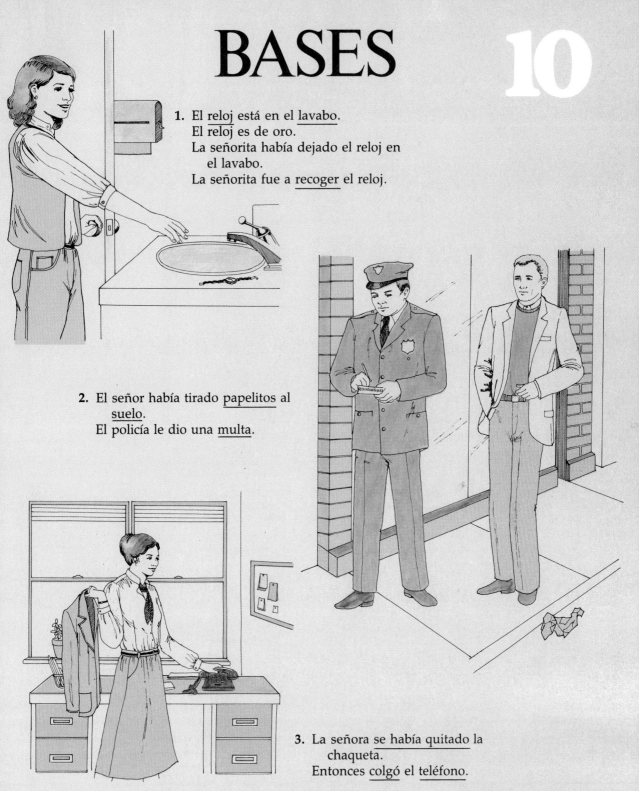

10

1. El reloj está en el lavabo.
El reloj es de oro.
La señorita había dejado el reloj en el lavabo.
La señorita fue a recoger el reloj.

2. El señor había tirado papelitos al suelo.
El policía le dio una multa.

3. La señora se había quitado la chaqueta.
Entonces colgó el teléfono.

133

acordarse de   el contrario de **olvidarse de**
el liceo   la escuela secundaria

la variedad   agresivo -a   cuestionar

PRÁCTICA

A. Contesten según la oración modelo.

1. La señorita fue a recoger el reloj de oro que había dejado en el lavabo.
   ¿Quién fue a recoger el reloj?
   ¿Qué fue a recoger la señorita?
   ¿De qué era el reloj?
   ¿Dónde había dejado el reloj la señorita?
   ¿Dónde estaba el reloj?
   ¿Qué hizo la señorita?

2. El policía le dio una multa al señor porque había tirado papelitos al suelo.
   ¿Quién le dio una multa al señor?
   ¿Qué le dio el policía?
   ¿Qué había tirado el señor al suelo?
   ¿Dónde había tirado los papelitos el señor?
   ¿Qué hizo el señor?
   ¿Por qué le dio una multa el policía?

3. El señor colgó el teléfono y luego se quitó la chaqueta.
   ¿Quién colgó el teléfono?
   ¿Qué colgó el señor?
   ¿Qué se quitó el señor?
   ¿Qué hizo el señor?

B. Completen cada oración con una expresión apropiada.

1. Un _____ nos indica la hora.
2. Es necesario tener el diploma del _____ antes de ir a la universidad.
3. Después de la conversación Marta _____ el teléfono.
4. Hizo algo malo y el policía le dio una _____.
5. Hay una gran _____ de comidas en aquel restaurante.
6. Hacía calor y el señor _____ la chaqueta.
7. Ella escribió el número de teléfono en el _____.

Sirven una variedad de comidas
en este restaurante, Nueva York

ESTRUCTURAS

el pluscuamperfecto

verbos regulares

A. Repitan.
La señorita había dejado su reloj.
Sus amigas habían recogido el reloj.
Yo había ido al lavabo.
¿No habías comido?
Nosotros ya habíamos salido.

B. Contesten con *sí*.
¿Había jugado al béisbol Beatriz?
¿Había conocido a mucha gente la vieja?
¿Habían llevado pistolas los policías?
¿Habían ido a España los estudiantes?
¿Habían salido antes de la comida?
¿Habías pasado la tarde allí?
¿Habías comido antes de salir?

¿Habían Uds. empezado el trabajo?
¿Habían Uds. recibido las cartas?
¿Habían Uds. buscado el reloj?

C. Sigan las instrucciones.
Pregúntele a la muchacha si lo había comprendido.
Pregúntele al muchacho si había contestado la carta.
Pregúnteles a los amigos si habían decidido.
Pregúnteles a las señoras si habían asistido al teatro.
Pregúntele a la señora si había jugado bien.
Pregúntele al señor si había viajado en tren.

Reglas

The pluperfect tense is used to describe a past action completed prior to another past action.

Ella ya había salido cuando nosotros llegamos.
Yo ya lo había sabido cuando me lo dijiste.
Nosotros habíamos llegado antes y luego vinieron los otros.

The pluperfect tense is formed by combining the imperfect of the verb *haber* with the past participle. Study the following forms.

yo había hablado
tú habías trabajado
ella había comido
nosotros habíamos leído
(vosotros habíais salido)
ellos habían decidido

APLICACIÓN ESCRITA

D. Escriba cada oración en el pluscuamperfecto.
1. Él no comprende nada.
2. Yo dejo el reloj en el lavabo.
3. Esas chicas no juegan muy bien.
4. Me gusta mucho la canción.
5. ¿Estudias bastante?
6. No esquiamos en las montañas.
7. ¿Cuántas cartas reciben Uds.?
8. Recibes mucho dinero.
9. El avión no llega.
10. ¿Quién te da permiso?

E. Complete cada oración con la forma apropiada del pluscuamperfecto del verbo indicado.
1. Ella ya _____ el teléfono. *colgar*
2. Yo _____ la chaqueta antes. *quitarse*
3. Ellos _____ los papelitos al suelo. *tirar*
4. El policía les _____ una multa. *dar*
5. ¿Por qué no _____ (tú) el reloj? *recoger*
6. Nosotros no _____ al lavabo. *ir*

Estudiantes de la Universidad de Nebraska jugando al fútbol

los participios irregulares

A. Repitan.
¿Volver? Ya había vuelto.
¿Morir? Ya había muerto.
¿Escribir? Ya había escrito.
¿Romperlo? Ya lo había roto.
¿Verlo? Ya lo había visto.
¿Ponerlo? Ya lo había puesto.
¿Hacerlo? Ya lo había hecho.
¿Decirlo? Ya lo había dicho.
¿Abrirlo? Ya lo había abierto.
¿Descubrirlo? Ya lo había descubierto.

B. Sustituyan.

Ellas lo habían { visto.
dicho.
roto.
escrito.
hecho. }

¿Quién había { vuelto?
muerto?
escrito? }

C. Contesten.
¿Lo había dicho Juan?
¿Había visto la ciudad Sarita?
¿Habían roto la ventana los niños?
¿Habían hecho el viaje los señores?
¿Habías vuelto temprano?
¿Habías escrito la carta?
¿Habían Uds. puesto el libro en la mesa?
¿Habían Uds. descubierto la verdad?

D. Contesten según el modelo.

¿Iba a hacerlo Lucía?
No, porque ya lo había hecho.

¿Iba a decirlo Pepe?
¿Iban a escribirlo ellas?
¿Ibas a ponerlo allí?
¿Iban Uds. a volver?

La familia come mejillones al vapor

Reglas

The following verbs have irregular past participles:

volver	vuelto	morir	muerto	decir	dicho
devolver	devuelto	poner	puesto	hacer	hecho
envolver	envuelto				

ver	visto	abrir	abierto		
escribir	escrito	cubrir	cubierto		
romper	roto	descubrir	descubierto		

137

APLICACIÓN ESCRITA

E. Escriba cada oración en el pluscuamperfecto.
1. Ella no volvió a estudiar.
2. Yo lo dije y él lo repitió.
3. ¿Quiénes hicieron eso?
4. Los estudiantes escribieron sus composiciones.
5. Los pobres se murieron de frío.
6. No vimos nada.
7. ¿Qué hiciste?
8. ¿Lo vio Ud. en la Florida?
9. Los muchachos rompieron la ventana.
10. Pedro puso sus libros en el sofá.

F. Complete cada oración con la forma apropiada del pluscuamperfecto del verbo
    indicado.
1. Yo _____ la puerta del baño. *abrir*
2. La señorita _____ su reloj en el lavabo. *poner*
3. Dos amigas lo _____. *descubrir*
4. ¿No lo _____ tú? *ver*
5. ¿Quién te dijo lo que _____? *hacer*
6. Nadie me lo _____. *decir*
7. Pero mis amigas me _____ el reloj. *devolver*

Estudiantes mexicanos a la izquierda; estudiantes
americanos a la derecha

ESCENAS

Les escribo de Norteamérica

Central City
20 de septiembre

Queridas Eloísa y Marta,

Yo les había escrito al llegar aquí. Pero nunca mandé la carta. He visto tanto en estos tres meses. No sé por donde empezar.

Muy pocas cosas que me habían dicho de los Estados Unidos son verdad. Primero, la comida. Alguien había descrito la cocina norteamericana como « hamburguesas y nada más ». Esa persona nunca había visto la variedad de comida aquí. Hay de todo. Hay comida francesa, italiana, alemana, china, mexicana. Y en este pueblo también he descubierto un restaurante español. Mis amigos norteamericanos nunca habían comido una paella o una sopa de

ajo. Yo los llevé allí. Y les encantó.
Algo curioso pasó en el restaurante.
Yo pedí vino. El camarero me dijo
que el restaurante no tenía una
« licencia ». ¿Se imaginan? En
los Estados Unidos hay que tener
una licencia para vender vino. En
algunos estados no se puede tomar
vino si uno no tiene veintiún años.
¡Qué curioso!

La comida en este país es abundante
y de buena calidad. La carne es buena
y barata. Lo único malo es que
comen la carne cruda. Algo que
no me gusta mucho aquí es el pan.
Yo prefiero el nuestro.

Ahora me gustan las clases en la
universidad aquí. Pero al principio
no me gustaban. Yo nunca había
hecho preguntas en la universidad
en nuestro país. Nosotros tomábamos
apuntes. Yo no había visto discusiones
en clase. Nunca habíamos discutido
nada con nuestros profesores. Aquí
los estudiantes son más agresivos.
Ellos cuestionan todo. Yo lo hago
también. Y eso no molesta a los

apuntes   notes

profesores. Ellos lo prefieren así.
Debes escuchar mi inglés. Hablo
bastante bien ahora. En nuestras
clases de inglés nunca habíamos
hablado mucho. Leíamos y escribíamos.
Pero no hablábamos. Mis compañeros
de clase son muy pacientes conmigo.
Me ayudan mucho con mi inglés.
Ya no tengo miedo de hablar. Entiendo
todo, en las clases, en los bailes,
hasta en el cine.

La universidad está en un pueblo
pequeño. Creo que hay tantos
estudiantes en la universidad como
habitantes en el pueblo. El pueblo
es muy bonito. Y es muy limpio.
No se ve ni un papelito en la calle.
Pero es diferente en las grandes
ciudades. En el pueblo, si uno tira
papeles al suelo, recibe una multa.
La única impresión que yo había
tenido de los norteamericanos era
de los turistas. La impresión no fue
muy buena. Ningún turista hablaba
español. Ellos andaban en grupo
siempre. Me parecían fríos. Aquí
es todo lo contrario. Yo había estado

aquí sólo unos días cuando me invitaron a sus casas. Ellos han abierto sus puertas a una extranjera. Me han tratado como miembro de la familia. No son fríos. Te voy a contar un incidente. ¿Te acuerdas de mi reloj de pulsera? Mis padres me lo dieron cuando me gradué del liceo. Pues estuve en un baile en la universidad el sábado. Fui al baño a lavarme las manos. Me quité el reloj y lo dejé allí. El domingo por la mañana me di cuenta de lo que había hecho. Llamé por teléfono. — ¿Encontraron Uds. un reloj anoche?

— ¿Cómo es el reloj, por favor?

— Es pequeño. Es de oro. Creo que está en el lavabo. Lo dejé allí.

— Un momento, por favor. No, no está allí. ¿Cuál es su nombre y su número de teléfono? Si encontramos el reloj, la llamaremos.

Yo dejé mi nombre y número de teléfono.

— Alguien lo encontrará, señorita — me dijo — el reloj aparecerá.

extranjera   foreigner

pulsera   wrist

Encontraron   Did you find

Ja, ja, pensé yo. Si el reloj no está allí alguien se lo llevó. ¿Quién no va a llevarse un reloj de oro? Yo acababa de colgar el teléfono cuando alguien llamó a la puerta. Abrí la puerta. Era una joven.

— Ud. es la estudiante española, ¿verdad? Ud. estuvo en el baile anoche, ¿verdad? —me dijo en inglés.

— Pues, sí — le contesté

Entonces ella sacó mi reloj de su bolsa.

— Creo que éste es su reloj. Ud. lo dejó en el lavabo. Yo lo recogí y salí detrás de Ud. Quise devolvérselo. Pero Ud. desapareció en seguida. Unas amigas me dijeron dónde vive Ud.

Yo le di las gracias. Hablamos un rato y tomamos un café. Ahora somos buenas amigas.

Yo quiero mucho a mi patria. Pero también quiero mucho a este país. Me han tratado muy bien.

Reciban Uds. muchos abrazos de

Teresa

acababa de **had just**

sacó **took out**

devolvérselo **return it to you**

PREGUNTAS

1. ¿Cuántos meses ha estado en Central City la escritora?
2. ¿Cómo había descrito alguien la cocina norteamericana?
3. ¿Cuáles son las diferentes comidas que existen?
4. ¿Qué tipo de restaurante ha descubierto ella?
5. ¿Que pasó en el restaurante?
6. ¿Cómo es la carne en los EE.UU.?
7. ¿Qué pan prefiere ella?
8. ¿Qué hacían los estudiantes en su país?
9. ¿Qué no había visto ella en clase?
10. ¿Qué cuestionan los estudiantes en los Estados Unidos?
11. ¿Cómo habla la autora inglés ahora?
12. ¿La ayudan con su inglés sus amigos?
13. ¿Tiene ella miedo de hablar?
14. ¿Dónde está situada la universidad?
15. ¿Qué pasa en el pueblo si uno tira papeles al suelo?
16. ¿De dónde había recibido la autora una impresión de los norteamericanos?
17. Según ellos, ¿cómo eran los turistas?
18. ¿Cómo han tratado a la autora?
19. ¿Quiénes le dieron a ella el reloj de pulsera?
20. ¿Dónde dejó ella su reloj?
21. Cuando ella llamó al restaurante, ¿habían encontrado el reloj?
22. ¿Quién llamó a la puerta de la autora?
23. ¿Qué sacó la estudiante de su bolsa?
24. ¿Cómo sabía la estudiante donde vivía la autora?
25. ¿Ahora son buenas amigas las dos señoritas?

Composición

Write a letter to a friend who lives in another country. Answer the following questions.

¿Es grande o pequeño su pueblo o su ciudad?

¿Hay muchos restaurantes?

Si hay, ¿sirven comidas extranjeras?

¿Qué hace Ud. con su tiempo libre?

¿Va Ud. a la casa de sus amigos(as)?

¿Van Uds. al cine?

¿Tienen Uds. bailes?

¿Participan Uds. en muchos deportes?

Pasatiempo

PERSPECTIVAS

Fill in the missing letters in each word. Then rearrange
all the letters to reveal the name of a place.

1. P __ P E L __ T O __

2. S __ E L O

3. __ A __ A B O

4. V __ R I __ D A __

5. C U E S T __ O __ A __

6. __ E J A R

__ __ __ __ __ __ __ __ __ __ __ __ __ __

Entrevista

Según lo que dice Teresa, ella ha notado durante su
visita a los EE.UU. algunas diferencias entre las
costumbres de aquí y las de su país.   Según los
informes que nos dio, ¿qué cree Ud.?

¿Hay una gran variedad de comidas donde vive
Teresa? • ¿Pueden servir vino los restaurantes sin
tener una licencia? • ¿Pueden tomar vino los jóvenes?
• A sus amigos, ¿les gusta la carne cruda, a término
medio o bien cocida? • ¿Tienen los estudiantes
muchas discusiones con sus profesores? • En sus
clases, ¿qué hacen más—tomar apuntes o discutir?
• ¿Tienen sus amigos la costumbre de invitar a los
extranjeros a su casa?

BASES

11

1. Es un teléfono público.
   No es un teléfono privado.
   El señor hace una <u>llamada</u>.
   Está en la <u>cabina telefónica</u>.
   El señor <u>ha descolgado</u> el <u>auricular</u>.
   <u>Marca</u> con el <u>disco</u>.

2. Las partes del teléfono público son:

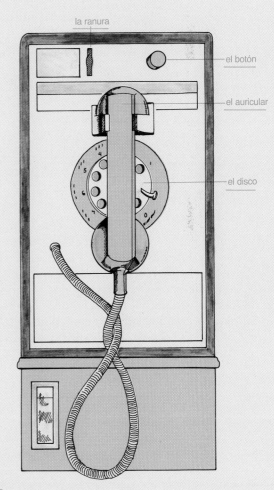

la ranura

el botón

el auricular

el disco

meter poner
de larga distancia a un lugar que está lejos
amable simpático, -a
una llamada por cobrar una llamada que paga la persona que la recibe

la conexión   ocupado, -a
la línea

PRÁCTICA

A. Contesten según la oración modelo.

1. El señor hace una llamada en la cabina telefónica.
   ¿Quién hace una llamada?
   ¿Qué hace el señor?
   ¿Dónde hace él la llamada?
   ¿Está usando un teléfono público o privado?

2. La señora mete una moneda y marca con el disco.
   ¿Quién mete una moneda?
   ¿Qué mete la señora?
   ¿Con qué marca la señora?

3. El señor hace una llamada de larga distancia y habla con la operadora.
   ¿Qué hace el señor?
   ¿Qué tipo de llamada hace?
   ¿Con quién habla el señor?

B. Completen cada oración con una palabra apropiada.

1. Hay un teléfono público en la _____ telefónica.
2. Es necesario meter una _____ antes de hacer una llamada.
3. Antes de hacer una llamada es necesario _____ el auricular.
4. El señor no paga la llamada; hace una llamada _____.
5. Alguien está hablando. La línea está _____.
6. No puedo oír bien. Tenemos una _____ mala.

C. Escojan la palabra apropiada.

1. Josefina vive lejos. Para llamarla hago una llamada
   a. local.
   b. de larga distancia.

2. Yo a. cuelgo
       b. descuelgo   el auricular antes de hacer una llamada.

148

3. Yo marco con
   a. el disco
   b. la ranura
   cuando hago una llamada.

4. Si alguien está hablando, la línea está
   a. libre.
   b. ocupada.

5. Los teléfonos
   a. públicos
   b. privados
   se encuentran en una cabina telefónica.

Teléfonos públicos en una calle de Bogotá, Colombia

imperativo formal

verbos regulares

A. Repitan.
Hable Ud.   No hable Ud.
Mire Ud.   No mire Ud.
Trabaje Ud.   No trabaje Ud.

B. Sustituyan.
Prepare
Trabaje
Mire   Ud. más.
Estudie

No { prepare / trabaje / mire / estudie } Ud. más.

C. Contesten según el modelo.

¿Llamo en seguida?
Sí, llame Ud. en seguida.
No, no llame Ud. en seguida.

¿Preparo la comida?
¿Trabajo en la fábrica?
¿Miro las fotos?
¿Estudio esta lección?
¿Compro el maletín?
¿Viro a la izquierda?
¿Llevo la bolsa?

D. Repitan.
Coma Ud. más.   No coma Ud. más.
Lea Ud. la revista.   No lea Ud. la revista.
Escriba Ud. la carta.   No escriba Ud. la carta.
Sirva Ud. la comida.   No sirva Ud. la comida.

E. Sustituyan.
Coma
Vuelva
Viva   Ud. aquí.
Sirva

No { coma / vuelva / viva / sirva } Ud. aquí.

F. Contesten según el modelo.

¿Leo ese periódico?
Sí, lea Ud. ese periódico.
No, no lea Ud. ese periódico.

¿Como la sopa?
¿Leo el libro?
¿Vendo la casa?
¿Meto la moneda?
¿Vuelvo en seguida?
¿Vivo aquí?
¿Escribo la carta?
¿Sirvo la comida?
¿Pido más café?

G. Repitan.
Compren Uds. el carro.
Ayuden Uds. a mamá.
No naden Uds. más.

H. Contesten según el modelo.

¿Cantamos?
Sí, canten Uds.
No, no canten Uds.

¿Compramos el traje?
¿Llevamos la cesta?
¿Visitamos a María?
¿Viajamos en tren?
¿Preparamos la sopa?
¿Lavamos a los niños?
¿Hablamos con Pablo?

I. Repitan.

Coman Uds. aquí.
Escriban Uds. mucho.
No pierdan Uds. el reloj.
No sirvan Uds. el vino.

J. Contesten según el modelo.

¿Vendemos el carro?
Sí, vendan Uds. el carro.
No, no vendan Uds. el carro.

¿Vendemos la casa?
¿Comemos en aquel restaurante?
¿Subimos al autobús?
¿Vivimos en la capital?
¿Decidimos ahora?
¿Volvemos mañana?
¿Servimos el pan?
¿Metemos las monedas?

El niño hace una llamada telefónica

── Reglas ──

The formal commands *(Ud., Uds.)* are formed using the vowel opposite to that which is associated with the particular conjugation.   First-conjugation *(-ar)* verbs take the vowel *-e.*

Trabaje Ud.   Ayuden Uds.
No nade Ud.   No canten Uds.

Second- and third-conjugation *(-er* and *-ir)* verbs take the vowel *-a.*

Coma Ud.   Escriban Uds.
No vuelva Ud.   No sirvan Uds.

Note that sometimes the *Ud.* or *Uds.* is not used in the command. This is less polite.

Coma en seguida.
Trabaje más rápido.

APLICACIÓN ESCRITA

K. Siga los modelos.

Tengo que bajar.
Pues, baje Ud.

Tenemos que cantar.
Pues, canten Uds.

1. Tengo que contestar.
2. Tengo que cantar.
3. Tengo que estudiar.
4. Tengo que comer.
5. Tenemos que leer.

6. Tenemos que asistir.
7. Tengo que prometer.
8. Tenemos que volver.
9. Tengo que hablar.
10. Tenemos que trabajar.

L. Complete cada oración con la forma apropiada del imperativo formal del verbo indicado.

1. _____ Uds. más.   *Comer*
2. _____ Ud. en el lago.   *Nadar*
3. No _____ Ud. esa casa.   *comprar*
4. _____ Uds. la comida ahora.   *Servir*
5. No _____ Ud. en seguida.   *volver*
6. _____ Ud. esta revista.   *Leer*
7. _____ Uds. el carro.   *Empujar*
8. No _____ Uds. la casa.   *vender*

verbos irregulares

A. Repitan.
Haga Ud. la llamada.   No haga Ud. la llamada.
Venga Ud. ahora.   No venga Ud. ahora.
Salga Ud.   No salga Ud.

B. Contesten según el modelo.

¿Vengo ahora?
Sí, venga Ud. ahora.
No, no venga Ud. ahora.

¿Vengo en seguida?
¿Salgo a la calle?
¿Hago el sándwich?
¿Pongo la canasta allí?
¿Digo la verdad?
¿Vengo en carro?
¿Salgo con María?
¿Hago la comida?
¿Traigo los billetes?

C. Repitan.
Hagan Uds. más.   No hagan Uds. más.
Salgan Uds.   No salgan Uds.
Traigan Uds. el dinero.   No traigan Uds. el dinero.

D. Contesten según el modelo.

¿Venimos ahora?
Sí, vengan Uds. ahora.
No, no vengan Uds. ahora.

¿Venimos ahora?
¿Salimos?
¿Ponemos las maletas allí?
¿Decimos que sí?
¿Venimos en avión?
¿Hacemos un viaje?
¿Salimos en tren?
¿Traemos los billetes?
¿Ponemos las tazas en la mesa?

En Mérida, México

The formal command form *(Ud., Uds.)* for irregular verbs is formed by dropping the ending of the first-person singular of the present and adding the proper command ending.   Study the following.

hacer	hago	haga Ud.	no hagan Uds.
venir	vengo	venga Ud.	no vengan Uds.
salir	salgo	salga Ud.	no salgan Uds.
poner	pongo	ponga Ud.	no pongan Uds.
decir	digo	diga Ud.	no digan Uds.
traer	traigo	traiga Ud.	no traigan Uds.

153

Una llamada telefónica en una oficina de México

APLICACIÓN ESCRITA

E. Siga el modelo.

Quiero salir.
Pues, salga Ud.

1. Quiero hacer una llamada telefónica.
2. Queremos venir.
3. Quiero poner la maleta allí.
4. Queremos decir la verdad.
5. Queremos salir ahora.
6. Quiero traer el maletín.

F. Complete cada oración con la forma apropiada del imperativo formal del verbo indicado.

1. Ahora, _____ Ud. paciencia. *tener*
2. _____ Uds. siempre la verdad. *Decir*
3. _____ Ud. a las diez. *Salir*
4. _____ Uds. en avión. *Venir*
5. _____ Ud. más. *Hacer*
6. _____ Uds. las tortillas en la mesa. *Poner*
7. No _____ Ud. todo. *decir*
8. _____ Ud. confianza en mí. *Tener*
9. _____ Uds. los libros allí. *Poner*
10. _____ Ud. en carro, no en tren. *Venir*

ESCENAS
Una llamada telefónica

Señora	Perdone Ud., señorita. No soy de aquí y no sé usar este teléfono. ¿Puede Ud. ayudarme?
Una joven	¡Cómo no! Con mucho gusto. Mire Ud. lo que hago. Primero meta Ud. una moneda de cincuenta centavos aquí en la ranura.
Señora	Entiendo. Meto la moneda. Y ¿qué hago con este botón?
Joven	Espere un momento. Luego, marque Ud. el número con el disco. ¿Cuál es el número que quiere, por favor?
Señora	Es el veintidós cero, ocho nueve, veintiuno.
Joven	Bien. Un momento. Está sonando. La línea está ocupada. Ahora tengo que colgar el auricular y sacar la moneda.
Señora	Y si contestan, ¿qué hago? Describa, por favor, lo que se hace.
Joven	Si alguien contesta, entonces empuje el botón rápidamente. Así la moneda cae y la conexión está completa. Si Ud. no empuja el botón Ud. oirá a la otra persona, pero la otra persona no podrá oír a Ud. Si nadie contesta, no empuje el botón porque Ud. perderá la moneda.
Señora	Ahora comprendo. Gracias. Ud. es muy amable. Quiero también hacer una llamada de larga distancia.
Joven	Entonces, llame Ud. a la operadora. No necesita usar una moneda. Descuelgue el auricular. Marque cero con el disco. La operadora contestará inmediatamente.

sonando   ringing

Señora	Muchísimas gracias. Oiga, operadora, quiero hacer una llamada al extranjero.	
		al extranjero to a foreign country
Operadora	¿Tiene Ud. la clave de área?	
Señora	Sí, la clave de área es 312. Y quiero hacer la llamada por cobrar al 555-1236.	
Operadora	Muy bien, señora. ¿Su nombre, por favor?	
Señora	Yo soy Marta Valenzuela.	
Operadora	¿Ud. hace la llamada persona a persona o teléfono a teléfono?	
Señora	Teléfono a teléfono, por favor.	
Operadora	Un momentito, por favor. Estoy llamando.	

(un momento después)

Ya puede hablar, señora.   Están en la línea.

PREGUNTAS

1. ¿Sabe la señora usar el teléfono?
2. ¿La ayuda la joven?
3. ¿Qué tiene que hacer primero la señora?
4. ¿Sabe qué hacer con el botón la señora?
5. ¿Con qué se marca el número?
6. Cuando la línea está ocupada, ¿qué cuelga la joven?
7. Si una persona contesta, ¿qué tiene que hacer la señora?
8. Si uno no empuja el botón, ¿qué pasa?
9. ¿Qué más quiere hacer la señora?
10. ¿Necesita ella usar una moneda?
11. ¿Qué número tiene ella que marcar?
12. ¿Hace la llamada persona a persona?

Composición

Prepare Ud. las instrucciones para hacer una llamada de un teléfono público en la mayoría de los países hispanos.   Ponga la siguiente lista en orden y complete cada oración con la forma apropiada del imperativo del verbo indicado.

_____ una moneda en la ranura.	*meter*
_____ el auricular.	*colgar*
_____ el auricular.	*descolgar*
_____ el botón.	*empujar*
_____ con el disco.	*marcar*
_____ la contestación.	*esperar*
_____ con la persona llamada.	*hablar*

Pasatiempo

Each of the 23 blank squares in this puzzle is to be filled in with a different letter of the alphabet in order to complete the Spanish word. You will find it helpful to write out the alphabet and cross off each letter as it is used. Only the letters *k, w,* and *x* are omitted.

Entrevista

¿Hablas mucho por teléfono o no? • ¿Te gusta hablar por teléfono? • ¿Usas más un teléfono público o privado? • Con el teléfono que tienes en casa, ¿puedes marcar directamente o tienes que hablar con la operadora? • Si quieres hacer una llamada de larga distancia, ¿también la puedes marcar directamente? • ¿Es necesario saber la clave de área? • A veces, ¿tienes que usar un teléfono público? • ¿Tienes que meter una moneda? • ¿Metes la moneda antes o después de descolgar el auricular? • ¿Dónde metes la moneda? • Si alguien contesta, ¿tienes que empujar un botón o puedes hablar en seguida? • Si no contesta nadie, ¿pierdes tu moneda o te la devuelven?

BASES

12

1. Las partes del coche (carro) son:

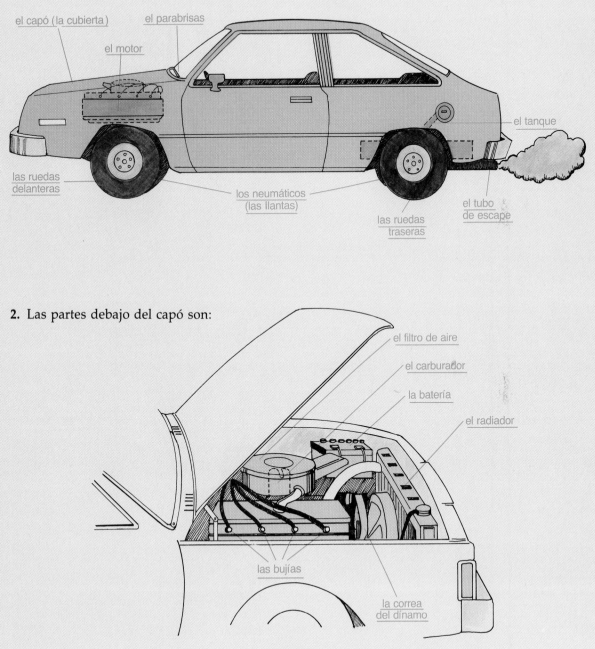

el capó (la cubierta)

el parabrisas

el motor

el tanque

las ruedas delanteras

los neumáticos (las llantas)

las ruedas traseras

el tubo de escape

2. Las partes debajo del capó son:

el filtro de aire

el carburador

la batería

el radiador

las bujías

la correa del dínamo

159

3. Las partes del interior del coche
   son:

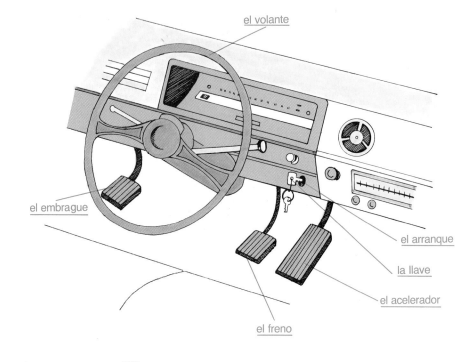

el volante

el embrague

el arranque

la llave

el acelerador

el freno

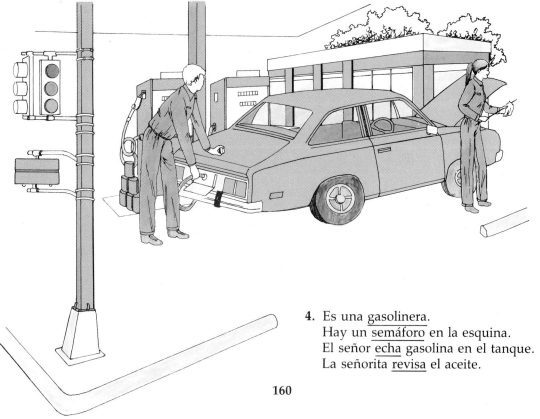

4. Es una gasolinera.
   Hay un <u>semáforo</u> en la esquina.
   El señor <u>echa</u> gasolina en el tanque.
   La señorita <u>revisa</u> el aceite.

entregar dar
olvidarse de no pensar más en algo
el cartero la persona que entrega las cartas a casa
los adelantos el progreso
el coche otra palabra por **auto** o **carro**
el humo lo que sale del tubo de escape

el experto   transferido, -a   reparar
la experta
los cilindros
la diagnosis

PRÁCTICA

A. **Contesten según la oración modelo.**
  1. La señora pone la llave en el arranque antes de arrancar el auto.
     ¿Quién pone la llave en el arranque?
     ¿Qué pone en el arranque?
     ¿Dónde pone la llave?
     ¿Cuándo pone la llave en el arranque?

  2. El señor usa los frenos para parar el auto cuando llega a un semáforo con luz roja.
     ¿Quién usa los frenos?
     ¿Qué usa el señor?
     ¿Por qué usa los frenos?
     ¿Cuándo usa los frenos?

  3. La señorita echa gasolina en el tanque del carro en la gasolinera.
     ¿Quién echa gasolina en el tanque del carro?
     ¿Qué echa en el tanque?
     ¿En dónde echa la gasolina?
     ¿Dónde echa ella gasolina en el tanque?

B. **Escojan las partes del carro que se encuentran debajo del capó.**
la transmisión   el parabrisas
el embrague   el arranque
las bujías   el acelerador
la batería   los neumáticos

C. **Escojan las partes que se encuentran en el exterior del carro.**
las ruedas   el filtro de aire
la correa del dínamo el parabrisas
el volante   las bujías
la transmisión   el arranque

D. Escojan la palabra apropiada para completar cada oración.

1. Para parar un auto hay que usar (*los neumáticos, los frenos*).
2. Si uno quiere ir más de prisa (con más velocidad), hay que usar (*el embrague, el acelerador*).
3. El chofer cambia la dirección del auto usando (*el volante, el arranque*).
4. Es necesario poner aire en (*la batería, los neumáticos*).
5. El humo sale del (*tubo de escape, árbol de transmisión*).
6. Es necesario poner agua en (*el carburador, la batería*).
7. El motor está debajo del (*capó, baúl*).
8. Un carro tiene cuatro (*ruedas, volantes*).

Una fábrica de automóviles en México

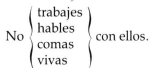

ESTRUCTURAS

imperativo familiar

verbos regulares

A. Repitan.
Mira.
Mira el edificio.
Habla.
Habla español.
Come.
Come más.
Escribe.
Escribe la carta.

B. Contesten según el modelo.

¿Hablo?
Sí, habla.

¿Reviso el aceite?
¿Paro el auto?
¿Hablo español?
¿Nado en el lago?
¿Preparo la comida?
¿Estudio ahora?
¿Trabajo en la oficina?
¿Compro pan?
¿Espero aquí?
¿Ayudo a mi madre?

¿Juego al fútbol?
¿Empiezo ahora?

¿Leo el periódico?
¿Vendo el carro?
¿Abro el capó?
¿Escribo la carta?
¿Recibo el dinero?
¿Subo al tren?

¿Duermo allí?
¿Vuelvo con ellos?

C. Repitan.
Habla español; no hables inglés.
Come en la cocina; no comas en la sala.
Escribe tu lección; no escribas cartas.

D. Sustituyan.

$$No \begin{Bmatrix} trabajes \\ hables \\ comas \\ vivas \end{Bmatrix} con\ ellos.$$

E. Sigan el modelo.

¿Miro ahora?
No, no mires ahora.

¿Trabajo aquí?
¿Hablo inglés?
¿Como ahora?
¿Vuelvo mañana?
¿Espero aquí?
¿Duermo en el sofá?
¿Subo al auto?
¿Vendo la casa?

The familiar (*tú*) form of the command for regular verbs in the affirmative is the same as the *Ud.* form of the present tense.   The ending for the negative command of regular *-ar* verbs is *-es*, and for *-er* and *-ir* verbs, *-as*.

infinitive	command	negative command
hablar	habla	no hables
beber	bebe	no bebas
escribir	escribe	no escribas

APLICACIÓN ESCRITA

F. Complete cada oración con la forma apropiada del imperativo familiar en la forma afirmativa del verbo indicado.

1. _____ el aceite.   *Revisar*
2. _____ el tanque.   *Llenar*
3. _____ el capó.   *Levantar*
4. _____ el auricular.   *Colgar*
5. _____ más.   *Comer*
6. _____ el radiador.   *Abrir*
7. _____ el semáforo.   *Mirar*
8. _____ ese periódico.   *Leer*
9. _____ la langosta.   *Preparar*
10. _____ la moneda.   *Meter*
11. _____ aquí.   *Dormir*
12. _____ las bujías.   *Comprar*

G. Siga el modelo.

hablar ahora   *no*
No hables ahora.

1. lavar el coche   *sí*
2. llenar el tanque   *sí*
3. pagar un dólar   *no*
4. escribir en el cuaderno   *sí*
5. llamar por teléfono   *no*
6. volver en seguida   *no*
7. estudiar con Elena   *sí*
8. comer en la cocina   *sí*
9. revisar el aceite   *no*
10. escribir los ejercicios   *sí*

H. Siga los modelos.

Voy a hablar.
Bueno, habla.

No voy a hablar.
Bueno, no hables.

1. No voy a hablar.
2. Voy a comer.
3. No voy a asistir.
4. Voy a leer.
5. Voy a subir.
6. No voy a escribir.
7. No voy a contestar.
8. Voy a escribir.

verbos irregulares

A. Repitan.

Di eso.
Haz más.
Ve a la tienda.
Sal ahora.
Ten cuidado.
Ven mañana.
Pon eso en el baúl.

B. Sigan el modelo.

¿Tengo que decir la verdad?
Sí, di la verdad.

¿Tengo que hacer el trabajo?
¿Tengo que ir?
¿Tengo que venir ahora?
¿Tengo que salir temprano?
¿Tengo que poner eso en el radiador?
¿Tengo que decir algo?

C. Repitan.

No digas nada.
No hagas eso.
No salgas.
No vengas.
No pongas el filtro allí.
No vayas ahora.

D. Contesten negativamente.

¿Salgo ahora?
¿Hago más?
¿Digo eso?
¿Vengo ahora?
¿Pongo la gasolina aquí?
¿Digo que sí?
¿Hago las reparaciones?
¿Voy el jueves?

The following verbs have familiar command forms that are irregular. Study these verbs and their forms.

infinitive	affirmative command	negative command
decir	di	no digas
hacer	haz	no hagas
ir	ve	no vayas
poner	pon	no pongas
salir	sal	no salgas
ser	sé	no seas
tener	ten	no tengas
venir	ven	no vengas

APLICACIÓN ESCRITA

E. Siga el modelo.

   poner agua en el radiador
   Sí, pon agua en el radiador.

1. decir la verdad
2. hacer más
3. salir en ese tren
4. venir por la tarde
5. ir con Marta
6. tener cuidado aquí
7. hacer otra lección
8. poner el carro aquí
9. decir que sí
10. salir temprano

F. Escriba cada oración en la forma negativa.
1. Haz el trabajo en seguida.
2. Sal ahora con el coche.
3. Pon agua en la batería.
4. Sé bueno.
5. Ve a la gasolinera.
6. Ven con el mecánico.
7. Di la verdad.
8. Ten paciencia.

Dan Gurney en una carrera del Grand Prix en Nueva York

la comparación de los adjetivos

repaso—comparativo y superlativo

A. Repitan.

Victoria es más alta que Angélica.
Jaime es más grande que David.
Rosa es la más inteligente de la clase.

B. Contesten.

¿Quién es más guapo, Víctor o Martín?
¿Quién es más bonita, Mariana o Ana?
¿Quién es más inteligente, él o su amiga?
¿Cuál es más grande, un pueblo o una ciudad?
¿Cuál es más rápido, el tren o el avión?
¿Cuál tiene más cilindros, este carro o aquel carro?
¿Cuál toma más agua, la batería o el radiador?

C. Sigan el modelo.

Beatriz es alta pero Gloria es más alta.
Gloria es más alta que Beatriz.

Don Jorge es rico pero don Miguel es más rico.
Los Álvarez son pobres pero los Gómez son más pobres.
Ellos son guapos pero nosotros somos más guapos.
Yo soy baja pero ellas son más bajas.
Somos inteligentes pero él es más inteligente.

D. Sigan el modelo.

No hay nadie más guapo que Pancho.
Pancho es el más guapo de todos.

No hay nadie más fuerte que Marta.
No hay nadie más feo que yo.
No hay nadie más rico que don Pedro.
No hay nadie más simpática que Sarita.
No hay nadie más inteligente que él.
No hay nadie más generosa que doña Elvira.

La rueda trasera de un automóvil de carrera

Reglas

The comparative form of the adjective is formed by placing *más* before the adjective. The superlative is formed by using the appropriate definite article with *más* and the adjective.

adjective	comparative	superlative
guapo	más guapo	el más guapo
bonita	más bonita	la más bonita

Note that the comparative is followed by *que* and the superlative by *de*.

Elena es más fuerte que María.
Lola es la más fuerte de la clase.

E. Siga el modelo.

Jorge es inteligente.
Pues, es más inteligente que yo.

1. Fernando es alto.
2. Estela es grande.
3. Los Figueroa son ricos.
4. Los viejos son pobres.
5. Vicente es guapo.
6. El soldado es fuerte.

F. Siga el modelo.

Sarita es inteligente.
Sí, es la más inteligente de todos.

1. Carlota es baja.
2. Estas chicas son jóvenes.
3. Tú eres alto.
4. Ella es interesante.
5. Somos ricos.
6. Este tren es rápido.
7. El pueblo es antiguo.
8. David es simpático.

G. Complete cada oración con palabras apropiadas.
1. El profesor es _____ inteligente _____ Ud.
2. La clase de matemáticas es la clase _____ pequeña _____ todas.
3. Shangai es la ciudad _____ grande _____ mundo.
4. Yo soy el _____ inteligente _____ la clase.
5. La Ciudad de México es la ciudad _____ grande _____ Norteamérica.
6. Marisol es _____ alta _____ Marta.
7. Alaska es _____ grande _____ Texas.
8. Mi padre es el _____ alto _____ la familia.

la comparación de igualdad

A. Repitan.
Mi hermana es tan alta como mi madre.
Raúl es tan guapo como Juan.
Juana es tan generosa como Lola.
Pedro es tan rico como Dorotea.

B. Sigan el modelo.

¿Son altos tú y Juan?
Sí, Juan es tan alto como yo.

¿Son bonitas tú y Lola?
¿Son inteligentes Pedro y tú?

¿Son guapos Juan y Raúl?
¿Son ricos los Gómez y los Palacios?
¿Son importantes las fincas y las fábricas?
¿Son importantes los colegios y las universidades?
¿Son rápidos tu coche y el mío?

C. Repitan.

Juan tiene tanto dinero como Pablo.
Este carro tiene tantos cilindros como el otro.
Yo prefiero tanta salsa como carne en el plato.
Tu casa tiene tantas ventanas como la mía.

D. Sustituyan.

María tiene tanto $\begin{Bmatrix} \text{dinero} \\ \text{tiempo} \\ \text{trabajo} \end{Bmatrix}$ como tú.

Yo tengo tanta $\begin{Bmatrix} \text{energía} \\ \text{ambición} \\ \text{inteligencia} \end{Bmatrix}$ como ellos.

Él tiene tantos $\begin{Bmatrix} \text{periódicos} \\ \text{billetes} \\ \text{libros} \end{Bmatrix}$ como los carteros.

¿Quién tiene tantas $\begin{Bmatrix} \text{maletas} \\ \text{blusas} \\ \text{faldas} \end{Bmatrix}$ como tú?

E. Sigan el modelo.

Ella prefiere más sal que pimienta.
    ¿Y tú?
Yo prefiero tanta sal como pimienta.

David tiene más libros que periódicos.   ¿Y Hernando?
Ella come más vegetales que carne.   ¿Y Ud.?
La señora lee más libros que periódicos.   ¿Y el señor?
Guillermo tiene más energía que inteligencia.   ¿Y Victoria?
Él vende más bujías que neumáticos.   ¿Y Teresa?
Ella tiene más pesos que dólares.   ¿Y Tomás?

Reglas

The comparative of equality ("as . . . as") is formed by placing *tan* before the adjective and *como* after the adjective.

El chofer es *tan* rico *como* doña Bárbara.

When a noun is used ("as much . . . as"), the adjective form *tanto* is used.   *Tanto* must agree with the noun it modifies.

Ellas tienen tanto dinero como yo.
Yo prefiero tanta sal como pimienta.
No tenemos tantos libros como antes.
Visitamos tantas ciudades como posible.

APLICACIÓN ESCRITA

F. Siga el modelo.

Javier es alto. Vicente es alto también.
Javier es tan alto como Vicente.

1. Los mecánicos tienen trabajo. Los carteros tienen trabajo también.
2. El estudiante tiene muchos libros. El profesor tiene muchos libros también.
3. El árbol es grande. El edificio es grande también.
4. La universidad es importante. La fábrica es importante también.
5. Los muchachos son inteligentes. Las muchachas son inteligentes también.

G. Siga el modelo.

El mecánico es rico. *su hermano*
El mecánico es tan rico como su
   hermano.

1. Juana es alta. *su hermano*
2. El joven es fuerte. *su primo*
3. Este coche es rápido. *el otro*
4. La otra ciudad es grande. *Madrid*
5. Estos frenos son nuevos. *los neumáticos*

H. Complete cada oración con la forma apropiada de *tanto . . . como.*
1. Este carro necesita _____ gasolina _____ el otro.
2. Ella hace _____ llamadas _____ su marido.
3. Este carro no tiene _____ cilindros _____ el otro.
4. Este neumático lleva _____ aire _____ el otro.
5. Le dieron _____ multas a él _____ a su amigo.
6. Nosotras recibimos _____ invitaciones _____ él.
7. Este hospital tiene _____ cirujanos y _____ enfermeros _____ el otro.
8. La segunda llamada me costó _____ dinero _____ la primera.

Un automovilista venezolano antes de comenzar la carrera

IMPROVISACIONES

En la gasolinera

Paco   Hola, José. ¿En qué te puedo servir, hoy? ¿Te lleno el tanque?

José   Sí, Paco. Llena el tanque, por favor. Y revisa el aceite también.

Paco   Bien. Abre el capó.

José   Oye, Paco, limpia el parabrisas, por favor. Lo tengo un poco sucio y me es casi imposible ver.

Paco   ¿Qué tal el aire en los neumáticos?

José   Está bien. ¿Cuánto te debo?

Paco   Mil cincuenta pesos.

José   Aquí. Toma.

Paco   Adiós, José.

PREGUNTAS

1. ¿Con quién habla Paco?
2. ¿Se conocen José y Paco?
3. ¿Es Paco mecánico?
4. ¿Va a llenar el tanque Paco?
5. ¿Qué va a revisar?
6. ¿Tiene que abrir el capó para revisar el aceite?
7. ¿Cómo está el parabrisas?
8. ¿Va a lavar el parabrisas Paco?
9. ¿Hay bastante aire en los neumáticos?
10. ¿Cuánto le debe José a Paco?

ESCENAS
¿Quieres ser mecánico?

Oye, ¿has visto alguna vez una carrera de automóviles, como la de Indianápolis? ¿Cuáles son los nombres famosos de los conductores que recuerdas—Bobby y Al Unser, A. J. Foyt y Mario Andretti? Ahora, ¿puedes darme los nombres de sus mecánicos? ¿No me puedes dar tantos? ¿No sabes ninguno? ¡Qué interesante!

El trabajo del mecánico es sumamente importante y no sólo para los conductores de las grandes carreras. Diariamente los mecánicos cuidan y reparan el automóvil del médico, del maestro, del estudiante, del cartero. ¿Te imaginas un mundo sin mecánicos? Todo ciudadano los necesita. El mecánico ayuda a todos sus vecinos.

El mecánico de hoy tiene que estudiar mucho. Hay tantos detalles que tiene que aprender. Cada año hay más y más adelantos en la industria de los automóviles. Los primeros automóviles de Henry Ford tenían un sencillo motor de cuatro cilindros. No tenían ni arranque eléctrico. El conductor tenía que bajar, arrancar el motor con una manivela y luego volver a sentarse detrás del volante.

Mira lo que tiene que saber el mecánico de hoy—sólo de motores: hoy hay motores de cuatro, seis y ocho cilindros.

carrera race

vecinos neighbors

ni even
manivela crank

Hasta hay un Jaguar de doce cilindros. Hay motores que funcionan solamente con gasolina sin plomo. Otros son diesel y no usan gasolina sino aceite. Algunos motores tienen una bomba de gasolina para suplir el combustible.

El auto norteamericano, con pocas excepciones, tiene el motor enfrente. La potencia del motor es transferida a las ruedas traseras por medio del árbol de transmisión que va debajo del auto desde la transmisión hasta las ruedas de atrás. Algunos autos nuevos no tienen árbol de transmisión. En ésos las ruedas delanteras reciben la potencia directamente del motor y de la transmisión.

Pero el motor es sólo una preocupación del mecánico. Él tiene que conocer las diferentes clases de transmisión. Las hay manuales de tres, cuatro y cinco velocidades. También las hay automáticas de tres y cuatro velocidades. El mecánico tiene que cuidar del embrague en los autos con transmisión manual.

¿Cuáles son las cosas que el mecánico hace rutinariamente? Normalmente, si no existe ningún problema él simplemente revisa el aceite del motor, el agua del radiador y la batería. Si falta agua, él echa más. Él revisa entonces la correa del dínamo porque si no está bien ajustada, la batería se queda muerta. El mecánico examina también las bujías. Si las bujías están en malas condiciones, el motor difícilmente arranca. El buen mecánico quita las ruedas para mirar de cerca los frenos. También revisa la alineación de las ruedas. Eso es importante para evitar accidentes. Y cuando se cambia el aceite del motor, usualmente se le da un engrase al auto también.

Lleva tu auto al mecánico si tienes un problema. Mira como hace la diagnosis, como un buen médico. Luego comienza a curar al paciente.

Déjame contarte un episodio que me pasó a mí. El auto mío arrancaba y andaba bien hasta que me detenía ante un semáforo. Entonces el motor se paraba. Después, cada vez que quitaba el pie del acelerador, se paraba. Levanté el capó y empecé a investigar. No pude encontrar nada. La batería, las bujías, el sistema eléctrico, la bomba de gasolina, todo parecía estar en orden. Fui al mecánico. Él acercó la nariz al motor.

—Parece que no se siente bien,—me dijo tranquilamente.

—Tiene como dolor de barriga. Le voy a dar un purgante.

Con eso quitó el filtro de aire y descubrió el carburador. Echó el contenido de una botella en el carburador. Hizo correr el motor. Por el tubo de escape salía un humo negro y espeso. Poco a poco el humo se hacía más claro hasta llegar a lo normal.

—Toma. Quita tu carro de aquí. Ya lo he curado.

Y es verdad que lo había curado en sólo cinco minutos. Al volver a casa, me detuve delante de un semáforo y no se paró el motor del auto.

sin plomo unleaded
suplir el combustible supply the fuel

alineación alignment

engrase grease job

nariz nose

dolor de barriga stomach ache
purgante laxative
contenido contents

PREGUNTAS

1. ¿Has visto alguna vez una carrera de automóviles?
2. ¿Para quiénes es importante el trabajo del mecánico?
3. ¿Tiene que estudiar mucho el mecánico de hoy?
4. ¿Hay muchos adelantos en la industria de los automóviles?
5. ¿Qué tipo de motor tenían los primeros autos de Henry Ford?
6. ¿Cómo tenía que arrancar el motor el conductor?
7. ¿Cuántos cilindros tienen los carros de hoy?
8. ¿Hay autos que funcionan solamente con gasolina sin plomo?
9. ¿Qué tienen algunos motores para suplir el combustible?
10. ¿Dónde está por lo general el motor de un auto norteamericano?
11. ¿Cómo es transferida la potencia del motor a las ruedas traseras?
12. ¿Dónde está el árbol de transmisión?
13. ¿Cuántas velocidades pueden tener las transmisiones manuales?
14. ¿Tienen muchos autos transmisiones automáticas?
15. ¿Qué tiene que cuidar el mecánico en los autos con transmisión manual?
16. ¿Revisa el aceite un mecánico?
17. ¿Les echa agua al radiador y a la batería?
18. Si no está bien ajustada la correa del dínamo, ¿qué se queda muerta?
19. ¿Qué pasa si las bujías están en malas condiciones?
20. Para mirar los frenos, ¿qué quita el mecánico?
21. ¿Le da un engrase al auto el mecánico?
22. ¿Qué le pasaba al auto del autor cuando se detenía ante un semáforo?
23. Cuando levantó el capó, ¿qué parecía estar en orden?
24. ¿Qué echó el mecánico en el carburador?
25. ¿Qué salió por el tubo de escape?
26. ¿Había reparado el carro el mecánico?

Composición

Answer the following questions to form a paragraph.

¿Es importante el trabajo del mecánico?

¿Tiene que saber mucho un mecánico?

¿Hay muchos adelantos en la industria de los automóviles?

¿Tiene mucho trabajo rutinario un mecánico?

¿Revisa el aceite?

¿Llena el tanque de gasolina?

¿Pone agua en la batería?

¿Pone aire en los neumáticos?

Cuando un cliente tiene un problema con su coche, ¿lo tiene que examinar el mecánico?

¿Tiene que hacer una diagnosis?

¿Tiene que reparar el carro para no perder al cliente?

Actividad

Inventen una conversación entre las dos personas.

Pasatiempo

In each of these groups of words, there is one word that does not belong.   Which one is it?

1. bujías, batería, carburador, ruedas
2. semáforo, volante, acelerador, embrague
3. revisar, reparar, echar gasolina, filtro
4. gasolinera, tanque, revisa, gasolina
5. cartero, banco, carta, correo
6. auto, llave, coche, carro

Entrevista

¿Tienes tú o tu familia un carro? • ¿Qué tipo (marca) de carro tienes? • ¿Es grande o pequeño el carro? • ¿Necesita mucha gasolina el carro? • ¿Sabes cuántos cilindros tiene? • ¿Tiene el carro tantas bujías como cilindros? • ¿Tiene el carro una transmisión automática o tienes que usar el embrague? • ¿Cuál prefieres, una transmisión automática o manual? • ¿Dónde está el motor, en la parte delantera o trasera del carro?

MEXICAN PIZZA 200
BURRO BURGER 200
BURRITOS:
  BEAN
  BEEF
CARNE ADOVADA 200
SOPAIPILLA 75
GREEN CHILE STEW 175
TORTILLAS 75

BASES

13

1. Son agricultores.
Los agricultores <u>labran</u> la tierra.

← En Nuevo México

2. Es la <u>cosecha</u> del maíz.

norte

noroeste

nordeste

seattle

Chicago

Boston

Nueva York

Filadelfia

oeste

San Francisco

este

Los Ángeles

Atlanta

Dallas

San Diego

El Paso

Houston

suroeste

San Antonio

Brownsville

Miami

sudeste

sur

el apellido   el nombre de familia   (Gómez es un apellido.)
la ascendencia   el origen de los padres o abuelos
recién   recientemente
el santo   el día del santo
el (la) cuñado(a)   el (la) esposa(a) de un(a) hermano(a)
el (la) sobrino(a)   el (la) hijo(a) de un(a) hermano(a)

los pioneros   eliminar
la corte
la variedad
los inmigrantes

PRÁCTICA

A. Contesten a las siguientes preguntas.
1. ¿Quiénes son?
2. ¿Quiénes labran la tierra?
3. ¿Qué labran los agricultores?
4. ¿Qué cosecha es?

B. Miren el mapa y contesten a las siguientes preguntas.
1. ¿Está en el sur Chicago?
2. ¿Dónde está Chicago?
3. ¿Dónde está Houston?
4. ¿Está en el sur Nueva York?
5. ¿Dónde está San Francisco?
6. ¿Está en el suroeste Seattle?
7. ¿Dónde está Miami?
8. ¿Dónde está San Diego?
9. ¿Está Atlanta en el norte?
10. ¿Dónde está Filadelfia?

C. Completen cada oración con una expresión apropiada.
1. El _____ de Gloria es Molino; no es Flores.
2. Ella es de _____ chilena; sus padres son de Chile.
3. Los padres nombraron a su _____ nacido Miguel.
4. Elena es la esposa de mi hermano; es mi _____.
5. Mis primos son los _____ de mi madre.
6. Al llegar a California los _____ se establecieron en un valle fértil.
7. El señor vende una _____ de frutas y vegetales.
8. Los _____ llegaron de Europa con poco dinero pero con mucho entusiasmo.
9. El gobierno trató de _____ las causas de la revolución.
10. Mañana es el _____ de mi amigo; vamos a tener una fiesta.

D. Formen preguntas según el modelo.

Mi cuñado se llama *Jorge.*
¿Cómo se llama su cuñado?

1. *Los pioneros* cruzaron las montañas.
2. Los agricultores labran *la tierra.*
3. Juan es de ascendencia *española.*
4. *Los inmigrantes* llegaron ayer.
5. *Ella* es la recién llegada.
6. Josefa es *del norte.*
7. Miami está *en el sur.*
8. Nuestra sobrina se llama *Isabel.*
9. *El criminal* tiene que ir a la corte.
10. La cosecha es *en otoño.*

ESTRUCTURAS

el subjuntivo

Reglas

Thus far only the indicative forms of verbs have been presented. The subjunctive is another mood of the verb. As the word "subjunctive" indicates, its use depends upon something else in the sentence, and it is always found in the dependent clause.

The subjunctive presents problems to English-speaking people, who seldom hear this form of the verb. In Spanish, it is used a great deal. Compare the following sentences:

English order: I want you to go to the store.
Spanish order: I want that you go to the store.

In English, the infinitive "to go" is used. However, in Spanish, when there is a change of subject, it is necessary to use a clause, "that you go to the store," which depends upon "I want" and is therefore called a dependent clause. In Spanish, the verb in the dependent clause must be expressed in the subjunctive. The idea in the clause is subjective: even though I want you to go to the store, I am not sure that you will go. There is no guarantee that the action of the clause will be carried out or realized. Therefore, the subjunctive mood is used.

The subjunctive forms of regular verbs are as follows:

	hablar	comer	vivir
yo	hable	coma	viva
tú	hables	comas	vivas
él, ella, Ud.	hable	coma	viva
nosotros, nosotras	hablemos	comamos	vivamos
(vosotros, vosotras)	(habléis)	(comáis)	(viváis)
ellos, ellas, Uds.	hablen	coman	vivan

You are already familiar with the subjunctive form of the verb through your study of commands. Note that the root of the subjunctive form of the verb is the first person singular of the present indicative. The following list shows the formation of some irregular verbs.

infinitive	indicative root	subjunctive base
venir	vengo	venga
tener	tengo	tenga
salir	salgo	salga

infinitive	indicative root	subjunctive base
poner	pongo	ponga
traer	traigo	traiga
decir	digo	diga
hacer	hago	haga
oír	oigo	oiga
conocer	conozco	conozca
producir	produzco	produzca

The verbs conjugated below are irregular in their formation of the subjunctive.

dar	estar	ir	saber	ser
dé	esté	vaya	sepa	sea
des	estés	vayas	sepas	seas
dé	esté	vaya	sepa	sea
demos	estemos	vayamos	sepamos	seamos
(deis)	(estéis)	(vayáis)	(sepáis)	(seáis)
den	estén	vayan	sepan	sean

el subjuntivo en cláusulas nominales

A. Sustituyan.

Ella quiere que Uds.
$\begin{cases} \text{estudien.} \\ \text{hablen.} \\ \text{coman.} \\ \text{lean.} \\ \text{escriban.} \\ \text{suban.} \end{cases}$

Yo prefiero que Juan
$\begin{cases} \text{hable.} \\ \text{lea.} \\ \text{asista.} \\ \text{vaya.} \\ \text{salga.} \\ \text{venga.} \\ \text{conduzca.} \end{cases}$

Los otros insisten en que yo
$\begin{cases} \text{me levante.} \\ \text{esté presente.} \\ \text{venga.} \\ \text{salga.} \\ \text{vaya.} \\ \text{dé la mano.} \\ \text{lo diga.} \end{cases}$

La profesora prohibe que
$\begin{cases} \text{hablemos.} \\ \text{leamos en clase.} \\ \text{comamos en clase.} \\ \text{salgamos.} \\ \text{lleguemos tarde.} \\ \text{digamos eso.} \\ \text{nos levantemos.} \end{cases}$

B. Sigan los modelos.

Pedro lee el libro. *queremos que*
Queremos que Pedro lea el libro.

Pablo mira la máquina.
Los agricultores terminan.
Uds. hablan.
Ellos comen aquí.
Tú escribes una carta.
Los inmigrantes vienen ahora.
María pone los documentos aquí.
Ellas salen ahora.
Carlos hace el trabajo.
Uds. saben conducir.

Él baja en seguida. *mandamos que*
Mandamos que él baje en seguida.

Tú hablas de eso.
Los estudiantes leen.
Tú escribes la novela.
Juana viene mañana.
Él lo hace.
Ellos salen.
Todos lo saben.
Te levantas a las siete.

Ellas nos invitan a la fiesta. *la señora prefiere que*
La señora prefiere que ellas nos inviten a la fiesta.

Yo no llego.
No asistimos.
Yo lo hago.
Estamos aquí.
Los otros salen.
Los Gómez llegan mañana.
Su hija entra sola.
No la conocemos.

Él sale ahora. *tengo miedo de que*
Tengo miedo de que él salga ahora.

Perdemos la moneda.
Nos vamos temprano.
Ellos no lo hacen.
Tú tienes que salir.
Él no sabe la lección.
Ella no come bien.
Tú no tienes tiempo.
Ellos no son ricos.
Él trabaja demasiado.

C. Contesten.

¿Quiere Juan que Ud. hable?
¿Manda la profesora que Ud. estudie?
¿Desea mamá que Ud. escriba una carta?
¿Prefiere él que Ud. venda el coche?
¿Teme Roberto que Ud. no llegue?
¿Insiste Teresa en que Ud. salga?
¿Espera Juan que Uds. llamen?
¿Teme mamá que Uds. no coman bastante?
¿Insiste María en que Uds. hagan el viaje?
¿Desea Enrique que Uds. se vayan?

¿Quiere Ud. que yo estudie?
¿Quiere su familia que Ud. viva aquí?
¿Prefiere Ud. que yo lo escriba?
¿Teme Ud. que yo no lo sepa?
¿Manda Ud. que yo vaya también?
¿Desea Ud. que yo lo conozca?
¿Insiste Ud. en que lo reparemos?
¿Prefiere Ud. que lo echemos aquí?
¿Manda Ud. que estemos aquí a las ocho?

D. Contesten según se indica.

> ¿Qué teme Pepita? *yo no estudio*
> Pepita teme que yo no estudie.

¿Qué prohibe la maestra? *hablamos en clase*
¿Qué desea la dueña? *yo salgo de aquí*
¿Qué prefiere Tomás? *ellos reparan su coche*
¿Qué temes ahora? *Uds. me roban*
¿En qué insiste la profesora? *leemos mucho*
¿Qué quiere Ramón? *yo labro la tierra*
¿Qué prefieren los estudiantes? *el profesor no está aquí*
¿Qué espera la señora? *yo me voy*
¿Qué manda Ud.? *ellos están aquí a las ocho*

Reglas

The verbs below are followed by the subjunctive, since it cannot be determined whether the action expressed in the following clause will actually be carried out.

querer	to want
desear	to desire
temer	to fear
tener miedo de	to be afraid of
alegrarse de	to be happy
esperar	to hope
preferir	to prefer
mandar	to order, command
insistir en	to insist

Quiero que ellos estudien.   Prefieren que yo salga.
Deseamos que él vuelva.   Insisten en que lo hagamos.

Un mexicano-americano reparando el televisor en su casa en Texas

E. Complete cada oración con la forma apropiada del subjuntivo del verbo indicado.

1. Espero que Jorge lo _____. *estudiar*
2. ¿Quieres que yo te _____? *mirar*
3. El agricultor prefiere que nosotros lo _____. *ayudar*
4. ¿No quiere Ud. que ellos _____? *responder*
5. ¿Prohibes que los chicos _____? *subir*
6. Ella teme que Ud. no _____. *comprender*
7. El dueño insiste en que su esposa _____ la carta. *escribir*
8. Me alegro de que Carmen _____ aquí. *estar*
9. ¿Esperan ellos que tú los _____? *visitar*
10. Mi familia quiere que yo _____ cerca. *vivir*

F. Complete cada oración con la forma apropiada del subjuntivo del verbo indicado.

1. Papá prefiere que yo lo _____. *hacer*
2. El turista manda que nosotros lo _____ en español. *decir*
3. Espero que Uds. _____ en avión. *venir*
4. Preferimos que ellos _____ el almuerzo. *traer*
5. Tienen miedo de que Juan _____ la verdad. *saber*
6. Ellas mandan que yo les _____ mejor salario. *dar*
7. Mis padres insisten en que nosotros _____ ahora. *irse*
8. Espero que ellos no _____ pobres. *ser*
9. Queremos que tú lo _____ con nosotros. *oír*
10. El dueño insiste en que ellos _____ más. *producir*

G. Siga el modelo.

¿Salir? ¿Ud.?
Sí, yo quiero que Ud. salga.

1. ¿Bailar? ¿Ellos?
2. ¿Escribir? ¿Tú?
3. ¿Venir? ¿Ella?
4. ¿Oponerse a la idea? ¿Carmen?
5. ¿Ponerse de pie? ¿Los estudiantes?
6. ¿Leer? ¿Ellos?
7. ¿Irse? ¿Papá?
8. ¿Producir más? ¿Los ingenieros?
9. ¿Tener paciencia? ¿Tú?
10. ¿Ir a la finca? ¿El dueño?

Un vaquero mexicano y su caballo, Texas

Niña de ascendencia mexicana durante una fiesta en Chicago

H. Forme oraciones completas según el modelo.

Yo / querer / él / salir
Yo quiero que él salga.

1. Yo / querer / Pablo / comer / más
2. Nosotros / temer / tú / irse
3. ¿Preferir / tú / yo / hablar?
4. maestra / esperar / nosotros / escribir / español
5. Paco y yo / insistir / mecánicos / hacer / todo / trabajo
6. chicas / alegrarse / los otros / estar / aquí
7. Yo / tener miedo / papá / estar / enfermo
8. Ellos / desear / yo / no / decir / nada / nadie
9. Nosotros / preferir / todo / familia / hacer / viaje
10. ¿No / querer / ella / tú / quedarse / en casa?

ESCENAS
Los mexicano-americanos

Esperamos que todos comprendan.   No somos dos o tres.
Somos muchos millones.   El grupo que está creciendo más en
los Estados Unidos es el grupo hispano.   Entre los hispanos
nosotros somos el grupo más grande.   ¿Quiénes somos?   Somos los mexicano-americanos.   Algunos queremos que nos llamen una cosa.   Otros preferimos que usen otro nombre.   El
nombre no es muy importante.   Somos norteamericanos de
ascendencia mexicana.   Eso es importante.

Algunos llegamos el otro día.   Otros estuvimos aquí mucho
antes de llegar el primer «anglo».   Espero que Uds. entiendan
que Herrero y Martínez y Molina son apellidos norteamericanos.
Igual que Smith y Martinson y Miller.

¿Y dónde estamos?   Pues, estamos en todas partes del país.
Pero la mayoría de nosotros vivimos en el suroeste.   Vivimos
en los estados que nosotros nombramos—Arizona, California,
Colorado, Nuevo México, Texas.   También nos encontramos en
algunas grandes ciudades como Chicago.

¿Y qué hablamos?   Muchos somos bilingües.   Hablamos
inglés y español.   Algunos sólo hablamos inglés.   Otros—algunos niñitos y viejitos y los recién llegados—sólo hablan español.

¿Y qué hacemos?   ¿Cómo ganamos la vida?   No quiero que
reciban Uds. unos estereotipos.   Nosotros, como todo el mundo,
hacemos muchas cosas.   Somos ingenieros y arquitectos, atletas
y médicos, mecánicos y ejecutivos, trabajadores industriales,
mineros, secretarios.   Muchos éramos y somos agricultores.
Nosotros labramos esas tierras fértiles desde California a Texas.
También algunos seguimos las cosechas del sur al norte cada
año.

El juez Gómez, el primer juez de ascendencia
mexicana elegido en Texas

Unos labradores mexicanos trabajando en el campo, Nuevo México

Quiero que visiten algunas de las ciudades donde pueden ver nuestra influencia. En San Antonio, por ejemplo, Uds. pueden ir a nuestras fiestas y bailes. Pueden comer buena comida mexicana, rica y sabrosa. Pueden escuchar nuestra música y pueden conocernos mejor.

Espero que conozcan nuestras costumbres también. Pasamos mucho tiempo con la familia. Nuestras fiestas son fiestas de familia—el cumpleaños, el santo, el bautizo. En esas fiestas están todos los hermanos, tíos, primos, abuelos, sobrinos, cuñados y compadres. Todos, jóvenes y mayores, gozan de estar juntos.

el bautizo baptism

No quiero que interpreten mal lo que voy a decir. Primero, no quiero que se duerman escuchando fechas y mucha historia. Pero ésta es la verdad. En el suroeste de los EE.UU. se hablaba español mucho antes que inglés. Las personas que hablaban español ya estaban allí cuando llegaron los pioneros. California ya tenía ciudades con escuelas, cortes y gobierno. Los primeros documentos históricos de esa región son españoles. Durante muchos años trataron de eliminar nuestro idioma y nuestras costumbres. No sólo a nosotros, sino también a todos los inmigrantes al país. Hoy se ve que una de las riquezas de los EE.UU. es la variedad que se encuentra aquí. Es una variedad no sólo geográfica sino también humana. El norteamericano viene en todos los tamaños y colores. Habla inglés, claro está. Pero también puede hablar chino o griego o español. Así me gusta.

sino but

tamaños sizes

187

PREGUNTAS

1. ¿Somos dos o tres?
2. ¿Cuántos somos?
3. ¿Cuál es el grupo que está creciendo más?
4. ¿Quiénes somos?
5. ¿Es importante el nombre del grupo?
6. ¿Qué es importante?
7. ¿Cuáles son unos apellidos norteamericanos?
8. ¿En qué partes del país estamos?
9. ¿Dónde viven la mayoría de los mexicano-americanos?
10. ¿En qué estados vivimos?
11. ¿Qué hablamos?
12. ¿Hablamos algunos sólo inglés?   ¿Español?
13. ¿Cómo ganamos la vida?
14. ¿Qué quiere el autor que Uds. visiten?
15. ¿Qué pueden Uds. hacer en San Antonio?
16. ¿Qué más quiere el autor que Uds. conozcan?
17. ¿Quiénes asisten a las fiestas de familia?
18. En el suroeste, ¿qué se hablaba primero, el inglés o el español?
19. ¿Quiénes ya estaban en el suroeste cuando llegaron los pioneros?
20. ¿Cuál es una de las riquezas de los EE.UU.?
21. ¿Cómo es el norteamericano?
22. ¿Qué idiomas hablan los norteamericanos?

Composición

Answer the following questions to form a paragraph.

¿Cuántos mexicano-americanos hay en los EE.UU.?

¿En qué parte del país está la mayoría de este grupo?

¿Cuáles son los estados que forman el suroeste?

¿Son bilingües todos los mexicano-americanos?

¿Hablan unos sólo inglés?   ¿Sólo español?

¿Cómo gana la vida este grupo?

¿Pasan mucho tiempo con la familia los mexicano-americanos?

¿Cómo son las fiestas?

¿Cuáles son estas fiestas?

¿Cuál es una de las riquezas de los EE.UU.?

Pasatiempo

Form a word from each group of letters.

1. E L A I O P L D

2. Ñ U D A O C

3. I M I G N N T R E A S

4. E I N O S O R P

5. A M Z Í

6. S T E E

7. A C R O G U R L I T

8. É I R N E C

9. N A S O T

10. R U S

Entrevista

¿Eres tú norteamericano(a)? • ¿De qué ascendencia eres? • ¿Dónde nacieron tus padres? • ¿Y tus abuelos? • ¿Hay fiestas de familia en tu familia? • ¿Cuáles son estas fiestas? • ¿Habla tu familia otro idioma o sólo inglés? • ¿Hablas tú otro idioma? • ¿Comprendes otro idioma? • ¿Es verdad que los EE.UU. es un país de muchas culturas? • ¿Vives tú en una región donde hay uno o más grupos culturales?

189

BASES

14

1. La señora está en la recepción.
   Quiere un <u>cuarto sencillo</u> (para una persona).
   Ella tiene una tarjeta de crédito.
   Ella deja el <u>equipaje</u> con el <u>mozo</u>.
   El mozo le <u>entrega</u> el <u>talón</u> a la señora.
   La <u>consigna</u> está al lado de la <u>recepción</u>.

2. Es el <u>baño</u>.
   Tiene una <u>ducha</u>.
   El agua <u>gotea</u> del <u>grifo</u> (de la llave) del lavabo.
   En el baño hay <u>toallas</u> y <u>jabón</u>.
   Hay también <u>papel higiénico</u>.
   Hay una <u>bombilla eléctrica</u>.

← Piscina de un hotel en Cozumel, México

3. Los <u>asistentes de cabina</u> atienden a
los pasajeros.
Un asistente tiene una <u>máscara de
oxígeno</u>.
Otra asistenta tiene un <u>chaleco
salvavidas</u>.
Los chalecos salvavidas están
<u>debajo de</u> los <u>asientos</u>.

disponible   que no está ocupado, libre
negocios   comercio, trabajo
arreglar   reparar
la tripulación   todo el personal que trabaja a bordo de un avión
la conserjería   la sección del hotel donde guardan llaves, cartas, etc.

la industria	fenomenalmente	demostrar
el turismo	obviamente	
la necesidad	relacionado, -a	
la miniatura	económico, -a	
el (la) electricista	político, -a	
la reservación		
la impresión		
el individuo		
el (la) comandante		

PRÁCTICA

A. Contesten a las siguientes preguntas.
1. ¿Dónde está la señora?
2. ¿Qué quiere ella?
3. ¿Qué tiene?
4. ¿Con quién deja su equipaje?
5. ¿Qué le da el mozo a la señora?
6. ¿Dónde está la consigna?
7. ¿Qué tiene el baño?
8. ¿Qué hay en el baño?
9. ¿Quiénes atienden a los pasajeros en el avión?
10. ¿Qué tiene un asistente de cabina?
11. ¿Qué tiene otra?
12. ¿Dónde están los chalecos salvavidas?
13. ¿Hace su padre o su madre viajes de negocios?
14. ¿Quién pilotea un avión?
15. ¿Cómo se llama todo el personal a bordo de un avión?

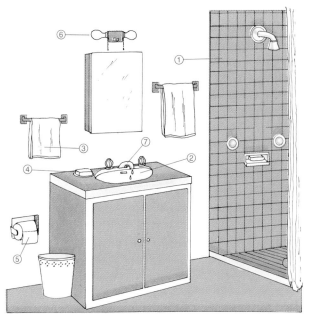

B. Identifiquen cada objeto indicado en el dibujo a la derecha.

C. Completen cada oración con una palabra apropiada.
1. La señora está en la_____ y quiere un cuarto _____.
2. En el baño hay _____, _____ y _____.
3. Todos los baños no tienen _____.
4. En el avión los chalecos salvavidas están_____ de los asientos.
5. Se puede pagar un cuarto con una _____.
6. Todo el personal que trabaja en un avión es la _____.
7. El mozo le dio los_____ a la señora porque ella le entregó su _____.
8. El_____ pilotea el avión.
9. Voy a recoger mis llaves en la _____.

D. Den una palabra relacionada.
1. la demostración
2. reservar
3. el turista
4. eléctrico
5. la economía
6. el fenómeno
7. necesitar
8. impresionante

193

ESTRUCTURAS

el subjuntivo con expresiones impersonales

A. Repitan.
Es posible que ellas hablen.
Es bueno que tengan cuartos.
Es necesario que yo salga ahora.
Es probable que lleguemos temprano.

B. Sustituyan.

Es imposible que
- lo hagan.
- lo paguen.
- lo sepan.
- lo vean.
- lo lean.

Es raro que
- ellos vengan.
- yo lo pague.
- salgamos tarde.
- tengan tiempo.
- ella nos hable.

C. Sustituyan.

Es
- mejor
- posible
- imposible
- bueno
- necesario

que yo venga el jueves.

Es
- probable
- improbable
- raro
- justo
- difícil

que lo paguemos.

D. Sigan los modelos.

Ellos hablan en voz alta.   es necesario
Es necesario que ellos hablen en voz alta.

Hablamos con la recepción.
Tú le das el equipaje.
Tienen los talones.

Reparan el grifo.
Salen con el guía.

Ella compra la casa.   es probable
Es probable que ella compre la casa.

Ellos viven en Venezuela.
Él hace un viaje de negocios.
Ellas pagan con una tarjeta de crédito.
Carlos está en Europa.
Él es inteligente.
No son ricas.

Yo trabajo más.   es imposible
Es imposible que yo trabaje más.

Dejamos el auto en el garage.
Escriben en español.
Vienes en tren.
Sales mañana.
La tripulación hace más.
Yo hago el viaje.

E. Sigan las instrucciones.
Pregúntele a José si viaja hoy.
José, contéstele que es probable que Ud. viaje.
Pregúntele a la joven si va al cine.
Joven, contéstele que es imposible que Ud. vaya.
Pregúntele a la directora si hace el viaje a Caracas.
Señora directora, contéstele que es improbable que Ud. lo haga.
Dígale al estudiante que él trabaja despacio.
Estudiante, contéstele que es mejor que Ud. trabaje despacio.

Below is a list of expressions that demand the subjunctive.

es imposible   es improbable   es raro
es posible   es necesario   es mejor
es probable   es bueno   es difícil

Analyze the following sentences:

It is necessary for her to study.
Es necesario que ella estudie.

Even though it is necessary for her to study, there is no assurance that she will study. Therefore, the idea *for her to study* is subjective and must be expressed in Spanish by the subjunctive.

APLICACIÓN ESCRITA

F. Complete cada oración con una expresión impersonal que convenga.
1. _____ que yo salga en seguida.
2. _____ que ellas lleguen temprano.
3. _____ que tú tengas mucho dinero.
4. _____ que los jóvenes estén bailando.
5. _____ que lo leamos todo en una hora.
6. _____ que papá lo pague.
7. _____ que ellos no reciban nada.
8. _____ que Antonio haga un viaje.
9. _____ que ella sepa hablar español.
10. _____ que yo hable rápidamente.

G. Siga el modelo.

Juan llega. *probable*
Es probable que Juan llegue.

1. Ellos compran la casa. *difícil*
2. Visitas a la abuelita. *importante*
3. Lo tienen Uds. en casa. *probable*
4. ¿Asistimos al teatro? *posible*
5. Ellas lo escriben en seguida. *imposible*
6. ¿Recibo las cartas? *improbable*
7. Carmen viene en avión. *mejor*
8. Los otros dicen la verdad. *bueno*
9. Te doy el coche. *necesario*
10. Saben hablar español. *raro*

H. Siga el modelo.

Vamos al teatro.   *posible*
Es posible que vayamos al teatro.

1. Yo salgo mañana.   *imposible*
2. Tenemos mucho dinero.   *raro*
3. Ud. viene aquí.   *difícil*
4. Uds. escriben cartas.   *necesario*

5. Comes conmigo.   *mejor*
6. Hernando llega temprano.   *probable*
7. Angélica y yo trabajamos juntas.   *bueno*
8. Los jóvenes no están pagando.   *posible*
9. Ella tiene ese cuarto.   *probable*
10. No lo saben en la recepción.   *posible*

repaso de los pronombres de complemento directo

A. Repitan.
¿Me mira la profesora?
Sí, te mira.
¿Nos mira la profesora?
Sí, nos mira.

B. Sigan el modelo.

Gloria te ve.
¿Dices que Gloria me ve?

Gloria te conoce.
Gloria te invita.
Gloria te mira.
Gloria te busca.
Gloria te necesita.

C. Repitan.
¿El almuerzo?   Lo pago yo.
¿La novela?   La leo yo.
¿Los billetes?   Los compro yo.
¿Las maletas?   Las tengo yo.

D. Sigan el modelo.

¿Buscaste los libros?
Sí, los busqué.

¿Llamaste a los mozos?
¿Invitaste a las chicas?
¿Acompañaste al chico?
¿Pagaste las cuentas?
¿Leíste los cuentos?
¿Recibiste la carta?

¿Miraste al comandante?
¿Compraste el carro?
¿Acompañaste a tu amigo?
¿Compraste los periódicos?

E. Sigan el modelo.

¿Lo compró Andrés?
No, pero va a comprarlo.
No, pero lo va a comprar.

¿Lo llamó Juana?
¿Lo invitó María?
¿Los compró tu padre?
¿Las llevó Andrés?
¿Te miró la comandante?
¿Nos vio el asistente de cabina?

F. Sigan el modelo.

¿Lo compras, Andrés?
Sí, estoy comprándolo.
Sí, lo estoy comprando.

¿Lo llamas, Juana?
¿La invita María?
¿Los compra tu padre?
¿Las lleva Andrés?
¿Te lleva la directora?
¿Nos ayuda el electricista?

Review the forms of the direct object pronouns.

me	nos
te	(os)
lo, la	los, las

The pronouns *lo, la, los, las* may refer to either a thing or a person. The direct object pronouns precede a conjugated form of the verb.

María ve el cuadro.   María lo ve.
Carlos mira a Elena.   Carlos la mira.
He comprado las bombillas.   Las he comprado.

The object pronouns can either be attached to an infinitive or present participle or can precede the auxiliary verb.

Lo quiero comprar.
Quiero comprarlo.
Él la está escribiendo.
Él está escribiéndola.

El hotel *La Posada* en Laredo, Texas

G. Reemplace las palabras indicadas con el pronombre de complemento directo.

1. Miras *la televisión*.
2. Mamá tiene *los talones*.
3. Carmen invita *a Juana*.
4. Llamas *a Paco*.
5. Hacen *el viaje*.
6. ¿Por qué busca Ud. *la carta*?
7. Ellos leen *las novelas*.
8. Papá llama *a los mozos*.
9. Uds. miraron *a los Gómez*.
10. Ud. buscó *a los jóvenes*.
11. Los asistentes de cabina tienen *los chalecos salvavidas*.
12. El mozo tiene *el talón*.
13. El señor busca *la tarjeta de crédito*.
14. La señora tiene *las toallas*.

H. Siga el modelo.

¿Me llamas ahora?
Sí, te llamo ahora.

1. ¿Nos invitan Uds.?
2. ¿Lo miraste ayer?
3. ¿Nos llevan Uds. a la recepción?
4. ¿Vas a llamarme?
5. ¿Estamos invitándola?
6. ¿Las leyó el profesor?
7. ¿Vio Ud. a los Guzmán?
8. ¿Van Uds. a llevarnos?
9. ¿Estás buscándonos?
10. ¿Me invitas?

I. Siga el modelo.

El mecánico está reparando el auto.
El mecánico está reparándolo.

1. La señora está llenando el tanque.
2. Yo estoy revisando el aceite.
3. ¿Quién está comprando las bujías?
4. Él está abriendo el capó.
5. Ella está vendiendo las baterías.

Un baño con ducha

IMPROVISACIONES

En el hotel

Señor   ¿Tiene Ud. un cuarto con baño por tres días?

Empleado   Sí, señor. Tengo dos cuartos disponibles, uno en el tercer piso y otro en el sexto.

Señor   ¿Cuál recomienda Ud.?

Empleado   Es mejor que tome el del tercer piso. No da a la calle y no hay tanto ruido. ¿Cómo va a pagar Ud.?

Señor   ¿Acepta Ud. tarjetas de crédito?

Empleado   Sí. Cómo no, señor. ¿Tiene Ud. alguna identificación?

Señor   Aquí tiene Ud. mi pasaporte.

Empleado   Gracias. Los otros clientes acaban de abandonar el cuarto. Es probable que esté listo dentro de media hora.

Señor   No importa. No tengo prisa. ¿Es posible que el mozo me lleve el equipaje a la consigna?

Empleado   Sí, señor. Y él me dará los talones. Los dejaré con su llave en la conserjería.

PREGUNTAS

1. ¿Qué pide el señor?
2. ¿Dónde están los dos cuartos?
3. ¿Cuál es mejor?
4. ¿Por qué es mejor?
5. ¿Con qué quiere pagar el señor?
6. ¿Cuándo estará listo el cuarto?
7. ¿Tiene prisa el cliente?
8. ¿Dónde quiere dejar su equipaje?

ESCENAS

La industria del turismo

Una industria que ha crecido fenomenalmente es el turismo. En el pasado, el turismo era para los ricos. Pero hoy hay muchísima gente que viaja. Para muchos es necesario que viajen por sus negocios. Para atender a las necesidades de los viajeros hay millones de personas que trabajan en el turismo. Los agentes de viajes, los asistentes de cabina, los guías, los conserjes, todos tratan con los viajeros.

los conserjes   concierges

Un hotel es, en realidad, una ciudad en miniatura. La señora del doce veintiuno (1221) llama:

—El televisor no funciona. ¿Es posible que venga alguien a arreglarlo?

—Estará el electricista en seguida.

El agua caliente no sale de la ducha en el ocho cero cinco (805). Gotea agua del grifo del lavabo en el nueve cinco uno (951). Le llamarán al plomero.

plomero   plumber

Todas las reservaciones; la condición de cada habitación; las cantidades de toallas, jabón, papel higiénico, sábanas, bombillas, todo está en la computadora. Y un técnico se encarga de la condición de la computadora en la oficina detrás de la recepción.

las sábanas   sheets
se encarga de   is responsible for

El hotel está listo para el turista cuando llega a su destino. Pero, ¿cómo llegará? Algunos vendrán en autobús o en tren, en automóvil o en barco. Pero la mayoría llegará por avión.

El comandante y su tripulación atenderán a los pasajeros durante su viaje.   Es necesario que estén cómodos.   Los asistentes de cabina les servirán una buena comida.   Pero ellos tienen que pensar también en la seguridad de sus pasajeros en caso de una emergencia.   Les demostrarán cómo usar la máscara de oxígeno y el chaleco salvavidas que está debajo de sus asientos.

la seguridad   safety

El trabajo en hoteles, líneas aéreas y agencias de viajes está obviamente relacionado con el turismo.   Pero hay trabajos que no son tan obvios.   La publicidad, por ejemplo.   Es raro que no veas anuncios en el periódico o en la televisión sugiriendo un viaje.   Y los gobiernos tienen mucho interés en el turismo. Ellos quieren fomentar el turismo.   Porque el turismo crea trabajo y trae dinero extranjero al país.

sugiriendo   suggesting

fomentar   promote

Las ventajas económicas son importantes.   Pero hay también ventajas políticas.   Cuando el turista conoce un país, cuando conoce la gente, lleva una buena impresión de la nación.   Y es importante que las naciones, igual que los individuos, tengan amigos.

ventajas   advantages

PREGUNTAS

1. ¿Qué industria ha crecido mucho?
2. ¿Para quién era el turismo en el pasado?
3. ¿Cuánta gente viaja hoy?
4. ¿Por qué viajan muchos?
5. ¿Quiénes trabajan en la industria del turismo?
6. ¿Qué es, en realidad, un hotel?
7. ¿Quién arreglará el televisor?
8. ¿Qué problema tiene la señora del 805 con el agua?
9. ¿A quién llamará el hotel para arreglarlo?
10. ¿Qué está en la computadora?
11. ¿Dónde está la computadora?
12. ¿Cómo llegarán los turistas?
13. En el avión, ¿quién atenderá a los pasajeros?
14. ¿Quiénes servirán la comida?
15. ¿En qué tienen que pensar?
16. ¿Qué demostrará la tripulación?
17. ¿Dónde está el chaleco salvavidas?
18. ¿Cuáles son algunos trabajos que no están tan obviamente relacionados con el turismo?
19. ¿En qué tienen mucho interés los gobiernos?
20. ¿Por qué quieren los gobiernos fomentar el turismo?
21. ¿Qué pasa cuando el turista conoce un país?
22. ¿Qué es importante?

Group the following letters correctly to form
a sentence.

C	U	A		N	D
O	E	L	T	U	
R	I	S		T	A
C	O	N	O		C
E		U	N	P	A
	Í	S	Y	C	

U	A		N		D
O	C	O		N	O
	C	E	L		A
G		E	N	T	E
L		L	E		V
A	U	N		A	B

U	E	N		A
I	M	P		R	E
S	I	Ó		N
D		E	L	
A	N		A	C
I		Ó	N	

Entrevista

¿Te gusta viajar? • ¿Has viajado mucho? • ¿Adónde
has ido? • ¿Quieres ir algún día a un país extranjero?
• ¿Adónde quieres ir? • ¿Te gusta viajar en avión?
• ¿Has viajado en avión? • ¿Adónde fuiste? • ¿Te
sirvieron una comida durante el vuelo? • ¿Era
simpática la tripulación? • ¿Te demostraron cómo
usar la máscara de oxígeno? • ¿Te demostraron cómo
usar el chaleco salvavidas? • ¿Has pasado tiempo en
un hotel? • ¿A qué hotel fuiste? • ¿Tuviste un cuarto
sencillo o doble? • ¿Te ayudó con el equipaje el
mozo?

Composición

Escriba una conversación entre la señora y la persona con quien está hablando.

BASES

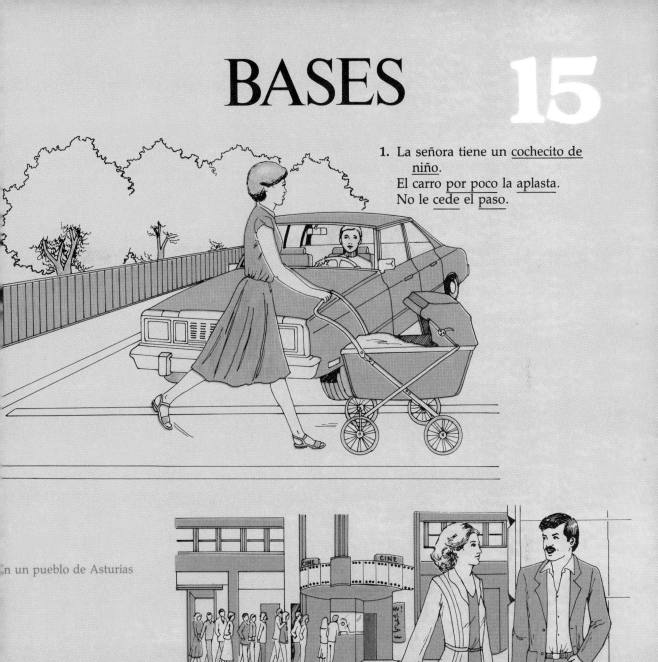

15

1. La señora tiene un <u>cochecito de niño</u>.
   El carro <u>por poco</u> la <u>aplasta</u>.
   No le <u>cede el paso</u>.

En un pueblo de Asturias

2. El señor tiene ojos <u>castaños</u> y <u>bigote</u>.
   Es <u>varón</u>.
   Lleva un <u>portafolios</u> en la mano.
   Le echa <u>piropos</u> a la señorita.
   La señorita no le <u>hace caso</u>.
   Hay mucha gente <u>en fila</u>.

los escritores   personas que escriben artículos, poemas, novelas
las historietas   cuentos cortos generalmente acompañados de dibujos o ilustraciones
sobrepasar   exceder
oponerse   ponerse en contra de alguien o de algo
rogar   implorar, pedir, suplicar
ceder   dar
estropear   arruinar, hacer daño a
la entrada   un boleto para entrar en el teatro o en la plaza de toros

el tigre	exagerado, -a	desilusionar
el fenómeno	irresistible	
la ficción	atractivo, -a	
la definición	extremo	
el escándalo		
el egoísmo		
el (la) idiota		
el pedestal		
la relevancia		
el dinosauro		

PRÁCTICA

A. Contesten a las siguientes preguntas.
1. ¿Qué tiene la señora?
2. ¿La aplasta el carro?
3. ¿Le cede el paso a la señora el conductor?
4. ¿Tiene bigote el señor?
5. ¿De qué color son los ojos?
6. ¿Qué lleva él en la mano?
7. ¿Qué le echa a la señorita?
8. ¿Hay mucha gente en fila?
9. ¿Escriben historietas los escritores?

B. Completen cada oración con palabras apropiadas.
1. Los poetas y los novelistas son _____.
2. Él mete todos los papeles en el _____.
3. Pone al niño en el _____.
4. Los choferes les tienen que _____ el paso a los peatones.
5. La gente que está _____ _____ en la esquina espera el bus.
6. El carro no lo aplasta, pero _____ _____ lo aplasta.
7. El carro va muy rápido. _____ el límite de velocidad.
8. El papá _____ que sus niños tengan cuidado.

repaso de los pronombres de complemento indirecto

A. Repitan.
Mi abuela me compró una blusa.
La asistenta nos sirve la comida.
¿Te tiro el balón, Paco?

B. Contesten.
¿Te hace caso el señor?
¿Te cede el paso la señora?
¿Nos habla el escritor?
¿Nos da el portafolios la secretaria?
¿Me echas un piropo?
¿Me hablas en español?

C. Repitan.
Le escribo al profesor.
Les explicamos la lección a Carlos y a Mariana.
Le escribieron a Ud.
Les dieron el dinero a Uds.

D. Contesten.
¿Le das el portafolios a María?
¿Le explicas la definición a Juan?
¿Le hablas al chico?
¿Les escribes la carta a los amigos?
¿Les pides el favor a ellos?
¿Les sirves la comida a los pasajeros?

E. Sigan las instrucciones.
Pregúntele al señor si le ceden el paso.
Pregúntele a la señorita si le mandan las cartas.
Pregúnteles a los señores si les entregan los talones.
Pregúnteles a las señoritas si les traen una taza de café.

Jóvenes mexicanos tomando un refresco, Puerto Vallarta, México

Review the indirect object pronouns:

me	nos
te	(os)
les	les

Note that *le* and *les* are both masculine and feminine. This being the case, there is sometimes lack of clarity in meaning. In order to avoid this, the pronoun is often accompanied by an explanatory prepositional phrase.

<u>Le</u> vendo la casa <u>a Carmen</u>.
<u>Les</u> escribí <u>a Uds.</u> ayer.

APLICACIÓN ESCRITA

F. **Conteste según se indica.**
1. ¿Quién me hablaba? *yo*
2. ¿Me escribiste esta semana? *sí*
3. ¿Quién nos sirvió la comida? *Elena*
4. ¿Paco les tiró a Uds. el balón? *sí*
5. ¿Quién te explicó la lección? *la profesora*
6. ¿Quién le mandó a ella el paquete? *Miguel*
7. ¿Quién le vendió a Ud. los boletos? *don Carlos*
8. ¿Les leerá Ud. un cuento a los niños? *sí*
9. ¿Nos comprarás un perro? *no*
10. ¿Le has escrito a tu amigo hoy? *todavía no*

Muchachos de
Santander, España

el subjuntivo

el subjuntivo con verbos especiales

A. Repitan.
La profesora me dice que yo vaya.
Papá nos pide que salgamos.
Le sugieren a José que no hable.

B. Sustituyan.

Él nos $\begin{cases} \text{dice} \\ \text{sugiere} \\ \text{pide} \\ \text{ruega} \\ \text{aconseja} \\ \text{exige} \end{cases}$ que digamos la verdad.

Él me escribe que $\begin{cases} \text{mande el dinero.} \\ \text{estudie más.} \\ \text{tenga más paciencia.} \\ \text{llame en seguida.} \\ \text{salga de casa.} \end{cases}$

C. Contesten.
¿Le dicen a Sonia que salga?
¿Le aconsejan a Martín que estudie?
¿Le piden al niño que sea bueno?
¿Le ruegan al niño que coma?
¿Les escriben a ellos que manden el dinero?
¿Les sugieren a ellas que salgan?
¿Les exigen a ellos que no terminen?
¿Les ruegan a ellos que no salgan?
¿Te dice papá que vayas a casa?
¿Te aconseja la médica que descanses?
¿Te prohibe la señora que trabajes?
¿Les exigen a Uds. que viajen en avión?
¿Les aconsejan a Uds. que coman allí?
¿Les sugieren a Uds. que los pongan allí?

Dos hombres de negocios hablando en una calle de Bogotá

209

D. Sigan el modelo.

Yo le digo que: *descansa*
Yo le digo que descanse.

Yo le digo que: *descansa.*
decide pronto.
lo hace.
sale pronto.

Ella les aconseja que: *estudian más.*
hacen los anuncios.
venden el carro.
viven aquí.

Él me escribe que: *la visito.*
mando el dinero.
salgo en seguida.
compro la casa.

Ellos te dicen que: *sales.*
te vas.
vienes.
lo lees.

Estudiantes mexicanas sentadas en un café,
Ciudad de México

— Reglas —

Verbs such as *decir, escribir, sugerir, pedir, rogar, exigir* (to demand), and *aconsejar* (to advise) require the subjunctive when they imply a command, order, or advice. Note, however, that the indirect object of the verb serves as the subject of the dependent clause.

indirect object

Ellos le sugieren a él que termine pronto.
Yo les pido que salgan.

Ella nos dice que vayamos.
Él me aconseja que (yo) estudie más.

¿A quiénes miran estos estudiantes mexicanos?

APLICACIÓN ESCRITA

E. Complete cada oración con la forma apropiada del verbo indicado.
1. La empleada te aconseja que le _____ caso. *hacer*
2. El profesor nos pide que _____ la verdad. *decir*
3. Te escribo que _____ en casa. *estar*
4. Les sugiere a los chicos que no _____ allí. *nadar*
5. El policía me exige que _____ despacio. *conducir*
6. Nos piden que _____ más trabajo. *hacer*
7. Papá me dice que _____ al autobús. *subir*
8. Su madre le aconseja a Miguel que _____ su carro. *vender*
9. Yo les escribo que nos _____. *visitar*
10. Yo te sugiero que _____ en seguida. *terminar*

F. Complete cada oración con el pronombre apropiado.
1. La señora _____ ruega que yo le dé el portafolios.
2. Ellos _____ dicen que cedamos el paso.
3. Él _____ pide que te pongas en fila.
4. Yo _____ sugiero a mi hijo que me haga caso.
5. _____ rogamos a ellos que no sobrepasen los límites del buen gusto.
6. ¿Quién _____ dice que leas la historieta?

ESCENAS
El machismo

Los escritores extranjeros han escrito mucho sobre el machismo en los países hispanos. La palabra *machismo* viene de *macho* que según el diccionario significa: 1) del sexo masculino; 2) animal del sexo masculino. Lo contrario de macho es *hembra*. Pero hembra puede significar mujer. Macho se limita al animal. Si me dice que le hable de tigres; le hablaré del *macho* y de la *hembra*. Si me dice que le describa personas, hablaré del *varón* y de la *hembra*.

Porque soy mujer, y soy hispana, muchos me piden que yo les explique el fenómeno del machismo. Creo que esperan que les cuente unas historietas románticas—historietas llenas de donjuanes de grandes ojos castaños, dientes blanquísimos y bigote.

No quiero que se desilusionen pero esos donjuanes de las historietas son pura ficción. El don Juan de capa y espada hoy trabaja en una oficina.

de capa y espada cloak and dagger

Entonces, ¿qué es esto del machismo? ¿Existe o no? Sí, existe. Pero espero que no me pidan que yo les dé una sencilla y perfecta definición. Para mí, el machismo es un exagerado sentido de masculinidad. Es típico de algunos, pero no de todos los varones hispanos. Cuando se habla del machismo, se refiere mucho a los hispanos. Pero les ruego que no se olviden que el machismo no se limita sólo a los hispanos. El macho se encuentra en otros lugares también.

El macho se cree un ser irresistible. Está convencido de que todas las mujeres lo quieren. Si ve a una mujer atractiva en la calle se dirige a ella y le cuenta sus atractivos. Comúnmente sobrepasa los límites del buen gusto. Es muy probable que a la señorita no le guste escuchar al macho (por no llamarle caballero) pero hay poco que ella puede hacer. Ahora, si aquel mismo hombre anda por la calle con su esposa, hermana, hija, prima o amiga, y otro macho hace lo mismo que él, se arma un escándalo.

se dirige he goes toward

se arma un escándalo creates a scene

Una amiga mía, brasileña, dice que es probable que el machismo no sea más que el egoísmo en extremo. El macho, dice ella, sólo piensa en sí. Él no puede aceptar que otra persona tenga ideas contrarias a las suyas. Es imposible que otra persona se oponga a sus deseos.

en sí about himself

El macho se considera muy importante. En la mano nunca lleva nada más grande que un portafolios. Si la mujer no lleva los paquetes, él les manda a otros que los lleven. El macho no considera importantes los derechos de otros. Si todos están en fila para abordar un avión o para comprar entradas al teatro, él se mete delante de la fila.

El macho detrás del volante del automóvil se convierte en una fiera. Insiste en que todo peatón y todo automovilista le ceda el paso. Ayer mi hermana cruzaba la calle con el cochecito de niño. Llegó un señor mirándola desde su automóvil y por poco los aplasta.

una fiera a wild animal

—¿Está Ud. loca, señora? ¿Quiere Ud. que me mate frenando así? Casi me estropea Ud. el auto.

El idiota corría a toda velocidad por el centro de la ciudad. Y después de ponerle la vida en peligro, la insulta.

peligro danger

Es curioso. El macho, que trata con tan poca consideración a las mujeres, casi siempre pone a su madre en un pedestal. Él no permite que nadie la critique. No quiere que nadie hable de ella si no es para hablar bien de ella.

Hay personas que insisten en que creamos una u otra teoría sobre el origen o la causa del machismo. Algunos hablan del feroz conquistador ante la india conquistada y pasiva. Puede ser, pero la teoría sobre el origen no importa tanto. Lo que importa más que el origen es el futuro. Espero que mis hermanas comprendan que el machismo es un anacronismo en el siglo XX. El macho en la esquina echando piropos tiene tanta relevancia para el mundo de hoy como el dinosauro.

Y espero que tenga el mismo fin.

PREGUNTAS

1. ¿De qué viene la palabra *machismo?*
2. ¿Qué significa *macho?*
3. ¿Cuál es el contrario de *macho?*
4. ¿Qué quieren muchos que la autora les explique?
5. ¿Qué historietas esperan oír?
6. ¿Son verdad o ficción estas historietas?
7. ¿Existe el machismo?
8. Para la autora, ¿qué es el machismo?
9. ¿Es típico de todos los varones hispanos?
10. ¿Qué se cree el macho?
11. ¿Qué le cuenta el macho a la mujer en la calle?
12. ¿Cómo reacciona este macho si otro varón hace lo mismo a una mujer que lo acompaña?
13. ¿En quién piensa el macho?
14. ¿Quién lleva los paquetes si la mujer no los lleva?
15. ¿Dónde se mete el macho en una fila?
16. ¿En qué se convierte detrás del volante?
17. ¿Qué le gritó el macho a la hermana de la autora?
18. ¿Dónde «pone» el macho a su madre?
19. ¿Cuál es una teoría sobre el origen del macho?
20. ¿Qué importa más que el origen?
21. ¿Con qué compara la autora al macho?

Composición

Answer the following questions to form a paragraph.

¿Cuál es la definición de la palabra *macho* en el diccionario?

¿Existe el machismo sólo en los países hispanos?

¿Son todos los varones hispanos «machos»?

En pocas palabras, ¿qué es el machismo?

¿Qué le echa un macho a una señorita?

¿Quiere que alguien le haga igual a una señorita o a una pariente que lo acompaña a él?

¿En qué otras maneras se manifiesta el machismo?

¿Tiene mucha relevancia en el siglo XX el machismo?

Actividad

Look at the following cartoon and create a possible *piropo*.

Pasatiempo

In the crucigram on the right there are 31 Spanish words that you have already learned. On a separate sheet of paper, write the letters of the crucigram. Then circle each word you can find. The words can go from left to right, from right to left, from the top down, or from the bottom up.

```
E S C R I T O R E S
S R E N T R A D A M
T O D O S A C O N A
R G E Ñ O L A C F N
O A G A P I R O P O
P R O D A F T P I E
E S Í E C H A R E S
A E S C Á N D A L O
R O M E R T X E L E
A T O I D I E C A H
```

Entrevista

¿Has conocido a algún macho? • ¿Dónde lo conociste? • ¿Conoces a algún macho ahora? • ¿Quiere él que todos le hagan mucho caso? • ¿Cómo conduce un auto? • ¿Se considera muy guapo? • ¿Estás de acuerdo con su opinión? • ¿Existen los machos solamente en los países hispanos? • ¿Estás de acuerdo que el macho no tiene mucha relevancia en el siglo XX? • ¿Por qué estás de acuerdo o no?

BASES

16

← Una corrida en Guadalajara, México

1. Es el ruedo de la plaza de toros.
Suena el clarín.
Comienza el paseíllo.
El torero lleva un capote.

2. El toro sale del toril.
Son los cuernos del toro.
El picador está a caballo.

3. El matador lleva la muleta y el
estoque.
El matador torea.
Tiene sus ojos clavados en el toro.
Puede oler y sentir el calor del
cuerpo del toro.

217

la cuadrilla   los que atienden al matador
la navaja   lo que se usa para afeitar
castigar   corregir por métodos punitivos
contar   decir historias, chistes, etc.

el monstruo   firme   triunfar
la tormenta   atormentar
el triunfo
el espectáculo
los aplausos
la criatura

La hora de la verdad

PRÁCTICA

A. Contesten según la oración modelo.
1. El torero torea en el ruedo de la plaza de toros.
   ¿Quién torea?
   ¿Dónde torea el torero?
   ¿Dónde está el ruedo?
2. El clarín suena y luego empieza el paseíllo.
   ¿Qué suena?
   ¿Qué empieza después?
3. El matador lleva la muleta y el estoque.
   ¿Lleva el picador la muleta y el estoque?
   ¿Quién lleva la muleta y el estoque?
   ¿Qué lleva el matador?

B. Completen cada oración con una expresión apropiada.
1. Ese toro es muy grande; es un _____ .
2. Todos los que atienden al matador forman la _____ .
3. El señor se afeita con una _____ .
4. Si el niño hace algo malo, sus padres lo _____ .
5. El público le dio muchos _____ al matador por su gran triunfo.
6. La corrida de toros es un gran _____ .
7. El toro salió del _____ y atacó al matador.
8. El clarín _____ y comienza el paseíllo.
9. El toro tiene los _____ muy largos.
10. Me gusta Anita.   Siempre _____ chistes.

ESTRUCTURAS

el presente del subjuntivo de los verbos de cambio radical

─── Reglas ───

Verbos con el cambio –o → –ue

contar

cuente	contemos
cuentes	(contéis)
cuente	cuenten

Acostar, encontrar, jugar, recordar, poder, and *volver* follow the same pattern.

Verbos con el cambio –e → –ie

cerrar

cierre	cerremos
cierres	(cerréis)
cierre	cierren

Sentar, comenzar, empezar, pensar, and *perder* follow the same pattern.

Verbos con el cambio –o → –ue, –u

dormir

duerma	durmamos
duermas	(durmáis)
duerma	duerman

Morir follows the same pattern.

Verbos con el cambio –e → –ie, –i

sentir

sienta	sintamos
sientas	(sintáis)
sienta	sientan

Preferir follows the same pattern.

Verbos con el cambio $-e \rightarrow -i$

pedir

pida	pidamos
pidas	(pidáis)
pida	pidan

Repetir, seguir, and *servir* follow the same pattern.

A. Sustituyan.

Él me pide que
- juegue.
- vuelva al ruedo.
- se lo cuente.
- te encuentre.
- me acueste.

Le digo que
- cierre el toril.
- se siente aquí.
- empiece en seguida.
- no se pierda.
- comience el paseíllo.

Él no quiere que
- juguemos aquí.
- volvamos al ruedo.
- nos perdamos.
- cerremos la ventana.
- comencemos ahora.

¿Volver ahora?   ¿Ellos?
¿Sentarse aquí?   ¿La niña?
¿Pedir más dinero?   ¿Nosotros?
¿Comenzar en seguida?   ¿Todos?
¿Contar las toallas?   ¿Yo?

B. Sustituyan.

Te digo que lo
- pidas
- repitas
- sigas
- sirvas

ahora.

¿Prefieres que lo
- pidamos?
- repitamos?
- sigamos?
- sirvamos?

C. Sigan el modelo.

¿Cerrar el toril?   ¿Nosotras?
Sí, quiero que Uds. cierren el toril.

¿Jugar ahora?   ¿Nosotros?
¿Dormir allí?   ¿Él?
¿Pedir el carro?   ¿Yo?

220

APLICACIÓN ESCRITA

D. Complete cada oración con la forma apropiada del verbo indicado.

1. Ella teme que el viejo no _____ bien. *dormir*
2. Manolo espera que el toro _____ pronto. *morir*
3. Ellas prefieren que nosotros _____ aquí. *dormir*
4. ¿Prefieres que yo _____ en casa de Pepe? *dormir*
5. El médico teme que el matador no _____ nada. *sentir*
6. Mis padres tienen miedo de que nosotros nos _____ de frío. *morir*
7. Ana se alegra de que nosotros _____ quedarnos con ella. *preferir*
8. Yo temo que la abuelita _____ mal. *sentirse*
9. Queremos que ellos _____ el toril. *cerrar*
10. Tenemos miedo de que ellos no _____ ir. *poder*

E. Forme oraciones completas usando el subjuntivo.

1. médica / nos / sugerir / no / jugar / tanto
2. Papá / pedir / yo / volver / a las diez
3. Don Carlos / les / decir / chicos / acostarse / ahora
4. padres / nos / escribir / no perderse / en / ciudad
5. Yo / esperar / paseíllo / empezar / en seguida
6. Ella / no / querer / nosotros / jugar / playa
7. profesora / insistir / yo / contar / episodio
8. Rafael / pedir / yo / cerrar / toril
9. camarero / sugerir / Susana / sentarse / aquí
10. Manuel / le / decir / hermano / comenzar / practicar

Los niños sueñan con ser matadores

Dos matadores de Pamplona

el subjuntivo con verbos o expresiones de duda

A. Repitan.

Dudo que Rosita hable inglés.
Es dudoso que ellos estén aquí.
Es incierto que ella lo sepa.
No creo que tú la conozcas.

B. Sustituyan.

Es dudoso
No creo
Dudamos } que ella siga así.
Es incierto
Dudo

No dudo
Creo
Es cierto } que ella seguirá así.
No dudamos
Estoy segura

C. Contesten según el modelo.

¿Vuelve Manolo esta tarde?
Dudo que vuelva esta tarde.
No dudo que va a volver esta tarde.

¿Terminan Uds. hoy?
¿Trabajan los amigos?
¿Alquila Pepe el barco?
¿Ellos están aquí?
¿Pide la señora los documentos?
¿Empieza ahora el paseíllo?
¿Sale del toril el toro?

D. Contesten según el modelo.

¿Van a venir los otros?
No creo que vengan.
Creo que vendrán.

¿Van a tener Uds. bastante tiempo?
¿Va a salir Carlos?
¿Van a repetirlo los estudiantes?
¿Van Uds. a la corrida?
¿Va a asistir a la corrida tu amigo?

When a clause is introduced by a statement of doubt, the subjunctive must be used.

> Dudo que ella venga.
> Es dudoso que él lo sepa.
> No creo que papá esté enfermo.

If, however, the introductory statement implies certainty, the indicative is used. Quite often the verb of the dependent clause is in the future.

> No dudo que ella vendrá.
> Es verdad que él lo sabe.
> Creo que Papá está enfermo.
> Es cierto que ellas irán.

APLICACIÓN ESCRITA

E. Siga el modelo.

   Ella vuelve mañana. *es dudoso*
   Es dudoso que ella vuelva mañana.

1. Yo tengo más que ellos. *es incierto*
2. Sabemos bailar bien. *es cierto*
3. Salen más que los Sánchez. *es dudoso*
4. María es la más firme. *es verdad*
5. Haces el viaje. *es incierto*
6. Comerán ellos allí. *es cierto*
7. Asisten ellos a la corrida. *no creo*
8. Ella tiene las entradas. *creo*
9. Él vendrá con los otros. *no dudo*
10. Él lo sabe. *es dudoso*

F. Complete cada oración con la forma apropiada del verbo indicado.

1. Dudamos que Roberto _____ bastante dinero. *tener*
2. No creemos que ella _____. *ir*
3. Creo que el camarero _____ enfermo. *estar*
4. Dolores duda que Ramón lo _____. *confirmar*
5. No hay duda que yo _____ quedarme contigo. *preferir*
6. Dudo que ellos _____ la diferencia. *saber*
7. Ellos no creen que yo _____ francés. *hablar*
8. ¿Tú dudas que ellos te lo _____? *repetir*
9. Es dudoso que nosotros _____ la capital. *conocer*
10. No dudo que tú le _____ demasiado. *pedir*

ESCENAS
Manolito en la plaza de toros

Es una preciosa tarde de mayo.   La plaza se está llenando.
El joven matador triunfó en Valencia y Sevilla.   Desde entonces
el público insiste en que vuelva a la plaza de Madrid.   Y vuelve
hoy.   Pero como matador de toros, no como novillero.   Se
llama Manolo Álvarez.   Tomó la alternativa en Sevilla durante
la Feria.   Su triunfo allí fue magnífico.   Él hace que los aficionados piensen en los grandes matadores del pasado: Joselito,
Belmonte, Manolete y Granero.   No creo que ningún otro matador de hoy nos recuerde tanto a Manuel Granero como este
otro, este joven Manuel.   Dos valencianos.   Dos buenos mozos
y artistas.   Manuel Granero tocaba el piano y Manuel Álvarez
toca el violín.   Los dos abandonaron sus estudios y su arte.
Cambiaron el piano y el violín por la muleta y el estoque.   La
plaza está llena.   El público quiere que comience el espectáculo.
Es dudoso que se sienten en la plaza más que dos o tres de los
que vieron a Granero.

novillero   novice bullfighter
alternativa   bullfight that makes a
   novillero a matador

buenos mozos   guapos

224

Suena el clarín.   Empieza el paseíllo.   Entran los tres matadores con sus cuadrillas detrás.   Manolo (Manolito) Álvarez está en el centro.   Otra vez suena el clarín.   La puerta del toril se abre.   Y sale el toro.   Así sonó el clarín cuando salió del toril «Poca-pena».   «Poca-pena» lo llamaron y qué gran pena causó.

No creo que sean muy distintas las conversaciones en el ruedo de hoy a las de ayer.   Hoy con Manolito Álvarez, ayer con Manolo Granero.

—Mucho cuidado con este toro, Manolo.   No quiero que te duermas en el ruedo.

—Te pido que sigas mis consejos.   Sé de lo que hablo.   Ese toro es peligroso.

—Dudo que puedas jugarle con la mano izquierda.   Es mejor que comiences con la derecha.

Poca-pena   el toro que mató a Manuel Granero

consejos   advice

¡Qué toro!   Pesa más de quinientos kilos.   Corre como un caballo de carrera.   Y ese monstruo le toca a Manolito.   Manolito, que acaba de cumplir los veinte años.   No creo que veamos otro toro como éste en mucho tiempo.   Tiene cuernos como navajas.   ¡Ay, Manolito!   ¿Por qué abandonaste el violín?

Ahora sale Manolo con el capote.   Olé.   Bien hecho, muchacho.   Una serie de verónicas.   Aplausos, gritos.   El público quiere que él siga con las verónicas.

El clarín.   Aquí vienen los picadores.   Manolo vuelve al centro del ruedo para saludar.   La banda toca un pasodoble

verónicas   passes with the cape

pasodoble   graceful march played during the bullfight

alegre. El toro ha visto al picador. Ataca. Increíble. El
caballo y el picador están en el suelo. Rafael Flores, el padrino,
acude al quite. El toro ataca otra vez. El caballo casi se cae.
Pero el picador está preparado. Mete la puya. El toro resiste.
Otra vez ataca. Y otra vez el picador lo castiga.

—Basta—dice Manolo.

—Manolito, no seas loco. Te aconsejo que sigas con el picador. El toro todavía tiene mucha fuerza.

—¡No! No más. No quiero que se muera el toro.

Suena el clarín. Los picadores se van. Flores le da la muleta,
el estoque y un fuerte abrazo a Manolito.

—Buena suerte, muchacho. Y ten cuidado con este toro.

—Gracias, Rafael.

El público está de pie. Manolo anda despacio hacia el toro.
En la mano izquierda lleva la muleta. En la derecha lleva el
estoque. El toro lo mira sin moverse un pelo.

Ya no hay aplausos Ya no hay gritos, ni música. Se puede
oír la respiración del toro. Él respira con tranquilidad; Manolo
también. Pero son los únicos.

padrino   senior matador
acude al quite   entra para dar
    unos pasos para distraer al toro
puya   pic

abrazo   hug

226

Manolo se acerca ahora al toro como se acercaba Manuel Granero en ese mayo del pasado. Con el paso firme, con sus ojos clavados en el toro. En una plaza silenciosa. Como aquella plaza silenciosa que nunca encontró su voz después de ver el cuerpo inánime del pobre Manuel Granero. Granero, muerto por el cuerno de «Poca-pena».

inánime   lifeless

Manolito Álvarez está tan cerca del toro que puede oler y sentir el calor de su cuerpo.

—Toro, tienes que morir. Te quiero toro. Eres noble. Eres valiente. Pero tienes que morir.

El toro lo mira. Es un hombre, la criatura pequeña que lo ha atormentado toda la tarde. El toro mira la muleta. Mira la cara y el cuerpo del humano. (Poca-pena escogió la cara.) ¿Dónde meter el cuerno para acabar con la tormenta y volver al campo? El toro decide y ataca.

¡Suerte, Manolito! Es la hora de la verdad.

PREGUNTAS

1. ¿Qué se está llenando?
2. ¿Dónde triunfó el joven matador?
3. ¿En qué insiste el público?
4. ¿Vuelve como matador o novillero el joven?
5. ¿Cómo se llama?
6. ¿Cómo fue su triunfo en Sevilla?
7. ¿En quiénes piensan los aficionados?
8. ¿A quién nos recuerda este Manuel?
9. ¿Hay muchos en la plaza que vieron a Granero?
10. Cuando comienza el paseíllo, ¿dónde está Manolo?
11. Cuando suena el clarín, ¿qué se abre?
12. ¿Sonó así el clarín cuando salió «Poca-pena»?
13. ¿Son muy distintas las conversaciones en el ruedo de hoy a las de ayer?
14. ¿Cómo es el toro que sale del toril?
15. ¿Cómo son los cuernos del toro?
16. ¿Con qué sale Manolo?
17. ¿Quiere el público que él siga con las verónicas?
18. ¿Adónde vuelve Manolo para saludar?
19. ¿Qué toca la banda?
20. ¿A quién ataca el toro?
21. ¿Quién acude al quite?
22. ¿Resiste el toro el castigo del picador?
23. ¿Quién no quiere que siga el picador?
24. ¿Todavía tiene mucha fuerza el toro?
25. ¿Qué le da Flores a Manolito?
26. ¿Cómo anda Manolo hacia el toro?
27. ¿Se acerca Manolo como se acercaba Manuel en ese mayo del pasado?
28. ¿Está silenciosa la plaza?
29. Durante la corrida de Manuel Granero, ¿qué le pasó?
30. ¿Con quién habla Manolo ahora?
31. ¿Qué le dice?
32. ¿Quién lo mira?
33. ¿En qué piensa el toro?
34. ¿Qué hora llega?

Composición

Write a paragraph in which you discuss the outcome of the bullfight. Who is the winner in your opinion?

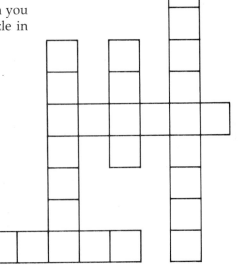

Pasatiempo

Below is a list of words. Only those words that are related to a bullfight will fit into the puzzle. Can you choose those words and fit them into the puzzle in the proper order?

matador   toril   firmes
clavado   torero   criaturas
toro   calor   cuadrilla
ojos

Entrevista

¿Crees que la vida de un matador es interesante? •
¿Crees que tiene una vida peligrosa? • ¿Has visto una
corrida? • ¿Quieres ver una corrida? • Muchos dicen
que la corrida es muy cruel. • ¿Crees tú que es cruel?
• ¿Por qué dices que sí o que no?

BASES

17

1. La pasajera pone su equipaje en la
   <u>balanza</u>.
   El equipaje pesa 16 <u>kilos</u>.
   La señora lleva también <u>equipaje de
   mano</u>.

← Una pilota en su avión

VUELO 205
BOGOTÁ-LIMA
~~16:30~~ SALIDA
17:00

←12

2. El avión no saldrá a tiempo.
   Lleva media hora <u>de retraso</u>.
   El pasajero tiene su <u>tarjeta de
   embarque</u>.
   Algunos pasajeros pasan <u>por
   seguridad</u>.

3. Es la <u>cabina de clase económica</u>.
   La señora tiene un asiento al lado
      del pasillo.
   Su equipaje de mano <u>cabe</u> debajo
      del asiento.
   Es la <u>sección de no fumar</u>.

PRÁCTICA

Contesten a las siguientes preguntas.

1. ¿Dónde pone su equipaje la pasajera?
2. ¿Cuánto pesa el equipaje?
3. ¿Lleva la señora equipaje de mano?
4. ¿Saldrá a tiempo o tarde el avión?
5. ¿Cuánto tiempo lleva de retraso?
6. ¿Qué tiene el pasajero?
7. ¿Por dónde pasan algunos pasajeros?

8. ¿Está la señora en la cabina de clase
   económica o en la cabina de primera clase?
9. ¿Está su asiento al lado de la ventanilla?
10. ¿Dónde cabe su equipaje de mano?
11. ¿Está sentada ella en la sección de fumar
   o de no fumar?

La asistenta de cabina le trae una revista a la pasajera

ESTRUCTURAS

repaso del futuro

verbos regulares

A. Repitan.
La señora viajará.
Los pasajeros llegarán a Lima a la una.

B. Sustituyan.

Yo lo $\begin{cases} \text{contestaré.} \\ \text{llamaré.} \\ \text{comeré.} \\ \text{escribiré.} \end{cases}$

¿No lo $\begin{cases} \text{terminarás?} \\ \text{comerás?} \\ \text{verás?} \\ \text{recibirás?} \end{cases}$

Nosotros $\begin{cases} \text{empezaremos} \\ \text{hablaremos} \\ \text{volveremos} \\ \text{escribiremos} \end{cases}$ en seguida.

C. Contesten.
¿Viajarás en avión?
¿Llegarás temprano al aeropuerto?
¿Fumarás durante el vuelo?
¿Comerás a bordo del avión?
¿Recibirás talones para tu equipaje?

¿Llegará tarde el avión?
¿Llevará media hora de retraso?
¿Traerá la comida el asistente de cabina?

¿Pasarán los pasajeros por migración?
¿Viajarán ellos en clase económica?
¿Volverán ellos con la misma línea aérea?
¿Abrirán el equipaje en seguridad?

¿Irán Uds. al Perú?
¿Viajarán Uds. en avión?
¿Visitarán Uds. a Machu Picchu?
¿Comerán Uds. muchas comidas peruanas?

D. Sigan las instrucciones.
Pregúntele a él si bajará del avión.
Pregúntele a ella si volverá temprano.
Pregúnteles a ellas cuándo irán al centro.
Pregúnteles a ellos si contestarán en español.
Pregúnteles a los señores si jugarán al fútbol.
Pregúnteles a las señoras si vivirán en la ciudad.

verbos irregulares

E. Repitan.
Ella pondrá la maleta debajo de su asiento.
Ellos sabrán la hora de la salida.

F. Sustituyan.

Yo lo $\begin{cases} \text{pondré} \\ \text{tendré} \\ \text{sabré} \\ \text{haré} \end{cases}$ en seguida.

¿Por qué no $\begin{cases} \text{vendrás?} \\ \text{saldrás?} \\ \text{lo querrás?} \\ \text{lo dirás?} \end{cases}$

Nosotros lo $\begin{cases} \text{tendremos.} \\ \text{pondremos.} \\ \text{haremos.} \\ \text{diremos.} \\ \text{sabremos.} \end{cases}$

G. Contesten.
¿Vendrán a tiempo al aeropuerto los pasajeros?
¿Saldrá a tiempo el avión?
¿Harás un viaje en avión?
¿Tendrás un boleto de ida y vuelta?
¿Podrán Uds. llevar equipaje de mano?
¿Cabrá el equipaje debajo del asiento?
¿Querrán Uds. asientos al lado del pasillo?

H. **Sigan las instrucciones.**

Pregúntele a él si dirá la verdad.

Pregúntele al muchacho si pondrá la mesa.

Pregúnteles a ellas si querrán salir temprano.

Pregúnteles a ellos qué podrán comprar.

Pregúnteles a las señoras si harán el viaje.

Pregúntele al señor si tendrá tiempo.

Pregúntele a la señorita si sabrá el precio.

--- Reglas ---

Review the future tense. Note that the verb endings are the same for all types of verbs. The verb endings are added to the infinitive to form the future.

hablar	vender	vivir
hablaré	venderé	viviré
hablarás	venderás	vivirás
hablará	venderá	vivirá
hablaremos	venderemos	viviremos
(hablaréis)	(venderéis)	(viviréis)
hablarán	venderán	vivirán

The following verbs have irregular stems in the future.

valer	valdré	hacer	haré
tener	tendré	decir	diré
poner	pondré	querer	querré
venir	vendré		
salir	saldré		
poder	podré		
saber	sabré		
caber	cabré		

APLICACIÓN ESCRITA

I. **Complete el párrafo con las formas apropiadas del futuro de los verbos indicados.**

Mañana yo _____ (hacer) un viaje en avión. _____ (Salir) de casa temprano porque _____ (querer) llegar a tiempo al aeropuerto. No _____ (perder) mi vuelo. En el aeropuerto yo le _____ (dar) mi boleto a un empleado y él me _____ (dar) una tarjeta de embarque. Yo _____ (poner) mi equipaje en la balanza y el empleado lo _____ (pesar). Él _____ (poner) los talones para el equipaje con el boleto. Él me _____ (decir) por qué puerta _____ (salir) el avión. Creo que el avión _____ (salir) a tiempo pero no lo _____ (saber) hasta mañana. Antes de abordar el avión yo _____ (tener) que pasar por seguridad. Probablemente ellos _____ (abrir) mi equipaje de mano.

K. Complete cada oración con la forma apropiada del futuro del verbo indicado.
  1. Yo _____ bastante tiempo. *tener*
  2. Ella _____ la mesa. *poner*
  3. Nosotros _____ para la playa. *salir*
  4. ¿Tú _____ también? *venir*
  5. Esos cuadros _____ mucho. *valer*
  6. Fernando _____ la verdad. *decir*
  7. Nosotros _____ el viaje. *hacer*
  8. Ellas _____ salir temprano. *querer*
  9. Yo _____ asistir. *poder*
  10. ¿Uds. _____ la lección? *saber*

La familia se reúne en el aeropuerto, México

infinitivo y subjuntivo

A. Repitan.
Ella quiere venir.
Ella quiere que yo venga.
Es necesario salir.
Es necesario que tú salgas.

B. Sustituyan.

Yo quiero ⎧ estudiar.
⎪ comer.
⎨ salir.
⎪ bailar.
⎩ ir.

Yo quiero que Uds. ⎧ estudien.
⎪ coman.
⎨ salgan.
⎪ bailen.
⎩ vayan.

C. Contesten en forma afirmativa.
¿Quieren Uds. viajar?
¿Quieren Uds. que Pablo viaje?
¿Prefiere Ud. salir?
¿Prefiere Ud. que salgamos?
¿Insiste ella en pagar?
¿Insiste ella en que tú pagues?
¿Es importante asistir?
¿Es importante que Ud. asista?
¿Espera Ud. terminar?
¿Espera Ud. que ellos terminen mañana?

En la sala de espera del aeropuerto, San José, Costa Rica

Reglas

With expressions that require the subjunctive, the subjunctive is used only when there is a change of subject in the sentence. When there is only one subject, the infinitive is used.

one subject

Ellos esperan ir a México.

subject 1   subject 2

Ellos esperan que yo vaya a México.

APLICACIÓN ESCRITA

D. Complete cada oración con la forma apropiada del verbo indicado.
1. Es necesario que nosotras _____ ahora. *salir*
2. Yo no _____ ir al centro. *querer*
3. Yo prefiero que tú _____ ahora. *cantar*
4. Yo insisto en que Juan _____ el viaje. *hacer*
5. No creo que Carmen _____ el viaje en avión. *hacer*
6. Es importante que nosotros _____ el coche esta semana. *vender*
7. Yo prefiero _____ aquí. *quedarse*
8. Silvia insiste en _____ en casa. *comer*

E. Forme oraciones completas.
1. Yo / querer / salir / temprano
2. Yo / querer / Pedro / salir / temprano
3. ¿Preferir / tú / asistir?
4. ¿Preferir / tú / otros / asistir / también?
5. Nosotros / esperar / recibir / bueno / notas
6. Nuestro / padres / esperar / nosotros / recibir / bueno / notas
7. Ser / necesario / terminar / trabajo / mañana
8. Ser / necesario / ellas / saber / detalles

236

ESCENAS
En el aeropuerto

Agente	¿En qué puedo servirle, señorita?
Viajera	Había tanto tráfico en la carretera que llegué tarde al aeropuerto y perdí el vuelo de la Transnacional a Lima. ¿A qué hora sale el vuelo de Uds.?
Agente	Nuestro vuelo 205 con destino a Lima sale a las ocho treinta y cinco. Lleva media hora de retraso. El avión viene de Caracas.
Viajera	¿Es posible que tengan Uds. un asiento libre?
Agente	¿Viaja Ud. en primera clase o en económica?
Viajera	En económica.
Agente	No habrá ningún problema. Hay varios asientos disponibles.
Viajera	Pues, aquí tengo mi boleto de la Transnacional.

perdí   I missed

Agente	Lo siento pero Ud. tendrá que ir a la Transnacional porque es necesario que ellos nos endosen el boleto.		endosen they endorse
Viajera	Gracias. Volveré en seguida.		
	(La señorita está de vuelta.)		
	Aquí tiene Ud. el boleto. La Transnacional se lo ha endosado a Uds. ¿Habrá alguna diferencia en el precio?		
Agente	No, la tarifa de la Transnacional es igual que la nuestra. Favor de poner su equipaje en la balanza. Permitiremos hasta veinte kilos gratis. Pondré sus talones con el boleto. Su equipaje está chequeado hasta Lima.		gratis free
Viajera	¿Hace escala el avión?		
Agente	Sí, es un vuelo directo pero hará una escala de media hora en Guayaquil.		
Viajera	¿A qué hora llegaremos a Lima?		
Agente	Estarán en Lima a la una de la mañana. Ay, no, perdón—como hay una demora de media hora, llegarán a eso de la una y media. ¿Quiere Ud. escoger su asiento ahora, señorita? ¿Fuma Ud.?		a eso de about
Viajera	No, no fumo. Y prefiero sentarme al lado del pasillo, por favor.		
Agente	Bueno, su asiento será el once C, pasillo, en la sección de no fumar. Y ahora, ¿me permite ver su pasaporte con su visado?		
Viajera	Aquí lo tiene Ud.		
Agente	Bueno. Todo está en orden. Aquí tiene Ud. su boleto con los talones para el equipaje y su tarjeta de embarque. El vuelo saldrá por la puerta número cuatro. Le ruego que se presente a la puerta media hora antes de la salida del vuelo para las formalidades de seguridad. Antes tendrá que pasar por migración. Y no se olvide que su equipaje de mano tiene que caber debajo del asiento. ¡Muy buen viaje!		
Viajera	Gracias.		

CIA.	VUELO	DESTINO	SALIDA	EMBARQUE	PUERTA
SR	651	ZURICH	1550	1450	2
IB	574	GINEBRA	1600	1500	14
KL	362	AMSTERDAM	1600	1500	11
IB	071	LISBOA	1610	1510	12
IB	682	FRANKFURT	1625	1525	7
FLIGHT	NUMBER	DESTINATION	DEP.	BOARDING AT GATE	

INTERNATIONAL FLIGHTS

PREGUNTAS

1. ¿Por qué llega tarde al aeropuerto la señorita?
2. ¿En qué línea iba a volar?
3. ¿Sale el vuelo 205 a tiempo?
4. ¿Cuántos minutos de retraso lleva el vuelo?
5. ¿En qué clase de servicio viaja la señorita?
6. ¿Tiene asientos libres la companía aérea?
7. ¿Puede usar la señorita el boleto de la Transnacional?
8. ¿Qué tiene que hacer la Transnacional con el boleto?
9. ¿Son iguales las tarifas?
10. ¿Dónde pesa la agente el equipaje?
11. ¿Con qué pone la agente los talones de equipaje?
12. ¿Dónde hace escala el avión?
13. ¿Es un vuelo directo?
14. ¿A qué hora llegará el vuelo a Lima?
15. ¿Fuma la señorita?
16. ¿Quiere sentarse ella al lado de la ventanilla?
17. ¿Tiene ella el visado?
18. ¿Qué más tiene ella ahora?
19. ¿Por qué puerta saldrá el avión?
20. ¿Cuándo tiene que presentarse a la puerta la señorita?
21. ¿Por qué tiene que presentarse con tanta anticipación?
22. ¿Por dónde tiene que pasar antes?
23. ¿Dónde tiene que caber su equipaje de mano?

Composición

Answer the following questions to form a paragraph.

¿Llegó tarde al aeropuerto la señorita?

¿Por qué llegó tarde?

¿Perdió su vuelo a Lima?

Pero, ¿había otro vuelo a Lima?

¿Era con la misma línea aérea el vuelo?

¿La primera línea aérea tenía que endosar el boleto a la segunda línea aérea?

¿Era igual la tarifa con las dos líneas aéreas?

¿El avión iba a salir a tiempo?

¿Cuánto tiempo llevaba de retraso?

¿Era un vuelo directo?

¿Iba a hacer escala el avión?

¿Dónde iba a hacer escala?

¿A qué hora iba a llegar la señorita a Lima?

Crucigrama

Complete the following crossword puzzle.

Horizontal

1. el contrario de *pie*
5. el contrario de *bajas*
9. entregan
12. contracción
13. lo que se usa para pesar algo
16. lo que recibe uno para su cumpleaños
18. el contrario de *imaginario*
19. lo que se usa para hacer vino
21. un verbo español que significa "to be"
23. lo que se usa para cerrar la puerta
25. artículo definido
27. pronombre
28. donde se pone una carta antes de mandarla
30. tierra que tiene agua por todos lados
32. contracción
33. preposición
35. esta, _____, aquella
37. una forma del verbo *ser*
38. pronombre reflexivo
39. mujeres
42. el plural de 1. *Horizontal*
46. el contrario de *sí*
47. preposición
48. idea
49. dolor
51. pronombre
52. pronombre
53. el contrario de *o*
54. artículo definido
55. una parte del carro
59. algo que se bebe
60. enseñar a alguien
61. una persona muy buena
63. pronombre
64. pronombre
65. nombrar por elección
66. contracción
67. el contrario de *caro*
70. -ar, _____, -ir
71. este, _____, aquel
72. conjunción
73. igual que 70. *Horizontal*
74. preposición
75. lo que se hace al pelo cada día
77. pronombre
78. igual que 70. *Horizontal*
79. personas que viajan
81. pronombre
82. el contrario de *éste*
83. ganado
84. donde se reúnen las familias en su casa
85. pronombre

Vertical

1. equipaje
2. contracción
3. novelas, poesías, etc.
4. el contrario de *pimienta*
5. el color del cielo
6. limpia con jabón y agua
7. -_____, -er, -ir
8. pronombre
9. entrega
10. pueblos pequeños
11. el contrario de *sí*
14. un tipo de telegrama
15. artículo definido
17. personas que ayudan a los turistas
20. donde trabaja el piloto
22. pronombre
23. pronombre
24. una forma del verbo *ser*
26. trae
29. contesta
31. pronombre
34. períodos de 365 días
36. el contrario de *anochecer*
40. mucha animación
41. conjunción
43. bestia
44. usar la nariz
45. preposición
49. dar dinero por algo
50. las hijas de tus hijos
54. limpiar con jabón y agua
56. cortos
57. sillas
58. artículo indefinido
59. los dos
60. esto, _____, aquello
62. contentos
68. lo que se hace con una canoa
69. conjunción
70. preposición
71. -ar, -_____, -ir
74. este, _____, aquel
75. determina los kilos
76. entregas
77. pronombre
78. este, _____, aquel
80. pronombre reflexivo
81. artículo definido
82. pronombre

Actividades

Mire el boleto y conteste a las preguntas.

¿Cómo se llama la pasajera?

¿Es un boleto de ida y vuelta?

¿De dónde saldrá la pasajera?

¿Cuál es la primera ciudad que visitará la pasajera?

¿Y la segunda?

¿Viajará la pasajera en primera clase o en clase
económica?

¿Cuánto equipaje podrá llevar gratis?

¿Cuál es la tarifa?

¿A qué hora sale el avión de Nueva York?

¿A qué hora sale de México?

¿Qué día empieza el viaje?

¿Qué día termina
el viaje?

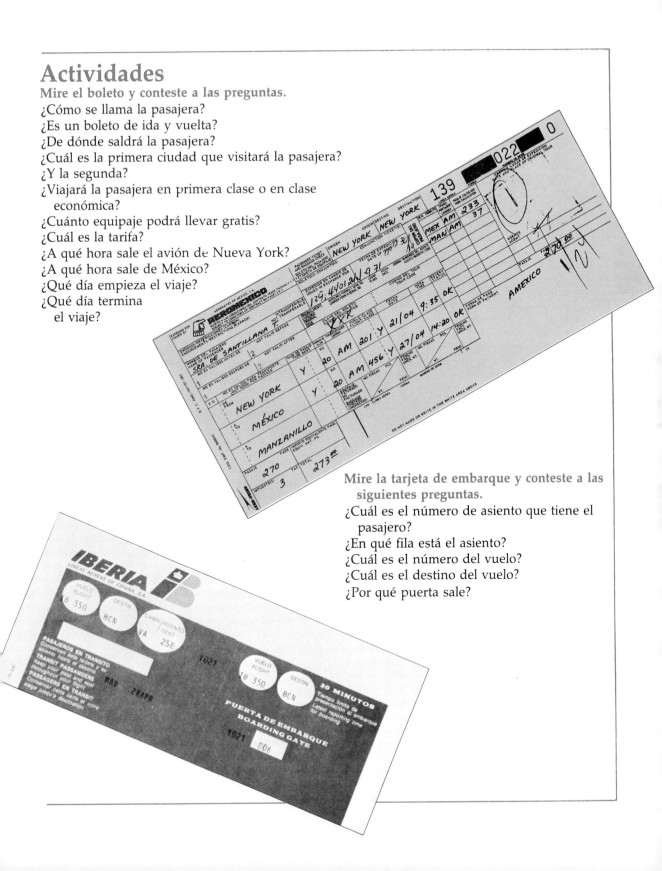

**Mire la tarjeta de embarque y conteste a las
siguientes preguntas.**

¿Cuál es el número de asiento que tiene el
pasajero?

¿En qué fila está el asiento?

¿Cuál es el número del vuelo?

¿Cuál es el destino del vuelo?

¿Por qué puerta sale?

BASES

18

← Mariana de Austria por
Velázquez

Es una bestia de carga.
Es una <u>mula</u>.
El esposo y la esposa se <u>pasean</u>.
Tienen las manos <u>vacías</u>.
Hay un <u>pajarito</u> en la <u>jaula</u>.

negar   decir que no es verdad; decir que no; no permitir
los derechos   los privilegios, lo que uno puede hacer legalmente
el papel   el rol
indígena   nativo
clases acomodadas   clases ricas
encargarse de   tener la responsabilidad de
el sueldo   el dinero que recibe uno por su trabajo

243

el sufragio   tradicional   dividirse
la discriminación   recientemente comparar
el bebé   insignificante

PRÁCTICA

A. Contesten a las siguientes preguntas.
1. ¿Lleva carga una bestia de carga?
2. ¿Es la mula una bestia de carga?
3. ¿Se pasean el esposo y la esposa?
4. ¿Tienen algo en las manos?
5. ¿Cómo tienen las manos?
6. ¿Qué hay en la jaula?
7. ¿Tenemos todos nuestros derechos?
8. ¿Puede alguien negarnos nuestros derechos?
9. ¿Hay civilizaciones indígenas en las Américas?
10. ¿Quieres recibir un sueldo grande algún día?

B. Completen cada oración con una palabra apropiada.
1. Ellos andan a pie; se _____.
2. El actor hizo un _____ muy importante.
3. La gente de las _____ _____ tiene más dinero que los pobres.
4. Las civilizaciones _____ son muy importantes en países como Guatemala y el Perú.
5. Ellos van a decir que no es verdad; lo van a _____.

Una india peruana trabajando en el campo

el condicional

verbos regulares

él, ella, Ud.

A. Repitan.
Juan compraría el coche.
Ella comería allí.
Él asistiría a la corrida.

B. Contesten.
¿Lavaría Martín el coche?
¿Comería ella el sándwich?
¿Asistiría José al partido?
¿Miraría Elena la televisión?
¿Vendería Pablo el reloj?
¿Escribiría papá la carta?

ellos, ellas, Uds.

C. Repitan.
Ellos tomarían el papel de Sancho Panza.
Todos leerían ese cuento.
¿Uds. escribirían una carta?

D. Contesten.
¿Estudiarían ellos la civilización indígena?
¿Leerían los niños el cuento?
¿Escribirían las chicas una carta?
¿Pasarían ellos por aquí?
¿Beberían limonada los jóvenes?
¿Seguirían la mula los niños?

yo

E. Repitan.
Yo les negaría los derechos a los criminales.
Yo comería las habas.
Yo iría esta noche.

F. Contesten.
¿Tomarías aquel vuelo?
¿Traerías los refrescos?
¿Irías a la corrida?
¿Trabajarías en un hotel?
¿Responderías en español?
¿Vivirías en Colombia?

Una ejecutiva con una compañía de relaciones
públicas en México

tú

G. Repitan.
¿Pasarías el verano aquí?
¿Venderías tu coche?
¿Servirías vino?

H. Sigan las instrucciones.
Pregúntele a ella si pasaría el verano aquí.
Pregúntele a él si leería el poema.
Pregúntele a él si preferiría café o té.
Pregúntele a ella si esperaría un poco.

nosotros, nosotras

I. Repitan.
Nosotros compraríamos el coche.
Comeríamos allí.
Iríamos a la corrida.

J. Contesten.
¿Comprarían Uds. el coche?
¿Comerían Uds. allí?
¿Irían Uds. al teatro?
¿Estudiarían Uds.?
¿Responderían Uds. en español?
¿Vivirían Uds. en aquel hotel?

K. Sigan las instrucciones.
Pregúnteles a ellas si trabajarían en la ciudad.
Pregúnteles a los jóvenes si comerían en ese restaurante.
Pregúnteles a sus amigas si vivirían allí.
Pregúntele al señor si escribiría una carta.
Pregúntele a la señora si prepararía la merienda.

Reglas

The conditional is formed by adding the appropriate endings to the infinitive. Note that the conditional endings for all verbs are the same as those used for the imperfect of –er and –ir verbs.

hablar	comer	vivir
hablaría	comería	viviría
hablarías	comerías	vivirías
hablaría	comería	viviría
hablaríamos	comeríamos	viviríamos
(hablaríais)	(comeríais)	(viviríais)
hablarían	comerían	vivirían

The conditional is used in Spanish, as in English, to express what one would do but cannot because of some interfering reason.

Yo iría a España (pero no puedo porque no tengo bastante dinero).
Ellos estarían aquí (pero no pueden estar porque tienen otras obligaciones).

APLICACIÓN ESCRITA

L. Escriba cada oración en el condicional.
1. Compro en aquella tienda.
2. Comemos en ese restaurante.
3. No te escribo todos los días.
4. Ud. sirve carne de res.
5. Nosotros bebemos el agua de la ciudad.
6. ¿Vendes el coche por doscientos dólares?
7. Ellos no pasan mucho tiempo aquí.
8. ¿Por qué no cantan Uds. aquella canción?
9. ¿Ud. lee aquel libro otra vez?
10. Le escribimos a nuestro amigo.

M. Complete cada oración con la forma apropiada del condicional del verbo indicado.
1. Ellos no _____ nada.   *escribir*
2. Yo no _____ el frío.   *resistir*
3. Ella no _____ a la corrida.   *ir*
4. Mi familia y yo no _____ allí.   *vivir*
5. El mozo _____ las maletas.   *recoger*
6. Tú no le _____ un regalo.   *dar*
7. El plomero lo _____.   *reparar*
8. Ud. no _____.   *estudiar*
9. Nosotros no _____.   *trabajar*
10. Eduardo no _____ nada.   *escribir*

verbos irregulares

A. Repitan.
Ellos harían el viaje.
Ellos vendrían en tren.
Él no diría nada.
Carmen no podría ir.

B. Sustituyan.

Yo no lo $\begin{cases} \text{diría.} \\ \text{haría.} \\ \text{sabría.} \\ \text{tendría.} \end{cases}$

Y tú, ¿no $\begin{cases} \text{vendrías} \\ \text{saldrías} \\ \text{querrías} \\ \text{podrías} \end{cases}$ más?

Lupe Anguiano, creadora de la *National Women's Employment and Education, Inc.* en San Antonio, Texas

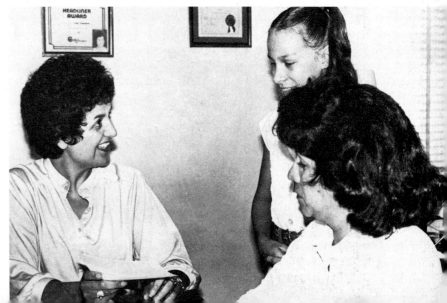

Nosotros lo $\left\{\begin{array}{l}\text{tendríamos}\\\text{pondríamos}\\\text{sabríamos}\\\text{diríamos}\\\text{haríamos}\end{array}\right\}$ en seguida.

C. Contesten.
¿Haría el viaje ella?
¿Diría Juan la verdad?
¿Tendría tiempo el profesor?
¿Saldría el camarero?
¿Tendrían ellos las cuentas?
¿Querrían cenar los invitados?
¿Sabrían ellos la diferencia?
¿Vendrían ellos en avión?

¿Dirías que sí?
¿Saldrías con ellos?
¿Pondrías las tarjetas allí?
¿Podrían Uds. asistir?
¿Harían Uds. tal cosa?
¿Vendrían Uds. en taxi?

D. Sigan las instrucciones.
Pregúntele a ella si vendría temprano.
Pregúntele a él si pondría los platos en la mesa.
Pregúntele a ella si lo diría.
Pregúnteles a los chicos si saldrían temprano.
Pregúnteles a ellos si tendrían que pagar.
Pregúnteles a los jóvenes si harían el viaje.
Pregúntele al señor si podría ir.
Pregúntele a la señorita si sabría qué hacer.

Reglas

The verbs that have irregular stems in the future have the same irregularity in the conditional.   Study the following forms.

infinitive	conditional
venir	vendría
tener	tendría
poner	pondría
salir	saldría
valer	valdría
poder	podría
saber	sabría
querer	querría
hacer	haría
decir	diría

APLICACIÓN ESCRITA

E. Complete cada oración con la forma apropiada del condicional del verbo indicado.

1. Yo lo _____ en el cuarto. *poner*
2. Ella _____ la cuenta. *pagar*
3. Nosotros _____ la casa. *vender*
4. Los niños _____ en el parque. *jugar*
5. La vieja _____ el viaje sola. *hacer*
6. Papá _____ las bujías. *cambiar*
7. La sociedad _____ a los criminales. *castigar*
8. Yo le _____ un castigo. *dar*

F. Forme oraciones completas en el condicional.

1. Yo / tener / bastante / tiempo / para / leer / cuento
2. Él / salir / temprano
3. Sarita / querer / ir / con / nosotros / playa
4. Nosotros / hacer / viaje / avión
5. Ellos / poder / trabajar / hasta / madrugada
6. José / no / saber / conducir / coche
7. ¿Lo / poner / tú / ascensor?
8. Yo / venir / ocho / mañana
9. mecánico / poder / revisar / aceite

Una manifestación contra Huerta, provincia de Sonora, México

ESCENAS

La condición femenina en la sociedad hispana

 ¿Quién diría que hoy, en pleno siglo veinte, la mujer tendría que seguir luchando por sus derechos?

 Pero así es. La mujer todavía sufre injusticias políticas, económicas y sociales. En algunos países le niegan el sufragio a la mujer. En otros países, aún en países muy desarrollados, la mujer sufre la discriminación económica. Los derechos de propiedad son distintos para el hombre y para la mujer en algunas naciones. Hasta en los EE.UU., en muchas industrias, no le pagarían a la mujer el sueldo que le darían a un hombre por el mismo trabajo.

desarrollados developed

propiedad property

El papel de la mujer en los países hispanos es difícil de explicar. Varía mucho de país en país. Lo que diríamos de Chile no podríamos decir de Paraguay. Lo que sería verdad en Guatemala no ocurriría en la Argentina. La condición de la mujer en Argentina y Chile se aproxima más a la Europa Occidental y a los Estados Unidos. En otros países americanos es más tradicional.

En algunas culturas indígenas la mujer sirve de bestia de carga. No le molestaría nada al esposo verla cargada como una mula, con un bebé al costado. Él, mientras tanto, se pasearía con las manos vacías.

al costado on her hip

En España y en gran parte de Hispanoamérica las mujeres, hasta recientemente, podrían dividirse en dos grupos: las que servían y las que eran servidas.

Hasta hace poco, era rarísimo ver a una mujer hispana de las clases acomodadas trabajando. La vida de la mujer acomodada se compararía con la del pajarito en la jaula. Comía bien. Se vestía bien. No tenía que levantar la mano. El servicio se encargaría de todo: la cocinera prepararía la comida, la lavandera lavaría la ropa, la criada haría todo lo demás.

criada maid
lo demás the rest
había pasado de *hay*
hogares homes

Pero, para cada señora bien servida, había unas cuantas mujeres que trabajarían desde la madrugada hasta la noche. Volverían a sus hogares a las diez o a las once de la noche para trabajar allí también.

Todo esto está cambiando. La clase media antes era insignificante. Hoy está creciendo en número y en importancia. En los países hispanos hay más mujeres que nunca en las universidades y en las profesiones.

En los países sajones siempre hablan del «machismo» de los hispanos. Hablan del papel subordinado de la mujer. Pero en Hispanoamérica las mujeres, desde hace años, están ejerciendo las profesiones de medicina y derecho—y en proporción mayor que sus hermanas en Angloamérica. Se debería mencionar que las mujeres están enseñando en las universidades hispanas desde hace muchísimo tiempo. Aún durante la Edad Media, mientras los otros países europeos vivían en las tinieblas, las españolas asistían a la universidad.

Se debería It should be

Edad Media Middle Ages
las tinieblas oscuridad, ignorancia
asistían attended

¿Qué diría un hispano (extranjero) acusado de «machista» al ver lo que pasa en Norteamérica? En los países hispanos siempre había telefonistas varones y mujeres. Ésa es una idea reciente en los EE.UU. No es nada raro ver a secretarios en las oficinas hispanas. ¿Cuántos secretarios norteamericanos conoce Ud.?

La mujer es un ser independiente y libre. La lucha por la igualdad y la justicia comenzó hace siglos. La lucha continúa. Progresamos un poco. Pero el camino es largo.

PREGUNTAS

1. ¿Tiene que luchar la mujer de hoy por sus derechos?
2. ¿Qué sufre todavía la mujer?
3. ¿Qué le niegan a ella en algunos países?
4. ¿Dónde sufre la mujer la discriminación económica?
5. ¿Cómo son los derechos de propiedad para el hombre y para la mujer en algunas naciones?
6. ¿Es el papel de la mujer en los países hispanos igual de un país a otro?
7. ¿A qué se aproxima la condición de la mujer en Chile y la Argentina?
8. ¿De qué sirve la mujer en algunas culturas indígenas?
9. ¿Hasta cuándo podían dividirse las mujeres en dos grupos?
10. ¿Cuáles eran los dos grupos?
11. ¿Con qué se compararía la vida de la mujer acomodada?
12. ¿Cómo era su vida?
13. ¿Cómo era la vida de las mujeres que trabajaban?
14. ¿Está cambiando esto?
15. ¿Qué está creciendo?
16. ¿Dónde hay más mujeres que nunca?
17. ¿Qué están ejerciendo desde hace años las mujeres?
18. ¿Dónde hay más mujeres proporcionalmente en las profesiones de medicina y derecho, en Angloamérica o en Hispanoamérica?
19. ¿Qué hacían las españolas mientras los países europeos vivían en las tinieblas?
20. ¿Hay telefonistas varones en Latinoamérica?
21. ¿Es raro ver un secretario en los Estados Unidos?
22. ¿Qué es la mujer?
23. ¿Cómo es el camino?

Composición

Answer the following questions to form a paragraph.

¿Cree Ud. que existen injusticias contra la mujer en los EE. UU.?

¿Cuál es un ejemplo de una injusticia económica?

¿Está luchando la mujer norteamericana por sus derechos?

¿Hay un gran movimiento feminista en los EE. UU.?

¿Cree Ud. que la mujer debe recibir el mismo sueldo que el hombre por el mismo trabajo?

¿Cree Ud. que el papel de la mujer está cambiando?

En su opinión, ¿cómo está cambiando?

Pasatiempo

Form a word from each group of letters.

1. L U M A
2. A J L U A
3. S L U O E D
4. P L A E P
5. E S O S P O
6. R I P A A J O T
7. S E D E R H C O
8. É E B B
9. G N Í I D A E N
10. E R N A G

Entrevista

¿Dirías que existen injusticias contra las mujeres en los Estados Unidos? • ¿Es verdad que recibiría una mujer menos sueldo que un hombre por el mismo trabajo? • ¿Considerarías esto una injusticia? • ¿Había en los Estados Unidos algunas profesiones que se consideraban femeninas? • ¿Cuáles son algunos ejemplos? • ¿Había otras que se consideraban masculinas? • ¿Cuáles son algunos ejemplos? • El fenómeno de profesiones masculinas y profesiones femeninas, ¿está cambiando hoy día? • ¿Estás de acuerdo con los cambios? • ¿Por qué? • ¿Por qué no?

BASES

19

1. El muchacho es del Canadá.
   Es <u>canadiense</u> y habla inglés.
   La muchacha es de Costa Rica.
   Es <u>costarricense</u> y habla <u>castellano</u>.

2. Un señor tenía una amable sonrisa.
   El otro <u>se enfadó</u>.
   Los dos no estuvieron de acuerdo.

elegir nombrar por medio de una elección
la aldea un pueblo pequeño
tonto, -a estúpido, -a
amistoso, -a de amigos, cariñoso, amable
el asunto el argumento, el tema, el negocio

la versión   tremendo, -a
el latín
el árabe

Una reunión de hispanos en Albuquerque, Nuevo
México

PRÁCTICA

A. **Contesten a las siguientes preguntas.**
1. ¿De dónde es el muchacho?
2. ¿De qué nacionalidad es?
3. ¿Qué idioma habla?
4. ¿De dónde es la muchacha?
5. ¿De qué nacionalidad es?
6. ¿Qué idioma habla?
7. ¿Estaba contento el señor?
8. ¿Qué tenía él?
9. ¿Estaba contento el otro?
10. ¿Se enfadó?
11. ¿Estuvieron de acuerdo los señores?
12. ¿Es Madrid una aldea?

B. **Completen cada oración con una expresión apropiada.**
1. Ellos van a votar; tienen que _____ a un nuevo presidente.
2. Esa pregunta no es inteligente; es _____ .
3. Nos gustaría discutir el _____ con ellos pero no quieren discutirlo.
4. Ella nos escribió una carta muy _____ invitándonos a visitarla.
5. Ya he oído dos _____ de la misma historia.
6. El éxito del programa depende de él; tiene una responsabilidad _____ .
7. ¿Estás _____ con la decisión? Me parece que tienes otra opinión.
8. Él tiene una personalidad muy agradable. Siempre tiene una _____ para todos.

ESTRUCTURAS

repaso del pretérito

verbos con el cambio radical –e → –i

A. Repitan.
¿Qué pidió Ud.?
¿Qué sirvieron Uds.?
Yo elegí escribir en inglés.
Nosotros no lo seguimos.

B. Sustituyan.

Ella lo $\begin{cases} \text{sirvió.} \\ \text{repitió.} \\ \text{pidió.} \\ \text{consiguió.} \end{cases}$

Ellos no $\begin{cases} \text{pidieron} \\ \text{consiguieron} \\ \text{repitieron} \\ \text{sirvieron} \end{cases}$ nada.

Yo lo $\begin{cases} \text{pedí.} \\ \text{elegí.} \\ \text{repetí.} \\ \text{perseguí.} \end{cases}$

Nosotros lo $\begin{cases} \text{preferimos.} \\ \text{elegimos.} \\ \text{repetimos.} \\ \text{pedimos.} \end{cases}$

C. Contesten según el modelo.

¿Qué pidió Ud.?
Yo no pedí nada.

¿Qué prefirió Juana?
¿Qué consiguió Pablo?
¿Qué sirvieron ellos?

¿Qué repetiste?
¿Qué serviste?
¿Qué siguieron Uds.?
¿Qué pidieron Uds.?

D. Sigan las instrucciones.
Pregúntele a ella qué pidió.
Pregúntele a él quién sirvió.
Pregúnteles a ellos qué consiguieron.
Pregúnteles a las señoras cuál prefirieron.
Pregúntele a la señorita por qué lo repitió.

Reglas

Review the formation of the following third-class radical-changing verbs in the preterite tense. Note the stem change $e \rightarrow i$ in the third person singular and plural.

pedir
pedí
pediste
pidió
pedimos
(pedisteis)
pidieron

Other verbs which are conjugated like *pedir* are: *elegir, repetir, servir, preferir, seguir, conseguir, perseguir, despedir.*

E. Escriba cada oración en el pretérito.
1. El público está eligiendo a un presidente.
2. Mariana no ha servido nada.
3. ¿No prefieres cenar más tarde?
4. Los chicos nos están siguiendo.
5. El policía lo ha perseguido por las calles.
6. Hemos repetido el poema hasta aprenderlo de memoria.
7. ¿Estás consiguiendo la tarjeta de crédito?
8. Ellos nos pedirán más dinero.

F. Complete cada oración con la forma apropiada del pretérito del verbo indicado.
1. Yo _____ las direcciones. *pedir*
2. El mesero _____ la carne. *servir*
3. Adela no _____ los billetes. *conseguir*
4. Tú no _____ al criminal. *perseguir*
5. Uds. _____ ayuda. *pedir*
6. Nosotros _____ al gobernador. *elegir*
7. Tú _____ la ruta. *seguir*
8. Paco _____ permiso. *pedir*
9. Ellos _____ la merienda. *servir*
10. Ella _____ a sus enemigas. *perseguir*
11. Yo _____ una reservación. *conseguir*
12. El camarero _____ el cochinillo. *servir*
13. Uds. _____ la conversación. *repetir*

ir y ser

A. Repitan.
¿Fuiste al hotel ayer?
Sí, fui el único que fui.
¿No fueron los otros?
No, ellos fueron el sábado.

B. Contesten según se indica.
¿Quién fue al hotel? *yo*
¿Fuiste el único? *sí*
¿Cuándo fueron los otros? *el sábado*
¿Fue difícil la lección? *sí*
¿Quiénes fueron el sábado? *Paco y Marta*
¿Fue necesario ir juntos? *no*
¿Fueron Uds. los únicos? *no*
¿Fueron Uds. a la carrera? *sí*

tener, estar, andar

C. Repitan.
Ellos tuvieron que salir.
Él anduvo por la playa.
Estuvimos juntos en la calle.

D. Contesten negativamente.
¿No tuviste tiempo?
¿No estuvieron Uds. con sus amigos?
¿No anduviste por la playa?
¿No estuviste en la cocina?
¿No tuvieron Uds. bastante dinero?

poder, poner, saber

E. Repitan.
Ellos pudieron volver al centro.
Nosotras lo supimos.

F. Contesten.
¿Pudo ver a su amigo el mozo?
¿Puso Juan la sábana en la cama?
¿Supieron ellos la verdad?
¿Pudieron ver el reloj los jóvenes?
¿Supiste la receta?
¿Pusiste la mesa?
¿Pudieron Uds. hablar con la médica?
¿Pusieron Uds. las bujías en el coche?
¿Supe yo la verdad?
¿Pudimos nosotros ayudar?

querer, hacer, venir

G. Repitan.
Ellos quisieron salir.
Yo hice el viaje.

H. Contesten.
¿Quisieron ellos ver la tarjeta?
¿Hicieron ellos el trabajo?
¿Vino Carlos en seguida?
¿Quiso salir el torero?
¿Hiciste el viaje?
¿Viniste solo?
¿Quisieron Uds. ir en avión?
¿Vinieron Uds. de Puerto Rico?

traer, decir, traducir, producir

I. Repitan.
Ellos tradujeron la novela.
Yo dije la verdad.

J. Contesten.
¿Trajo María la medicina?
¿Dijo Carlos que sí?
¿Condujeron ellos el carro?
¿Trajiste la receta?
¿Tradujiste una novela contemporánea?
¿Dijeron Uds. que no?
¿Tradujeron Uds. la carta?

El mesero y su cliente, España

Review the following preterite forms of irregular verbs.

ir	fui	querer	quise
ser	fui	hacer	hice
estar	estuve	venir	vine
andar	anduve	traer	traje
tener	tuve	decir	dije
poder	pude	producir	produje
poner	puse	traducir	traduje
saber	supe	conducir	conduje

All irregular verbs have the same preterite endings, except for those verbs with –_j_ in the stem. For these verbs the third person plural ending is –_eron_. Study also the forms of _ser_ and _ir_, which are completely irregular.

tener	decir	ser, ir
tuve	dije	fui
tuviste	dijiste	fuiste
tuvo	dijo	fue
tuvimos	dijimos	fuimos
(tuvisteis)	(dijisteis)	(fuisteis)
tuvieron	dijeron	fueron

APLICACIÓN ESCRITA

K. **Escriba cada oración en el pretérito.**
1. Voy al mercado.
2. Ellos son eficientes.
3. ¿Tú no andas por la playa?
4. ¿No tengo bastante tiempo?
5. ¿Estarás aquí?
6. Ellos no pueden volver a la ciudad.
7. Marta y yo ponemos el carburador en el coche.
8. Timoteo no quiere asistir al teatro.
9. Yo no sé nada de eso.
10. Venimos de México en avión.
11. ¿Quién te lo dice?
12. ¿No me das los billetes?
13. Margarita hace un viaje a Puerto Rico.
14. Los jóvenes no pueden salir.
15. El mozo está en la calle.

L. Complete cada oración con la forma apropiada del pretérito del verbo indicado.
1. Alfredo _____ la hora de la salida. *saber*
2. Uds. _____ en casa anoche, ¿no? *estar*
3. Ellos _____ que trabajar en el campo. *tener*
4. ¿_____ tú un viaje a México? *Hacer*
5. Nosotros _____ hacer lo mismo. *querer*
6. Uds. _____ la verdad. *decir*
7. ¿Cuándo _____ tú por la playa? *andar*
8. Rafael _____ los platos en la mesa. *poner*
9. Los jóvenes _____ a las montañas. *ir*
10. Nosotros _____ al hotel a las nueve. *venir*
11. ¿Quién te _____ las flores blancas? *dar*
12. ¿_____ Uds. bastante dinero? *Tener*
13. Ellos _____ las toallas en el cuarto de baño. *poner*
14. Yo no _____ ver al presidente. *poder*
15. Ud. _____ en la corrida de toros. *estar*

Un grupo de campesinos, España

261

sustantivos de adjetivos: su formación

A. Repitan.

Ese señor viejo es simpático.
Ese viejo es simpático.
Las atletas rusas son muy fuertes.
Las rusas son muy fuertes.

B. Contesten según el modelo.

¿Están allí los estudiantes buenos?
Sí, los buenos están allí.

¿Viven allí los habitantes pobres?
¿Viven allí los habitantes ricos?
¿Estudian mucho las chicas jóvenes?
¿Conoces a aquel chico guapo?
¿Conoces a aquella chica guapa?
¿Ves a aquellos señores altos?
¿Prefieres la farmacia grande?

--- Reglas ---

Adjectives may become nouns by using the appropriate definite article with the adjective. Study the following:

Las mujeres viejas trabajan allí.
Las viejas trabajan allí.

El muchacho bajo es mi hermano.
El bajo es mi hermano.

Note that with feminine collective nouns, the article and adjective become masculine plural.

La gente rica vive aquí.
Los ricos viven aquí.

APLICACIÓN ESCRITA

C. Siga el modelo.

Esos señores italianos son guapos.
Esos italianos son guapos.

1. Los señores simpáticos viven aquí.
2. Las muchachas altas son fuertes.
3. Vamos a la playa con el señor alemán.
4. ¿No te gustan los políticos estúpidos?
5. Los muchachos fuertes juegan al fútbol.
6. Los señores cubanos son amigos de mi hermano.
7. No conozco a la señorita brasileña.
8. Estamos sirviendo a los señores ricos.
9. ¿Quién tendrá más interés en los habitantes indígenas?
10. Las señoritas elegantes se pasean por la plaza.

Voluntario del Cuerpo de Paz con algunos labradores venezolanos

D. Siga el modelo.

La gente pobre vive aquí.
Los pobres viven aquí.

1. La gente pobre recibe ayuda.
2. Las personas inteligentes enseñan a los otros.
3. La población indígena es muy interesante.
4. La colonia europea vive en la capital.
5. La gente norteamericana habla muchos idiomas.

ESCENAS

¿Hablas castellano?

Me llamo Mercedes.   Soy costarricense.   Vivo con mi familia en la capital, San José.   No es tan grande como Nueva York, Dallas o Los Ángeles, pero tampoco es una aldea pequeña.

Hace unos años la maestra nos pidió unas ideas para proyectos en la clase de inglés.   Elegimos escribir cartas en inglés a muchachos en los EE.UU. y en Canadá.

En clase nos reímos de algunas de las preguntas que nos hicieron.

—¿Se acuestan Uds. en una cama?

Por supuesto nos acostamos en una cama.   Algunas preguntas eran tontas pero la mayoría de las cartas eran interesantes y amistosas.   Uno de los muchachos a quien yo escribía consiguió una beca para venir a Costa Rica.   Pasó tres meses aquí. Nos llevamos muy bien.   Él se defendía en español y lo entendía todo.   Al principio me hacía veinte mil preguntas sobre nuestras costumbres diarias.   ¿A qué hora te levantas?   ¿A qué hora te acuestas?   ¿Con qué te cepillas los dientes?

Le contesté sus preguntas.

Una vez me preguntó si yo hablaba «castellano».

—Claro que hablo castellano, si es el idioma de mi país.

una beca	scholarship
Nos llevamos	We got
muy bien	along very well

¿Qué crees que estoy hablando? ¿Alemán? ¿Chino? Muchacho, a veces me haces unas preguntas tremendas.

—No te enfades. Yo sabía que hablabas español, pero no sabía que hablabas castellano.

—Te oigo, chico, pero no te entiendo. ¿Por qué no te sientas? Con calma, ahora, explícame este complicado asunto.

Parece que en su país le explicaron que hay dos versiones de mi idioma. La que se habla en España y «la otra».

Yo le repetí la historia de la lengua española. Le expliqué los orígenes en el latín y el árabe. Pero él insistía en las dos versiones.

—¿Cuáles son las diferencias entre las dos versiones?— le pregunté.

—En el castellano la *c* y la *z* no se pronuncian como *s* como lo hacen Uds. Se pronuncian como la *th* en inglés.

—¿Qué otras diferencias hay?

—Pues, en el castellano se usa la forma *vosotros* y Uds. no la usan.

—Sí, pero usamos la forma *vos*.

—Ajá. Pero Uds. lo usan en lugar de *tú* y no como una forma plural.

—Mira, amigo. Mi abuelo es español. Es de Sevilla. Él nunca dice *vosotros* y él pronuncia la *c* y la *z* igual que nosotros.

Él no siguió con la conversación. No importaba lo que hice ni lo que le dije, no pude cambiarle la opinión que tenía.

Al día siguiente me levanté temprano, me vestí y me desayuné y salí en busca de mi amigo.

—Hola, Tom. ¿Qué tal? ¿Cómo estás?

—Perfectamente, gracias.

—Oye, Tom, quería preguntarte, ¿qué hablas tú, inglés o norteamericano?

Tom me miró un poco raro y dijo:

—¿Qué? ¿Qué clase de pregunta es ésa? Yo hablo inglés, inglés.

—No, Tom. El inglés es lo que hablan los ingleses. Los ingleses no hablan como tú. La *a* de ellos es más abierta, y la *r* es más suave. Y no dicen «Do you have a book?» Dicen «Have you a book?» Además nuestra profesora de inglés nos dijo que ellos dicen *lorry* cuando tú dices *truck*, y *lift* cuando tú dices *elevator*, y muchas otras cosas.

Tom abrió la boca, luego se la cerró. Le vi el comienzo de una sonrisa.

—Me ganaste,— dijo.

—¿Cómo?

—Me ganaste. Tu idioma es el castellano y el mío es el inglés.

—De acuerdo.

PREGUNTAS

1. ¿De qué nacionalidad es Mercedes?
2. ¿Dónde vive?
3. ¿Cómo es San José?
4. ¿Qué eligió hacer su clase de inglés?
5. ¿De qué se rieron en clase?
6. ¿Cuáles eran algunas preguntas que les hacían?
7. ¿Cómo eran la mayoría de las cartas que recibían?
8. ¿Quién consiguió una beca?
9. ¿Dónde pasó tres meses?
10. ¿Qué tipo de preguntas le hacía el muchacho?
11. ¿Cómo le contestó Mercedes?
12. Una vez, ¿qué le preguntó el muchacho?
13. ¿Habla castellano Mercedes?
14. ¿Cree el muchacho que hay una diferencia entre el español y el castellano?
15. ¿Hay dos versiones del castellano?
16. ¿Insistía el muchacho en las dos versiones?
17. Según él, ¿cuáles son las dos versiones?
18. ¿De dónde es el abuelo de Mercedes?
19. ¿Pronuncia él la c y la z como *th*?
20. Al día siguiente, ¿qué le preguntó Mercedes a Tom?
21. ¿Cómo la miró Tom?
22. ¿Quiénes hablan inglés, según lo que le dice Mercedes?
23. ¿Cuáles son algunas palabras que son distintas en Inglaterra y en Norteamérica?
24. ¿Está convencido Tom de que hay solamente una versión del castellano?

Composición

Answer the following questions to form a paragraph.

¿Cuál es un sinónimo de *español*, refiriéndose al idioma?

¿Hablan todos los hispanos el castellano?

¿Hay diferencias de pronunciación en la lengua castellana?

¿Cuáles son algunas de estas diferencias?

¿Hay también diferencias de pronunciación en inglés?

¿Hay también diferencias de vocabulario?

¿Hablan los norteamericanos «norteamericano»?

¿Qué hablan ellos?

¿Hay diferencias regionales en todos los idiomas?

¿Hacen estas diferencias que una forma de hablar sea mejor que la otra?

Pasatiempo

In each one of these groups of words, there is one word that does not belong. Which one is it?

1. amistoso, triste, amable, cariñoso
2. latín, español, árabe, sonrisa
3. tópico, asunto, tema, negocio
4. tremendo, acuerdo, grande, enorme
5. elegir, votar, tonto, elección

Actividades

Es verdad que en castellano el uso de palabras varía de una región a otra. Vamos a ver algunas palabras distintas que existen para decir la misma cosa.

el autobús
el bus
la guagua
el camión

el coche
el carro
el auto
el automóvil

el dormitorio
la habitación
la alcoba
el cuarto

los cacahuetes
los cacahuates
el maní

Pero no es solamente en español que existen tales diferencias. Vamos a ver algunas diferencias en inglés también. De cada grupo de palabras, escoja la palabra o expresión que Ud. usa.

sack, bag   soda, pop, tonic   gasoline, petrol

BASES

20

1. Es la <u>barra</u> (el <u>mostrador</u>).
Hay asientos en la barra.
En la barra hay una <u>torta de
chocolate</u>.
Hay también un <u>cenicero</u> en la
barra.
En el <u>platillo</u> hay dinero
en <u>efectivo</u>.
La <u>cuenta</u> está en
el platillo.

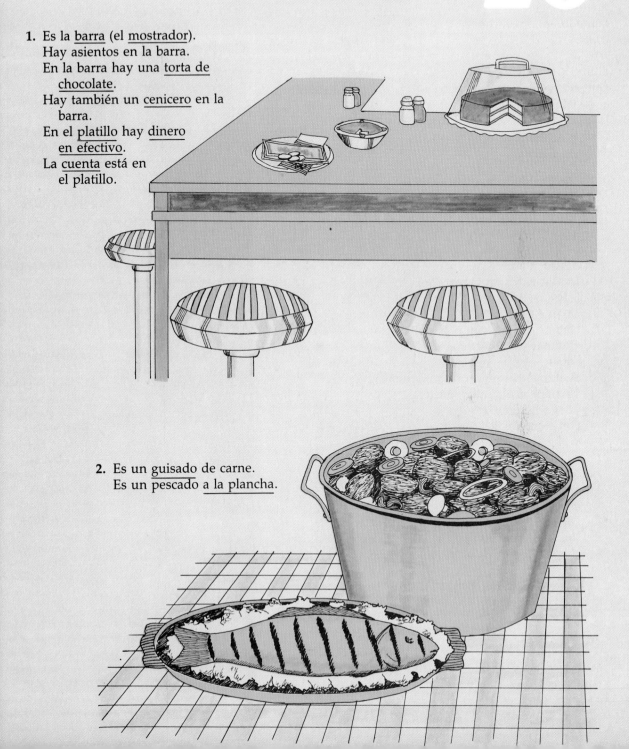

2. Es un guisado de carne.
Es un <u>pescado a la plancha</u>.

de gran lujo elegante
soler (suele) tener la costumbre
repostería dulces, panes dulces
rico, -a delicioso, -a
apetecer gustar
cómodo, -a confortable

El camarero los atiende en el restaurante

el tipo	completo, -a	generalizar
el apetito	económico, -a	recomendar
el coctel	exquisito, -a	
la especialidad	extraordinario, -a	
la reservación		

PRÁCTICA

A. Contesten a las siguientes preguntas.
1. ¿Hay asientos en la barra?
2. ¿Hay una torta en la barra?
3. ¿De qué es la torta?
4. ¿Hay un cenicero en la barra?
5. ¿Qué hay en el platillo?
6. ¿Dónde está la cuenta?
7. ¿Sueles comer en un restaurante?
8. ¿Te gustaría algo de repostería?
9. ¿Es rica la repostería?
10. ¿Son cómodos los asientos?

B. Sustituyan la expresión en letra bastardilla con otra.
1. Nos trajo un *plato pequeño.*
2. Esta comida está *deliciosa.*
3. ¿Estás *confortable* allí?
4. ¿Por qué no nos sentamos en *la barra?*
5. Ellos *tienen la costumbre de* comer en casa.
6. Vamos a comer en un restaurante *elegante.*

C. Den una palabra relacionada.
1. la recomendación
2. reservar
3. apetecer
4. la economía
5. especial
6. general

el imperfecto del subjuntivo

Reglas

Study the following forms of the imperfect subjunctive.

	hablar	comer	vivir
yo	hablara	comiera	viviera
tú	hablaras	comieras	vivieras
él, ella, Ud.	hablara	comiera	viviera
nosotros, nosotras	habláramos	comiéramos	viviéramos
(vosotros, vosotras)	(hablarais)	(comierais)	(vivierais)
ellos, ellas, Uds.	hablaran	comieran	vivieran

The imperfect subjunctive has a second form. This form is less frequently used in conversation, but will be encountered in literary selections.

	hablar	comer	vivir
yo	hablase	comiese	viviese
tú	hablases	comieses	vivieses
él, ella, Ud.	hablase	comiese	viviese
nosotros, nosotras	hablásemos	comiésemos	viviésemos
(vosotros, vosotras)	(hablaseis)	(comieseis)	(vivieseis)
ellos, ellas, Uds.	hablasen	comiesen	viviesen

To form the root of *all* verbs in the imperfect subjunctive, the ending of the third person plural preterite is dropped and the appropriate imperfect subjunctive endings are added. Note the following forms of regular and stem-changing verbs:

infinitive	preterite third person	imperfect subjunctive
hablar	hablaron	hablara
comer	comieron	comiera
escribir	escribieron	escribiera
pedir	pidieron	pidiera
dormir	durmieron	durmiera

271

Following is a list of irregular verbs:

andar	anduvieron	anduviera
estar	estuvieron	estuviera
tener	tuvieron	tuviera
poder	pudieron	pudiera
poner	pusieron	pusiera
saber	supieron	supiera
hacer	hicieron	hiciera
querer	quisieron	quisiera
venir	vinieron	viniera
conducir	condujeron	condujera
decir	dijeron	dijera
producir	produjeron	produjera
traer	trajeron	trajera
ir	fueron	fuera
ser	fueron	fuera

usos del imperfecto del subjuntivo

cláusulas nominales

A. Repitan.
Insistí en que él volviera.
No querían que comiéramos allí.
Preferirían que tú hicieras el viaje.

B. Sustituyan.

Queríamos que ellos lo
{
estudiaran.
comieran.
escribieran.
dijeran.
hicieran.
supieran.
}

Una mesa preparada para la cena

Ella mandó que el camarero
$\begin{cases} \text{trabajara.} \\ \text{volviera.} \\ \text{trajera el cenicero.} \\ \text{viniera.} \end{cases}$

Él me pidió que
$\begin{cases} \text{terminara.} \\ \text{saliera.} \\ \text{viniera.} \\ \text{condujera.} \end{cases}$

Yo insistiría en que tú
$\begin{cases} \text{cantaras.} \\ \text{prometieras.} \\ \text{lo hicieras.} \\ \text{lo dijeras.} \end{cases}$

C. Contesten.

¿Querías que Juan estudiara?
¿Temías que ella no volviera?
¿Preferías que la familia viviera cerca?
¿Mandaste que ellos ayudaran?
¿Les aconsejaste que comieran menos?
¿Dudaste que ellos pidieran el menú?
¿Quería Juana que tú llegaras temprano?
¿Prefería David que tú lo escribieras?
¿Esperaba ella que terminaras?
¿Temía él que Uds. hablaran?
¿Prefería Juan que Uds. volvieran?
¿Esperaba ella que Uds. vivieran en la capital?

D. Sigan los modelos.

¿Vino Elena?
Era imposible que viniera.

¿Estuvo presente José?
¿Tuvo mucho dinero Carmen?
¿Pudo entrar el joven?
¿Puso todo en orden Carlos?
¿Lo supo el chico?

SERVICIOS HABITACIONES

DESAYUNOS	7-11
ALMUERZOS	13-15,30
CENAS	21-23

Buenos días

CARTA DE DESAYUNO

CONTINENTAL	AMERICANO
Café, Té Chocolate, Nescafé, Croisant, Suizo, Tostadas, Mermeladas, Mantequilla.	Café, Te, Chocolate, Nescafé, Croisant, Suizo, Tostadas, Mermeladas, Mantequilla, Zumo de Naranja natural, Huevos con Bacón o Jamón
125 Ptas.	**250 Ptas.**

	Ptas.
Café o Té simple	40
Nescafé o Chocolate simple	40
Leche simple	35
Infusiones	40
Zumos de Frutas	50
Zumo de Naranja Natural	70
Yoghourt	50
Fruta Natural	175
Pomelo	60
Jamón York, media ración	150
Jamón York, una ración	250
Jamón Serrano, media ración	250
Jamón Serrano, una ración	500
Huevos pasados por agua, una P.	40
Huevos pasados por agua, dos P.	75
Huevos Fritos, una pieza	60
Huevos Fritos, dos piezas	120
Tortilla Francesa, un huevo	60
Tortilla Francesa, dos huevos	120
Huevos al Plato naturales, una pieza	60
Huevos al Plato naturales, dos piezas	120
Bacón, media ración	100
Bacón, una ración	150
Tartas, una ración	150
Pastas de Té, una ración	150
Flan al Caramelo	100
Tocino de Cielo	125
Queso Manchego	175
Compota de Frutas	125
Corn Flakes	100
Huevos con Bacón o Jamón	200
Club Sandwich	200
Sandwich de Jamón York	150
Sandwich de Jamón Serrano	250
Sandwich de Queso	150
Sandwich Mixto	150

SERVICIOS E IMPUESTOS INCLUIDOS

¿Lo dijeron ellos?
Sería necesario que lo dijeran.

¿Vinieron ellos en avión?
¿Hicieron todos el trabajo?
¿Condujeron los señores el tren?
¿Fueron ellas a la fiesta?
¿Anduvieron por la capital?

¿Fuiste a la capital?
Mandaron que yo fuera a la capital.

¿Hiciste las maletas?
¿Viniste en seguida?
¿Estuviste presente?
¿Trajiste las cartas?

¿Lo hicieron Uds.?
Querían que lo hiciéramos.

¿Lo supieron Uds.?
¿Lo dijeron Uds.?
¿Lo tuvieron Uds.?
¿Lo condujeron Uds.?
¿Lo trajeron Uds.?

E. Sigan el modelo.

Ella habla francés. Fue necesario.
Fue necesario que ella hablara francés.

Ellos lo saben.   Fue posible.
Yo lo hago.   Sería imposible.
Venimos a las ocho.   Era necesario.
Pepe sale tarde.   Fue mejor.
Él tiene el dinero.   Era dudoso.
Los meseros están allí.   Sería posible.
Ellos producen más.   Sería mejor.
Ellos aceptan tarjetas de crédito.   Sería posible.

Una cuenta del restaurante, *Casa de Botín*, Madrid

274

RESTAVRANTE
ANTIGVA CASA
SOBRINO DE
BOTIN
(1725)
TELEF. 266 42 17
MADRID·12
CVCHILLEROS. 17

RESTAURANTE
2.ª categoría

| Mesa 6ª | Núm. Comens. 1 | Serv. por |

Pan	12
Mantequilla	
Vino	
Cerveza y similares	
Agua mineral, sifón	35
Jerez, aperitivos	
Entremeses	
Sopa	
Tortilla Huevos	
Merluza	
Calamares	
Lenguado	
Langostinos	
Gambas	
Cazuela de pescados	
Almejas	
Angulas	
Truchas	
Chipirones	
Cochinillo...... Cordero asado	700
Pollo...... Pechuga.... Perdiz	
Ensalada	
Ternera	
Solomillo	
Entrecot	
Chuletas	
Legumbres	
Menú del día	
Postres	
Café	
Licores	
Champagne	
TOTAL	747

The same rules that govern the general use of the present subjunctive also govern the use of the imperfect subjunctive.   However, the tense of the verb of the main clause determines whether the present or the imperfect subjunctive is to be used.   If the verb of the main clause is in the present or future, the present subjunctive is used.

verb in main clause

Quieren que yo estudie más.
Nos pide que salgamos.

Esperarán que lleguemos temprano.
Será necesario que Uds. lo sepan.

If, however, the verb of the main clause is in the preterite, imperfect or conditional, the verb of the dependent clause must be in the imperfect subjunctive.

Querían que yo estudiara más.
Nos pidió que saliéramos.

Esperaban que llegáramos temprano.
Era necesario que Uds. lo supieran.

Preferirían que José volviera.
Sería imposible que hiciéramos el viaje.

La gente come al aire libre, Hotel *El Presidente*, Cozumel, México

F. Siga el modelo.

El profesor no quiere que hablemos.
El profesor no quería que habláramos.

1. El profesor no quiere que hablemos.
2. Prefiero que tú lo escribas.
3. ¿Dudas que puedan entenderlo?
4. No creemos que Ud. vuelva.
5. Temen que Uds. no terminen.
6. ¿Es necesario que yo lo repita?
7. Tengo miedo de que no lo vendan.
8. Es difícil que lo hagan.
9. No quiere que digamos nada.
10. Prefieren que Uds. vengan.
11. Espero que tú los traigas.
12. Es imposible que no lo tengan.
13. Ellos prefieren que no vayamos.
14. No creo que Luis lo sepa.

«El comedor pequeño», Nuevo México

G. Complete cada oración con la forma apropiada del imperfecto del subjuntivo del verbo indicado.

1. Ellas insistieron en que yo _____ con Ud.   *comer*
2. Preferiría que Uds. no me _____.   *llamar*
3. ¿Quería Ud. que nosotros lo _____?   *repetir*
4. Ella esperaba que tú la _____.   *acompañar*
5. ¿Dudabas que Alfredo _____ el viaje?   *hacer*
6. ¿Quién les dijo a Uds. que _____ tan temprano?   *venir*
7. Era importante que Ud. _____ la verdad.   *decir*
8. Te dije ayer que _____ más dinero.   *pedir*
9. Fue imposible que Ana _____ hacerlo.   *poder*
10. ¿No nos aconsejó Ramón que _____ más trabajo?   *producir*

H. Siga el modelo.

   Yo salí. Ellos prefirieron.
   Ellos prefirieron que yo saliera.

1. Estudiamos. Papá nos dijo.
2. Hice el viaje. Uds. dudaban.
3. Vinimos en tren. Tú nos aconsejaste.
4. Los chicos salieron del andén.   El policía mandó.
5. Yo dije que sí.   Ud. me sugirió.
6. Los jóvenes asistieron a la fiesta.   El profesor aconsejó.
7. Los soldados entraron en la ciudad.   El gobierno no quería.
8. Volvimos juntas.   Yo prefería.
9. Se establecieron aquí.   No queríamos.
10. Tú no comiste demasiado.   Yo te sugerí.

I. Escriba cada oración en el pasado.
1. La señora Valenzuela quiere que nosotros estudiemos más.
2. Papá prohibe que tú conduzcas el coche.
3. El policía manda que ellos no entren.
4. Yo espero que ellas lo hagan.
5. Es necesario que Uds. lo sepan.
6. Ellos prefieren que los niños salgan.
7. Es imposible que tú asistas.

J. Complete cada oración con la forma apropiada del verbo indicado.
1. Yo le pedí a mi secretario que _____ una reservación en el restaurante.   *hacer*
2. Unos amigos nos aconsejaron que _____ allí.   *comer*
3. Yo quería que ellos nos _____ pero no pudieron.   *acompañar*
4. Cuando llegamos, yo le pregunté al camarero, ¿sería posible que Ud. nos _____ una mesa cerca de la ventana?   *dar*
5. Mi amiga le pidió al camarero que nos _____ el menú.   *traer*
6. Yo temía que ellos no _____ tarjetas de crédito.   *aceptar*

COMIDA

Crema Cultivadora

Consomé Carmen

Zumo de Piña

━━━━━✦━━━━━

Suprema de Pez Espada Colbert

✦

Ensaladilla a la Rusa

✦

Espinacas a la Crema

━━━━━✦━━━━━

Lengua de Ternera Alsaciana

✦

Pollo de Grano en Cacerola

✦

Fiambre Variado
Ensalada del Tiempo

━━━━━✦━━━━━

POSTRES

Tarta de Frutas

Helados Variados

Fruta del Tiempo

━━━━━✦━━━━━

El cambio de Plato se considerará suplemento

Minuta Pensión: 500 Ptas.

ESCENAS
En varios restaurantes

A veces tenemos hambre y queremos comer algo. Pero no lo queremos preparar. Decidimos comer fuera. Hay muchos tipos de restaurantes que nos pueden servir comida. Pero tenemos que decidir a qué tipo de restaurante iremos. Depende de lo que queremos comer—¿algo ligero o una comida completa? Y depende también de cuánto queremos gastar porque hay restaurantes económicos y hay restaurantes de gran lujo. Es difícil generalizar pero se puede decir que la gente de los países hispanos suele comer fuera más que nosotros. Vamos a oír algunas conversaciones que tienen varias personas en países hispanos que han decidido comer fuera y vamos a ver a qué tipo de restaurantes pueden ir.

ligero   light *or* quick
gastar   to spend

Mónica Vial y Jimena Gutiérrez tienen hambre pero ellas no tienen mucho tiempo. Ellas deciden tomar un pequeño refrigerio.

En la heladería

Jimena	Mónica, yo quería que probaras los helados aquí. Son exquisitos. ¡Qué sabor tienen!
Mónica	Está bien. Pero me muero de hambre. Yo sé que aquí no sirven comidas pero quiero algo más.
Jimena	¿Por qué no pides un sándwich o algo de repostería?
Mónica	Mira, alguien acaba de levantarse de la barra (del mostrador). Vamos a sentarnos allí.
Jimena	¿No quieres sentarte en una mesa?
Mónica	No, porque no tenemos mucho tiempo y el servicio es mucho más rápido en la barra que en una mesa.

probaras   you try
el helado   ice cream
sabor   taste, flavor

sentarnos   to sit down

Jimena	Verdad. Ay, mira. Me gustaría que me sirvieran un trozo de esa torta de chocolate. Parece rica.	el trozo	slice
Mónica	Yo voy a pedir un sándwich de jamón y queso—tostado.	tostado	toasted
Jimena	¿No vas a probar el helado? Quería que vinieras por el helado.		
Mónica	No, gracias. No me apetece ahora. ¿Por qué no pides tú helado con la torta? Y, a propósito, voy a pedirle al joven que nos traiga la cuenta en seguida.		

Y aquí tenemos dos señores que quieren discutir algo. ¿Y adónde van a discutir un asunto de negocios? Van a un café. No es que tengan hambre pero uno siempre puede tomar algo durante una discusión.

asunto de negocios — business matter

En el café

Don Alberto	Pues, Carlos. Don Anselmo mandó que yo le hablara de aquellos préstamos.	préstamos	loans
Don Carlos	Estaremos más cómodos aquí en el café. ¡Entremos! Podemos hablar tranquilamente.		
Don Alberto	Sí, sí. Me gustaría un buen café.		
Camarero	¿Qué desean los señores?		
Don Carlos	Yo, un café solo. ¿Y Ud., Alberto? ¿Café con leche? ¿Como de costumbre?		
Don Alberto	Sí, y también algún pan dulce. Y favor de traernos un cenicero. Ahora, a lo que te decía. Don Anselmo insistió en que yo te explicara el problema.		

Bárbara Brown es una joven norteamericana.   Está viajando en un país hispano.   Como no es millonaria, tiene un presupuesto fijo.   En una calle de la capital ve un restaurante económico y entra.

presupuesto budget

En el restaurante económico

Bárbara	¿Hay una mesa para una persona sola?
Empleado	En este momento, no, señorita. Pero Ud. puede sentarse en cualquier silla vacía.
	(*Bárbara encuentra una silla vacía y se sienta.*)
Bárbara	Me trae el menú, por favor.
Empleado	No hay menú. Pero yo le digo lo que tenemos. Todo fresco del mercado esta mañana. Hoy tenemos guisado de carne, arroz con camarones y pescado a la plancha. ¿Qué le apetece?
Bárbara	El guisado de carne, por favor.
Empleado	(*grita a la cocina*) Un guisado.

Y aquí tenemos un matrimonio que sale a divertirse. Van a
cenar en un buen restaurante de lujo.

En un restaurante de lujo

El maître	Buenas tardes, señores. ¿Tienen Uds. una reservación?
Señor	Por supuesto. Le mandé a mi secretaria que la hiciera. Está a nombre de Chávez—Luis Chávez Echeverría.
El maître	(*a un camarero*) Lleve a los señores a la mesa número seis. Buen provecho, señores. (*en la mesa*)
Señora	Margarita me dijo que pidiera el coctel de mariscos. Según ella la salsa es extraordinaria.
Señor	Sí, y mira, en el menú hay ensalada de palmito. Debe de ser excelente.
Camarero	¿Quieren Uds. pedir ahora, o prefieren esperar?
Señor	Estamos listos. ¿Qué recomienda Ud. como plato principal?
Camarero	La trucha está muy fresca. El cocinero la prepara con un relleno de almendras. Es exquisita. Las chuletas de cordero son muy ricas. Y los filetes son nuestra especialidad, como Ud. sabe. ¿Le servimos alguna entrada?

almendras almonds

entrada primer plato

281

Señor	Sí. La señora quiere un coctel de mariscos. Para mí unas ostras al natural. Y para los dos una ensalada de palmito. ¿Qué te apetece como plato principal, Eloísa?
Señora	Todo el mundo me recomendó que comiera la carne aquí. Un filete de vaca, pero no muy crudo.
Señor	El filete para la señora, y la trucha para mí.
Camarero	En seguida, señores.
	(*después de la comida*)
Señor	No sé si aceptan tarjetas de crédito. Espero que sí porque no tengo bastante dinero en efectivo para pagar la cuenta.
Señora	Pues, sí, aceptan tarjetas. Vi un pequeño letrero en la entrada que indicó las tarjetas que aceptan.

letrero   sign

PREGUNTAS

1. ¿Qué tenemos a veces?
2. ¿Dónde podemos comer?
3. ¿Qué tenemos que decidir?
4. ¿Dónde suele comer la gente de los países hispanos más que nosotros?
5. ¿Adónde van la señorita Vial y la señorita Gutiérrez?
6. ¿Qué quería Jimena?
7. ¿Cómo son los helados?
8. ¿Qué tiene Mónica?
9. ¿Qué quiere ella?
10. ¿Dónde se sientan las dos? ¿Por qué?
11. ¿Qué le gustaría a Jimena?
12. ¿Cómo parece la torta?
13. ¿Qué va a pedir Teresa?
14. ¿Qué quería Jimena?
15. ¿Por qué no va a probar el helado Mónica?
16. ¿Qué quieren discutir los dos señores?
17. ¿Adónde van ellos?
18. ¿Quién mandó que don Alberto le hablara a don Carlos?
19. ¿De qué van a hablar?
20. ¿Dónde estarán ellos más cómodos?
21. ¿Cómo pueden hablar en el café?
22. ¿Qué le gustaría a don Alberto?
23. ¿Qué pidió don Alberto que le trajera?
24. ¿En qué insistió don Anselmo?
25. ¿Qué tiene la señorita Brown?
26. ¿En dónde entra ella?

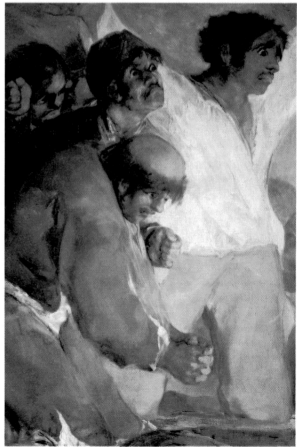

ESPAÑA   *La mezquita de Córdoba, ejemplo por
excelencia de la arquitectura mora, que nos recuerda
la importancia que tenía España dentro del imperio
musulmán.*

   *Toledo, antigua capital del país, aún hoy famosa
por su acero y su artesanía.   Actualmente ciudad
tranquila, sufrió la violencia de la Guerra Civil y
bañó las heridas de sus hijos en las aguas de su
río Tajo.*

   *Goya, el famoso pintor, nos dibuja otra época
violenta—Madrid, el 3 de mayo de 1808—la invasión
francesa en tierras ibéricas.*

   *Las casas y la gente andaluzas, la Catedral de la
Sagrada Familia de Barcelona, el estanque plácido de
la Alhambra y una estatua de la Virgen del siglo XII.
Todos representan la España que conocemos hoy—
tierra de guerra y de paz, de pobreza y de riqueza,
tierra de ayer y de mañana.*

MÉXICO   *Contraste de palacios como contraste de gentes—México. La construcción modernísima del Palacio del Congreso de Campeche y el antiguo palacio de los mayas en Chiapas representan la moderna y la antigua patria de los mayas, de los aztecas, de los mexicanos.*

La civilización maya nos ha dejado ejemplos de su arte—figura maya en traje ceremonial—y de su arquitectura—el templo de Chichén Itzá en Yucatán.

Los invasores españoles trajeron su propia civilización que luego adoptaron los indígenas—su arquitectura y su religión.

Hoy lo que vemos es la mezcla de varias culturas— una mezcla que hoy reconocemos como ni india ni española—una cultura única, la cultura mexicana.

Es un país de industria, de agricultura, de una historia rica de revoluciones y de héroes—México, tierra que florece y brilla tanto hoy como en el pasado.

PANAMA   *Un país pequeño y de suma importancia.
El famoso Canal de Panamá une los dos grandes
océanos, el Atlántico y el Pacífico.   Corta la
distancia entre el mundo oriental y el occidental.   No
nos sorprenderá que sea un país de grandes contrastes
y de una gran mezcla de culturas.   En su capital, la
ciudad de Panamá, se ve el barrio francés al lado del
barrio chino.   Su antecedente, Panamá Viejo, fue
destruido por los piratas de Morgan en 1671, pero
todavía yacen sus ruinas en las cercanías de lo que
hoy es el centro de la capital de una nación moderna.
Otro recuerdo del pasado es la famosa «mola» tejida
por los indios panameños, indios cuyos antepasados
han visto su tierra pisada por gentes de todas partes
del mundo—ingenieros franceses, piratas ingleses,
comerciantes orientales y técnicos norteamericanos.*

EL SUDOESTE   El sudoeste de los Estados Unidos
—Colorado, Texas, Nuevo México, Arizona y el sur de
California.   Las caras estoicas de los viejos mexicanos
—mexicanos nacidos en Norteamérica o mexicanos que
acaban de llegar de su patria al sur, y caras jóvenes
que se ríen.   La arquitectura de los edificios que dan
al río San Antonio, y aun el nombre del río, ¿qué
significan estas influencias en este gran país de
herencia anglo-sajona?   Significan que esta nación,
hoy más que nunca, aprende y cambia y se
reestablece—creciendo, y reconociendo que cada
individuo importa, que cada uno tiene sus obligaciones
y que la nación también tiene las suyas.

Millones de gente de habla española pasan la vida
en pueblos y ciudades donde no es necesario que
hablen inglés; el mercado, la iglesia y el jardín son
tan hispanos que al forastero le es difícil creer que
esto también es Norteamérica, pero lo es, tanto como
Plymouth, Massachusetts o Jamestown, Virginia.

COLOMBIA   En la costa norte del gran continente sudamericano, Colombia le ofrece al viajero de hoy vistas de una civilización modernísima y vestigios de una sociedad sumamente primitiva.   En el interior del país siguen viviendo muchos como vivían sus antepasados hace ya siglos.   Sus casas de paja ofrecen un fuerte contraste con los grandes rascacielos de la capital, Bogotá.   También contrasta de una manera fuerte el movimiento continuo de la vida capitalina con la vida tranquila pero áspera del pastor andino.

La gran fortaleza de Cartagena, construida por los españoles durante la época de la conquista, es recuerdo de la dominación española, otra página importante en la historia de Colombia, nación cuyo nombre honra el de Colón, el gran descubridor del Nuevo Mundo.

CHILE   País estrecho—estrecho en términos geográficos pero ancho en términos culturales, que tiene una playa continua desde el Estrecho de Magallanes hasta las fronteras de Perú—un país donde las estaciones son opuestas a las nuestras. Su herencia es de los araucanos y de toda Europa— casas indígenas y palacios europeos. Entre el Océano Pacífico y la Cordillera de los Andes se encuentra la patria de poetas animados y de lagos serenos, de ciudades cosmopolitas y de mujeres lindas.

Junto con las bellezas de la naturaleza vemos los monumentos de nuestra época, las tremendas máquinas mineras que sacan de la tierra el cobre y otros minerales, y en Tierra del Fuego los pozos de petróleo. Pero también, como contraste con las máquinas del hombre, la uva y los vinos chilenos, deliciosos productos de la tierra del arauco.

Chile—con tu figura tan fina, ¡Qué grande eres!

ARGENTINA   El gaucho argentino es símbolo de lo
que consideramos Argentina.   Representa una nación
vasta y compleja.   Existe ahora y existirá siempre su
espíritu—espíritu libre e independiente.   Extremos de
clima y extremos de folosofía han sentido estas
tierras.   El trabajo detallado del púlpito contrasta con
la sencillez del obelisco de la Avenida 9 de julio en
la capital.   Buenos Aires, gran puerto del Atlántico;
pasa por sus muelles y calles gente de todo el mundo,
y cada uno deja algo que hace de esta ciudad lo que
es—un centro cosmopolita, vibrante e internacional.

PUERTO RICO   Isla verde, montañosa, encantadora,
flota entre el Océano Atlántico y el mar Caribe.
Goza de un clima tropical y del fruto de su tierra—
caña y frutas tropicales.   Como madre, se alegra del
éxito de sus hijos afortunados y se preocupa por sus
hijos que necesitan de ella—los humildes, los pobres—
tan queridos conno los otros.

   Recuerda esta madre isleña su historia india,
africana, hispana, norteamericana, e intenta
comprender los cambios perpétuos que han dado
forma a la vida contemporánea—cambios representados
por el castillo del morro, los hoteles modernos,
casitas nuevas y palacios antiguos, apartamentos
lujosos y barrios humildes.   Y siempre hay que
despedirse de los que se van y saludar a los que
vuelven . . . los visitantes y los suyos.

NUEVA YORK   Ciudad representante de un gran
país formado de personas de todas partes del mundo.
Ciudad que durante su historia ha conocido a
italianos, alemanes, chinos y hebreos.   Ciudad de
cambios constantes. Los italianos y los irlandeses de
ayer son los puertorriqueños, cubanos y colombianos
de hoy.   Los recién llegados de hoy son todos de habla
española, y hacen de Nueva York una ciudad bilingüe.
Angelo y Karl querían aprender el inglés en seguida y
«norteamericanizarse» lo más pronto posible.   En
cambio, el hispano neoyorquino de hoy tiene orgullo
de su herencia hispana y la quiere conservar.
Mientras aprende el inglés, sigue hablando su propio
idioma.   Así, el Andrew o Charles de ayer es el Ángel
o Carlos de hoy.   Los «records» que compran son
«discos», y la avenida que los lleva a casa es la
séptima avenida y no Seventh Avenue.

    La vida del recién llegado siempre es dura; hay
problemas de idioma, de costumbres, de clima, pero
los recién llegados siempre los han sabido resolver.

27. ¿Hay mesas libres para una persona sola?
28. ¿Dónde puede sentarse?
29. ¿Qué pide Bárbara?
30. ¿Qué sirven hoy en el restaurante económico?
31. ¿Adónde va el matrimonio?
32. ¿A quién mandó el señor que hiciera una reservación?
33. ¿En qué mesa se sientan ellos?
34. ¿Cómo es la salsa del coctel de mariscos?
35. ¿Qué ensalada hay en el menú?
36. ¿Qué piden los señores de entrada?
37. ¿Qué piden ellos de plato principal?
38. ¿Acepta el restaurante tarjetas de crédito?

Composición

Escriba una composición basada en el dibujo.

Pasatiempo

Fill in the missing letters in each word. Then rearrange all the letters to reveal the word for "refreshment" or "snack" in Spanish.

1. P __ S C A D O

2. __ U __ S A D O

3. D E L I C __ O S __

4. __ E P O S T __ __ Í A

5. __ I C O

6. P __ A N C H A

7. C A R N __

8. __ I L E T E

__ __ __ __ __ __ __ __ __ __ __

Entrevista

¿Vas mucho a un restaurante o sueles comer en casa? • ¿Te gusta comer en un restaurante? • ¿Prefieres ir a un restaurante económico o a un restaurante de gran lujo? • Si quieres tomar algo ligero, ¿vas a un «snack bar»? • ¿Te sientas en una mesa o en la barra? • ¿Dónde es más rápido el servicio? • En el «snack bar», ¿te dan la cuenta en seguida? • En un restaurante, ¿te dan la cuenta antes o después de comer? • En un restaurante, ¿cómo pagas, con una tarjeta de crédito o con dinero en efectivo?

Actividad

Mire el siguiente menú y seleccione una comida.

Hotel GRAN CAPITAN

CENA

Consomé frío o caliente
Gazpacho
Crema de legumbres
Espagueti boloñesa
Tortilla de jamón York
Menestra de verduras

—o—

Merluza en salsa verde
Pollo Bonne Femme
Hígado Lyonesa
Hamburguesa Jardinera
Fiambre variado con ensalada

—o—

Helados variados
Flan al caramelo
Tarta del día
Yogourt
Dulce de membrillo
Fruta del tiempo

BASES

21

← Miguel de Cervantes Saavedra

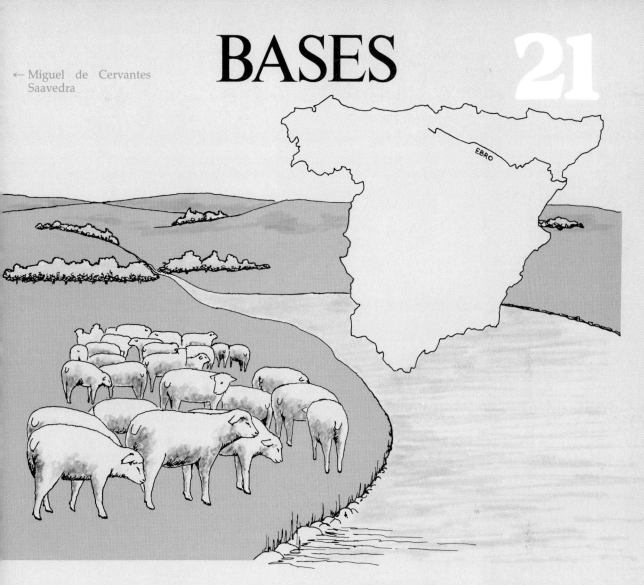

Es el río Ebro.
El río Ebro está en España.
A las <u>orillas</u> del río hay un <u>rebaño</u> de <u>ovejas</u>.

moribundo, -a   casi muerto, -a
alcanzar   llegar a realizar algo
maltratar   tratar mal a alguien; no tratar bien a una persona
los agravios   acciones malas, ofensas
rechazar   no aceptar
los rasgos   las características
actual   presente, de hoy, no del pasado
el afán   un deseo fuerte

287

la fama anónimo, -a considerar
la gloria desastroso, -a
el margen infértil
el monstruo pesimista
la imaginación
la realidad
la tradición
la censura
la crueldad
el fatalismo

PRÁCTICA

A. Contesten a cada pregunta con una expresión apropiada.
1. El señor está casi muerto.
   ¿Cómo está el señor?
2. Ese chico trata mal a su perro.
   ¿Qué hace el chico?
3. Hay un grupo de ovejas a las orillas del río.
   ¿Qué hay a las orillas del río?
4. Ella no me acepta.
   ¿Qué te hace ella?
5. Las características de los personajes son interesantes.
   ¿Qué son interesantes?

B. Sí o no.
1. Un gigante es un monstruo.
2. La censura les permite a los autores escribir lo que quieren.
3. El pesimista cree que todo va a salir bien.
4. La tradición es algo nuevo.
5. Algo actual es algo que ocurre ahora, hoy.

C. Seleccionen la definición apropiada.
1. infértil   a. con catástrofes y desgracias
2. los agravios   b. insultos, ofensas
3. la imaginación   c. las características
4. anónimo   d. de hoy
5. desastroso   e. que no produce casi nada
6. actual   f. el contrario de *la realidad*
7. los rasgos   g. desconocido

288

el subjuntivo con cláusulas adverbiales

A. Repitan.

Ellos hablan español para que comprendamos bien.

Ella trabajará de manera que todos vivamos bien.

Yo me quedo aquí con tal de que tú no salgas.

B. Sustituyan.

Ellos saldrán sin que yo
- lo sepa.
- los vea.
- les dé permiso.
- insista.

El profesor lo explica para que lo
- comprendamos.
- aprendamos.
- sepamos.
- repitamos.

Yo asistiré con tal de que tú
- me lleves.
- me acompañes.
- asistas.
- vayas.

C. Sigan los modelos.

Lo sabes.
Te lo digo para que lo sepas.

Lo comprendes.
No lo haces.
Lo lees.
No lo pides.
No sales ahora.

Uds. me escuchan.
Yo hablaré con tal de que Uds. me escuchen.

Ellos están presentes.
Nadie me mira.
El profesor quiere escucharme.
Tú me invitas.
Alberto no asiste.

Benito Pérez Galdós por Joaquín Sorolla

Tú la ayudas.
Ella lo hará sin que tú la ayudes.

Lo sabemos
Yo la veo.
Nadie la acompaña.
Le decimos la verdad.
Ellos la reconocen.

Cuidamos la casa.
Ella nos pagaría con tal que cuidáramos
    la casa.

Trabajamos bien.
No decimos nada.
Estamos aquí a las seis.
Somos puntuales.
Nos vamos temprano.

D. Repitan.

Ella nos hablaba en español de manera que
    aprendiéramos.
Yo iría con tal que mis amigos me
    acompañaran.
No hacíamos nada sin que ella lo permitiera.

Un pícaro español por Gustave Doré

E. Sustituyan.

La vieja nos lo
explicó de modo
que
$\begin{cases} \text{comprendiéramos.} \\ \text{estuviéramos contentos.} \\ \text{tuviéramos miedo.} \\ \text{aprendiéramos.} \end{cases}$

El hombre traba-
jaría para que
sus hijos
$\begin{cases} \text{vivieran bien.} \\ \text{recibieran instrucción.} \\ \text{tuvieran pan.} \\ \text{estuvieran cómodos.} \end{cases}$

Él lo hacía sin que tú lo
$\begin{cases} \text{vieras.} \\ \text{ayudaras.} \\ \text{supieras.} \\ \text{pagaras.} \end{cases}$

F. Sigan los modelos.

Lo reconozco.
Ellos me lo explicaron para que lo
    reconociera.

Lo considero.
Lo comprendo.
Lo aprendo.
Lo sé.
Lo puedo hacer.

Tú lo sabes.
Yo haría el viaje sin que tú lo supieras.

Uds. lo pagan.
Roberto me acompaña.
Me cuesta mucho.
Tú me ayudas.
Ellos me lo aconsejan.

Reglas

The following conjunctions are followed by the subjunctive.

para que	so that
de manera que	in such a way that, so that
de modo que	in such a way that, so that
con tal (de) que	provided that
sin que	without

Study these sentences:

main clause   adverbial clause

Los padres trabajan para que sus hijos tengan éxito.
El profesor habla despacio de manera que los alumnos lo entiendan.
Haremos el viaje con tal que tengamos bastante dinero.

Parents can work so that their children will be successful.   However, there is no guarantee that their wish will be fulfilled.   Because of the indefinite, subjective nature of the idea expressed in the adverbial clause, the subjunctive must be used.   In like manner, a teacher may speak slowly so that the students will understand.   However, he or she cannot be sure that all students understand even though he or she speaks slowly.   Therefore, the subjunctive is used.

Note also that the tense of the verb in the main clause governs the tense of the subjunctive to be used in the dependent clause.

main clause   dependent (adverbial) clause

Yo hablo
Yo hablaré   } de manera que todos comprendan.

Yo hablé
Yo hablaba   } de manera que todos comprendieran.
Yo hablaría

291

G. Complete cada oración con la forma apropiada del presente del subjuntivo del verbo indicado.

1. Yo le hablaré con tal de que me _____. *saludar*
2. Ellas nos lo explican de modo que _____. *comprender*
3. Ellos irán sin que sus padres lo _____. *saber*
4. Me comprarán los billetes para que yo _____. *entrar*
5. Te lo diré con tal que no lo _____. *repetir*
6. Haremos el trabajo para que tú _____ más. *estudiar*
7. La empleada me habla de manera que _____ todos sus productos. *comprar*
8. Yo escribiré la carta sin que nadie lo _____. *saber*
9. Ella lo explicará de manera que todos lo _____. *comprender*

H. Complete cada oración con la forma apropiada del imperfecto del subjuntivo.

1. Ella me dio la novela para que yo la _____. *leer*
2. Él saldría con tal de que nosotros _____ también. *salir*
3. El profesor habló de manera que los alumnos _____. *comprender*
4. Ellos lo harían sin que tú lo _____. *saber*
5. Los marinos desembarcaron de modo que _____ jugar en el muelle. *poder*
6. Salieron sin que nadie los _____. *ver*

I. Complete cada oración con la forma apropiada del verbo indicado.

1. Te lo explicaré con tal que me _____. *escuchar*
2. Ellos no harían nada sin que yo lo _____. *saber*
3. Él no nos explicó nada sin que lo _____. *pedir*
4. Trabajé para que Uds. _____ ir a España. *poder*
5. José no hará nada sin que nosotros _____ en que lo haga. *insistir*
6. Yo lo expliqué para que el chileno lo _____. *leer*
7. Ella me miraba de manera que yo lo _____ todo. *entender*
8. Haré el viaje con tal que tú me _____. *acompañar*
9. Ella salió sin que yo la _____. *ver*

el subjuntivo con aunque

A. Sustituyan.

Saldré aunque { llueva.
haga frío.
no tenga dinero.

Saldré aunque { llueve.
hace frío.
no tengo dinero.

Venta de don Quijote, España

B. **Contesten.**

¿Irá él de compras aunque no tenga dinero?
¿Irá él de compras aunque no tiene dinero?
¿Saldrán los aviones aunque no lleven pasajeros?
¿Saldrán los aviones aunque no llevan pasajeros?
¿Trabajará ella aunque no le paguen bien.
¿Trabajará ella aunque no le pagan bien.
¿Volverán aunque estén los marinos?
¿Volverán aunque están los marinos?

Aunque may be followed by either the subjunctive or the indicative according to the meaning of the sentence.   Analyze the following sentences:

> Saldré aunque llueva.

The idea expressed is: I will go out even though it may rain.   It is not raining now but I am determined to go out even if it should rain.   Since the rain is not definite, the subjunctive is used.

> Saldré aunque llueve.

The idea expressed is: I will go out even though it is raining.   It is *already* raining; therefore no doubt is involved and the indicative is used.

Note also that the tense of the main clause determines whether the present or the imperfect subjunctive should be used in the dependent clause.

> Saldré aunque llueva.
> Saldría aunque lloviera.

APLICACIÓN ESCRITA

C. Complete cada oración con la forma apropiada del verbo indicado.
1. La semana que viene ella va a hacer el viaje aunque _____ mal tiempo. *hacer*
2. En el futuro no pagaré aunque ellos me lo _____. *pedir*
3. Está lloviendo pero juegan al fútbol aunque _____. *llover*
4. No recibí la invitación pero fui aunque tú no me _____. *invitar*
5. Yo no sé qué tiempo hará pero voy de compras aunque _____ mal tiempo. *hacer*
6. Juan tenía miedo de ir en avión pero viajó así aunque _____ miedo *tener*
7. No sé si Juan tendría miedo pero viajaría en avión aunque _____ miedo. *tener*
8. No sabemos la hora pero vamos a cenar aunque _____ las cuatro de la tarde. *ser*

D. Complete cada oración con la forma apropiada del verbo indicado.
1. Iremos al centro aunque _____. *llover (no llueve ahora)*
2. Jugarán al fútbol aunque _____ mal tiempo. *hacer (hace mal tiempo ahora)*
3. Ella lo comprará aunque no _____ bastante dinero. *tener (no sé si tiene dinero)*
4. Yo le hablaré aunque no la _____. *conocer (no la conozco)*
5. Él lo compraría aunque no _____ bastante dinero. *tener (nunca tiene)*

repaso de las palabras negativas

A. Repitan.

No leo nada.
Ella no conoce a nadie.
Él no trabaja nunca.
No tiene ni dinero ni amigos.

B. Sustituyan.

Yo no quiero
$$\begin{cases} \text{nada.} \\ \text{a nadie.} \\ \text{ningún problema.} \\ \text{ninguna novela.} \\ \text{ni fama ni fortuna.} \end{cases}$$

C. Contesten según se indica.

¿Cuándo volverá él de la capital?   *nunca*
¿Ella no tiene otro libro?   *ninguno*
¿Qué tomas en el café?   *nada*

¿A quién estás esperando?   *a nadie*
¿No ganó nada el operador?   *ni un centavo*
¿No ayudan ellos a Paco?   *nunca*
¿De qué tienen miedo?   *nada*
¿Cuál de las dos quieres?   *ninguna*

D. Contesten negativamente.

¿Qué más quiere Ud.?
¿A quién miras?
¿Cuándo vas a la plaza?
¿Ellos tienen un problema?
¿A quién maltrata Lazarillo?
¿Cuándo vas a leer la novela?
¿Qué va a ser desastroso?

Reglas

Review these commonly used negative expressions.

nada	nothing	**ni siquiera**	not even
nadie	no one	**nunca**	never
ningún(o)	no, none	**jamás**	never
ninguna	no, none	**ni . . . ni**	neither . . . nor

To form a negative sentence, the verb must be preceded by a negative word.   Study the following.

No tengo nada.   Nada tengo.

Note also that *ninguno* and *ninguna* are used in the singular only and that the *–o* of *ninguno* is dropped before the masculine noun.

¿No tiene Ud. ningún deseo?   *Don't you have any desire?*
No, no tengo ninguno.   *No, I don't have any.*

Note that in Spanish more than one negative word can be used in the same sentence.

Nunca quiere hablarle a nadie de nada.

El pícaro
por Bartolomé Esteban Murillo

APLICACIÓN ESCRITA

E. **Exprese cada oración negativamente.**
1. Hay alguien en la tienda.
2. Siempre vamos a pie.
3. Ella quiere tener o dinero o amigos.
4. Paco va a estudiar todo.
5. Quiero ir a un partido de fútbol.
6. Conocemos a todo el mundo.
7. Ella lee una novela larga.
8. Tengo uno.
9. Ellos participan en todo.
10. ¿Tiene Ud. una idea?

ESCENAS

Un bosquejo de la novela española

La novela española vive, y aunque no esté rebosando salud, tampoco está moribunda. Hace siglos que España produce novelas que alcanzan fama mundial y que influyen en las literaturas de otras naciones. Una de las primeras de estas grandes novelas es el *Lazarillo de Tormes* (1554), obra de autor anónimo.

El joven Lázaro, o Lazarillo, no quería conquistar nuevos mundos ni ganar gloria ni riquezas. Sólo quería llenarse la panza sin tener que trabajar demasiado. También quería que los otros lo dejaran en paz y que no lo maltrataran.

Lazarillo es el primero de toda una serie de «pícaros» que existen en la literatura española y más tarde aparecen en otras literaturas europeas. El pícaro es un antihéroe. Es uno que vive al margen de la ley. No desea ser gran héroe, sólo desea que el próximo mendrugo de pan esté bien seguro.

Más tarde, en 1605, se publica la primera parte de la novela que muchos consideran la mejor novela del mundo *El ingenioso hidalgo don Quijote de la Mancha.* Su autor es la figura cumbre de las letras españolas, Miguel de Cervantes Saavedra.

Mientras que lo importante para Lazarillo, el pícaro, es comer y vivir tranquilo, para don Quijote lo que importa es que los agravios sean vengados, que la justicia triunfe y que los malos reciban su debido castigo. Lo tragicómico de esta obra es que el afán que tiene don Quijote de conquistar toda injusticia le vuelve loco. En su mente los molinos de viento se convierten en gigantes monstruosos y los rebaños de ovejas en ejércitos enemigos. Imagina males que no existen en la realidad. Aunque sus deseos son sinceros, no puede distinguir entre la imaginación y la realidad.

Después del *Quijote*, pasan más de dos siglos sin que España tenga novelistas de gran fama. En la segunda mitad del siglo XIX aparecen unos cuantos novelistas que merecen la atención del público y de los críticos. Pero el nombre que sobresale en aquella época es el de Benito Pérez Galdós. Galdós escribe novelas de toda clase—históricas, psicológicas, sentimentales.

Una de sus novelas sentimentales, una que ha sido popularísima durante muchos años, es *Marianela*. Marianela es una muchacha pobre, fea y deforme que sirve de lazarillo a un joven ciego, Pablo Penáguilas. La Nela sólo quiere servir al joven de manera que él esté contento. Pero siempre teme que el día que

---

rebosando abounding, overflowing

panza el estómago (slang)

ley law
mendrugo crumb

letras literatura

vengados avenged

mente mind

lazarillo persona que sirve de guía a un ciego

297

él tenga vista la rechace.   Aunque sea una novela sentimental Galdós trata también algunos problemas sociológicos de suma importancia.   Critica severamente a una señora rica, casada con un ingeniero, que dice que ayuda a los pobres dando fiestas, bailes y banquetes.   Ayudará con tal de que se divierta a la vez. Pero no invitará a la pobre Nela a su casa ni le comprará un par de zapatos.

La tradición continúa en el siglo veinte con grandes novelistas como Pío Baroja y Blasco Ibáñez.   Pero los años anteriores a la desastrosa Guerra Civil, y los años inmediatamente después, son entre los más infértiles en cuanto a la novela.

Para muchas personas la mejor literatura en lengua española se encuentra en el Nuevo Mundo y no en Europa.   Hay quienes consideran que lo mismo ocurre con la literatura en lengua inglesa.

¿Habrá grandes novelistas hoy en España?   Pues sí, pero tan grandes como Cervantes o Galdós, no.   Se le ruega al lector que comprenda algunos factores que sin duda han influido en las actuales condiciones de la novela.   Primero, muchos de los que prometían ser buenos autores están enterrados con sus uniformes en Teruel, Brunette y a orillas del Ebro, víctimas de la Guerra Civil Española.   Otros, más afortunados, abandonaron su patria y hoy están enseñando en las grandes universidades

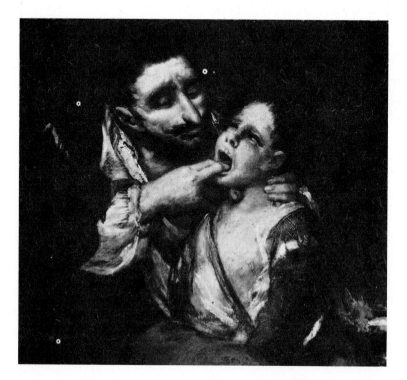

«El Garrotillo» Escena de *Lazarillo de Tormes*

de América y Europa, hablando de las obras de otros.

Para los que se quedaron en España después de la Guerra había la censura. La censura les decía lo que se permitiría en sus obras y lo que se prohibiría. El autor que no se conformaba con las condiciones de la censura no podía publicar nada. Estas condiciones no ayudaban al florecimiento de las letras.

florecimiento flourishing

Sin embargo hay varios novelistas importantes en España hoy. El primero entre éstos será Camilo José Cela. Las dos obras suyas más conocidas son *La familia de Pascual Duarte* y *La Colmena*. En ambas novelas Cela pinta a su país sufriendo de hambre y de crueldades en los años después de la Guerra.

colmena beehive

La nota pesimista, un ambiente triste y cierto fatalismo son rasgos comunes entre muchos de los novelistas de la posguerra.

posguerra época después de la guerra

Entre los novelistas que ya han alcanzado fama internacional figuran: Juan Goytisolo, José María Gironella, Ignacio Aldecoa, Elena Quiroga, Miguel Delibes y Ana María Matute.

PREGUNTAS

1. ¿Está moribunda la novela española?
2. ¿Hace muchos siglos que España produce novelas?
3. ¿Alcanzan fama mundial las novelas españolas?
4. ¿Cuál es una de las grandes novelas españolas?
5. ¿Quién la escribió?
6. ¿Qué quiere hacer Lazarillo?
7. ¿Qué es el pícaro?
8. ¿Qué se publicó en 1605?
9. ¿Quién es el autor de esta novela?
10. ¿Qué le importa a don Quijote?
11. ¿Qué afán tiene don Quijote?
12. ¿Cómo se vuelve don Quijote?
13. ¿En qué se convierten los molinos de viento? ¿Los rebaños de ovejas?
14. ¿Entre qué no puede distinguir don Quijote?
15. ¿Qué nombre sobresale en el siglo XIX?
16. ¿Qué clases de novelas escribió?
17. ¿Cuál es una de sus novelas populares?
18. ¿Qué hace la Nela?
19. ¿A quién critica Galdós en la novela?
20. ¿Cómo ayuda ella a los pobres?
21. ¿Ayudará personalmente a los pobres?
22. ¿Cuáles son los años infértiles en cuanto a la novela?
23. ¿Hay grandes autores hoy en España?
24. ¿Cuáles son dos factores que han influido en las condiciones de la novela?
25. ¿Ayudó la censura al florecimiento de las letras?
26. ¿Cuáles son dos novelas famosas de Cela?
27. ¿Cuáles son unos rasgos comunes entre los novelistas de la posguerra?

Pasatiempo

Choose and group the following letters correctly to read some interesting information about one aspect of Spanish literature. Read from left to right.   Omit those letters that are not necessary.

```
O  L  A  Z  A  R  I  L  L  O  C  L  G  O  E  S  X  E  L  R
P  R  I  M  E  R  O  S  D  E  T  R  T  O  D  A  T  U  N  A
U  V  Z  S  E  R  I  E  E  D  R  D  E  P  Í  C  A  R  O  S
S  O  D  N  U  M  Q  U  E  S  A  R  T  E  X  I  S  T  E  N
S  A  M  E  N  Á  T  S  L  A  L  I  T  E  R  A  T  U  R  A
O  T  E  S  P  A  Ñ  O  L  A  S  O  L  T  Y  E  U  Q  X  Z
M  Á  S  N  A  T  A  R  D  E  Z  A  P  A  R  E  C  E  N  S
A  S  S  O  R  D  L  E  N  E  C  A  H  O  T  L  A  S  M  O
A  I  C  I  T  S  U  J  L  I  T  E  R  A  T  U  R  A  S  P
O  J  E  U  Q  E  U  R  O  P  E  A  S  M  N  P  E  L  S  D
P  Í  C  A  R  O  R  E  M  O  C  E  S  R  O  J  E  M  U  N
S  L  A  A  N  T  I  H  É  R  O  E  O  C  O  L  E  S  T  B
T  R  U  N  O  F  I  G  J  H  Q  U  E  N  E  Y  U  L  F  N
S  V  I  V  E  C  F  A  L  E  D  M  A  R  G  E  N  L  R  G
D  E  M  Q  N  O  L  A  H  P  S  I  K  J  L  E  Y  T  N  O
D  R  D  E  S  E  A  B  U  G  V  C  T  F  X  Y  E  W  D  Z
F  H  G  C  O  N  Q  U  I  S  T  A  R  M  O  L  S  R  N  V
N  U  E  V  O  S  A  V  E  N  D  G  E  M  U  N  D  O  S  I
T  S  S  Ó  L  O  O  M  D  E  S  E  A  A  C  H  M  N  I  D
F  L  Q  U  E  O  W  E  L  I  N  P  R  Ó  X  I  M  O  G  O
I  S  F  T  R  M  E  N  D  R  U  G  O  W  O  R  L  L  D  Y
D  E  A  A  F  N  P  A  N  C  N  O  Q  U  E  R  E  S  T  É
I  F  C  H  G  B  I  E  N  A  E  B  D  S  E  G  U  R  O  P
```

BASES

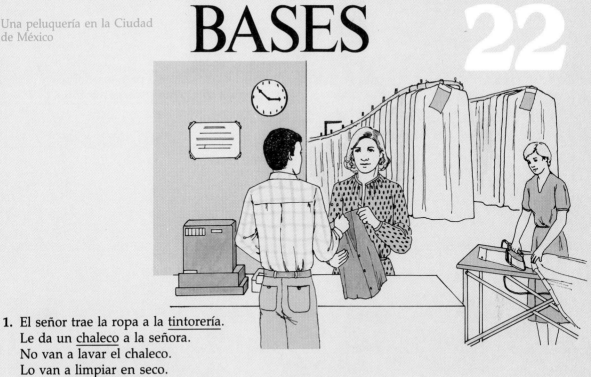

22

1. El señor trae la ropa a la tintorería.
Le da un chaleco a la señora.
No van a lavar el chaleco.
Lo van a limpiar en seco.
Una señora plancha una camisa.

2. El señor pesa el paquete en el correo.
La señora tiene dos aerogramas.

3. El barbero le da un <u>corte de pelo</u> al señor.

Le corta el pelo con una navaja.

El señor tiene <u>patillas</u> y <u>bigote</u>.

4. La señora endosa el <u>cheque</u>.

Quiere <u>cobrar</u> el cheque.

El <u>cajero</u> le entrega dos billetes de <u>cien</u> pesos.

pasado mañana   no mañana, el día después

el franqueo   el costo de mandar una carta, una tarjeta postal o un paquete por correo

preocuparse   ponerse nervioso(a)

me da igual   no me importa

la figurita   frágil

la porcelana   delicado, -a

PRÁCTICA

A. **Contesten según la oración modelo.**

1. Limpian la ropa en seco en la tintorería.
   ¿Qué limpian en seco en la tintorería?
   ¿Cómo limpian la ropa en la tintorería?
   ¿Dónde limpian la ropa en seco?
   ¿Qué hacen en la tintorería?

2. El barbero le da un corte de pelo al señor en la barbería.
   ¿Quién le da un corte de pelo al señor?
   ¿Qué le da el barbero al señor?
   ¿Dónde le da un corte de pelo?
   ¿Qué hace el barbero?

3. La señora endosa el cheque y se lo entrega a la cajera.
   ¿Qué endosa la señora?
   ¿Quién endosa el cheque?
   ¿A quién le entrega el cheque la señora?
   ¿Qué le entrega a la cajera la señora?
   ¿Qué hace la señora?

B. **Seleccionen la definición apropiada.**

1. pasado mañana
2. el barbero
3. el chaleco
4. endosar
5. el cajero
6. el franqueo
7. preocuparse
8. la tintorería

a. escribir su nombre en un cheque
b. donde limpian y planchan la ropa
c. lo que cuesta mandar algo por el correo
d. la persona que trabaja en el banco
e. lo que tiene un traje de hombre de tres piezas
f. ponerse nervioso
g. la persona que le corta el pelo a un señor
h. en dos días

C. **Completen cada oración con una palabra apropiada.**

1. Después de lavar una camisa la tienen que _____.
2. Yo quiero cambiar un _____ de veinte dólares.
3. Él le corta el pelo con una _____.
4. No pueden lavar el chaleco. Lo tienen que _____.
5. Para _____ un cheque, es necesario endosarlo.
6. Me pueden dar el uno o el otro, me _____ _____.
7. ¿Cuánto es el _____ para mandar este paquete a Venezuela?
8. La figurita se romperá fácilmente porque es muy _____.

ESTRUCTURAS

el subjuntivo en cláusulas adverbiales

cláusulas adverbiales de tiempo

A. Repitan.

Te lo diré cuando estés aquí.
Te lo dije cuando estuviste aquí.
Lo terminaré en cuanto lo necesites.
Lo terminé en cuanto lo necesitaste.

B. Sustituyan.

Esperaré en el banco hasta que él $\begin{cases} \text{llegue.} \\ \text{termine.} \\ \text{venga.} \\ \text{vuelva.} \end{cases}$

Esperé en el banco hasta que él $\begin{cases} \text{llegó.} \\ \text{terminó.} \\ \text{vino.} \\ \text{volvió.} \end{cases}$

Contestaremos en cuanto $\begin{cases} \text{recibamos} \\ \text{leamos} \\ \text{tengamos} \\ \text{abramos} \end{cases}$ la carta.

Contestamos en cuanto $\begin{cases} \text{recibimos} \\ \text{leímos} \\ \text{tuvimos} \\ \text{abrimos} \end{cases}$ la carta.

C. Sigan los modelos.

Yo iré.   Vuelven los otros.
Yo iré cuando vuelvan los otros.

Yo abriré la cuenta.   Recibo el dinero.
Yo saldré.   El barbero me corta el pelo.
Yo lo mandaré.   Estoy en el correo.
Yo lo veré.   Vuelve de la tintorería.
Yo lo ayudaré.   Necesita ayuda.

Yo fui.   Volvieron los otros.
Yo fui cuando volvieron los otros.

Yo abrí la cuenta.   Recibí el dinero.
Yo salí.   El barbero me cortó el pelo.
Yo lo mandé.   Estuve en el correo.
Yo lo vi.   Volvió de la tintorería.
Yo lo ayudé.   Necesitó ayuda.

D. Contesten.

¿Pagarás cuando recibas el cheque?
¿Pagaste cuando recibiste el cheque?
¿Abrirás la cuenta cuando vayas al banco?
¿Abriste la cuenta cuando fuiste al banco?
¿Esperará tu amigo hasta que te corte el pelo el barbero?
¿Esperó tu amigo hasta que te cortó el pelo el barbero?
¿Te darán la ropa en cuanto la laven?
¿Te dieron la ropa en cuanto la lavaron?

Un barbero de Mérida, México

The subjunctive is used after adverbial conjunctions of time whenever the idea expressed in the sentence is in the future.   Common adverbial conjunctions of time are:

cuando	when
en cuanto	as soon as
tan pronto como	as soon as
hasta que	until
después de que	after

Se lo diré a ella cuando yo la vea.
Trabajará hasta que su familia tenga más dinero.

Note the following sentences:

Cuando venga mi abuela, me ayudará.

The subjunctive is used because you do not know when your grandmother will come. Because it is sometime in the future and therefore indefinite, the subjunctive must be used.

Cuando vino mi abuela, me ayudó.

The indicative is used when the idea is in the past.   Since the action has already taken place, it is in no way indefinite.   It is therefore unnecessary to use the subjunctive.

APLICACIÓN ESCRITA

E. Complete cada oración con la forma apropiada del verbo indicado.
1. Te daré el dinero cuando lo _____. *querer*
2. No podremos mandar el paquete hasta que se _____ el correo. *abrir*
3. Yo llevaré la ropa a la tintorería en cuanto _____ sucia. *estar*
4. Te voy a llamar después de que _____. *volver*
5. Tendré muchos quehaceres tan pronto como _____ los niños. *llegar*
6. Ella necesitará la ropa tan pronto como _____ frío. *hacer*
7. Yo me pondré la camisa en cuanto ellos me la _____. *planchar*
8. Sabremos el franqueo en cuanto el empleado _____ el paquete. *pesar*
9. Yo te cobraré el cheque tan pronto como lo _____. *endosar*
10. No podré mandarlo hasta que ellos me _____ cuánto es el franqueo. *decir*

F. Complete cada oración con la forma apropiada del verbo indicado.
1. Ella abrió el paquete en cuanto lo _____. *recibir*
2. Ellos me lavaron las blusas tan pronto como yo se las _____. *dar*
3. El barbero me subió las patillas cuando yo le _____ que eran demasiado largas. *decir*
4. Yo llegué al banco tan pronto como se _____. *abrir*
5. Yo esperé hasta que ellos _____ la camisa. *planchar*
6. Ella no supo nada hasta que _____ su aerograma. *recibir*
7. Él habló a los niños en cuanto _____. *llegar*
8. Yo escribí un cheque cuando ellos me _____ la cuenta. *dar*

el subjuntivo con <u>antes de que</u>

A. Repitan.
Juana terminará antes de que yo vuelva.
Juana terminó antes de que yo volviera.

B. Sustituyan.

El maestro lo enseñará antes de que { entre / vuelva / salga / lo sepa } la directora.

El maestro lo enseñó antes de que { entrara / volviera / saliera / lo supiera } la directora.

C. Sigan el modelo.

Yo saldré.   Vuelven los otros.
Yo saldré antes de que vuelvan los otros.

Le dará un champú.   Le corta el pelo.
Lavarán la ropa.   La planchan.
Limpiarán en seco la ropa.   Yo vuelvo.
Abrirá los paquetes. Ellos salen.
Ella saldrá.   Vuelves de la tintorería.

D. Sigan el modelo.

Yo salí.   Volvieron los otros.
Yo salí antes de que volvieran los otros.

Le dio un champú.   Le cortó el pelo.
Lavaron la ropa.   La plancharon.
Limpiaron en seco la ropa.   Yo volví.
Abrió los paquetes.   Ellos salieron.
Ella salió.   Volviste de la tintorería.

— Reglas —

Unlike the other adverbial conjunctions of time, *antes de que* always takes the subjunctive. If the action of the sentence is in the past, the imperfect subjunctive is used.

Él lo sabrá antes de que Uds. vuelvan.
Él lo supo antes de que Uds. volvieran.

E. Complete cada oración con la forma apropiada del verbo indicado.

1. ¿Saldrás antes de que _____? *llover*
2. ¿Saliste antes de que _____? *llover*
3. ¿Hablarás antes de que _____ María? *terminar*
4. ¿Hablaste antes de que _____ María? *terminar*
5. ¿Lo sabrás antes de que _____ ellos? *venir*
6. ¿Lo supiste antes de que _____ ellos? *venir*
7. ¿Lo tendrás antes de que _____ yo? *llegar*
8. ¿Lo tuviste antes de que _____ yo? *llegar*

F. Forme oraciones completas.

1. Ayer / ellas / nos / lo / explicar / antes de que / nosotros / salir / para / montañas
2. La semana pasada / María / no / me / llamar / hasta que / yo / la / llamar
3. Ellos / nos / ir a / visitar / después que / nosotros / volver / montañas
4. Mañana / yo / te / ayudar / tan pronto como / yo / terminar / trabajo
5. Yo / les / hablar / ayer / cuando / los / ver / plaza
6. Mañana / yo / ir a / pagar / cuentas / antes de que / nosotros / salir / para / playa
7. El año pasado / tú / no / hacer / nada / antes de que / yo / te / hablar
8. En el futuro / nosotras / ir a / cenar / antes de que / venir / ellos

¿Me puede decir cuál es el cambio de pesos en dólares?

el subjuntivo en cláusulas relativas

A. Repitan.

Tengo un barbero que me corta el pelo con navaja.

Quiero un barbero que me corte el pelo con navaja.

B. Sustituyan.

Conozco a un secretario que $\begin{Bmatrix} \text{habla} \\ \text{trabaja} \\ \text{escribe} \end{Bmatrix}$ bien.

Quiero un secretario que $\begin{Bmatrix} \text{hable} \\ \text{trabaje} \\ \text{escriba} \end{Bmatrix}$ bien.

C. Contesten afirmativamente.

¿Quieres una figurita que sea de porcelana?

¿Tienes un paquete que sea frágil?

¿Conoces a un barbero que corte el pelo con navaja?

¿Necesitas una tintorería que tenga servicio de veinticuatro horas?

¿Tienes un chaleco que cueste menos?

D. Sustituyan.

No conozco a nadie que lo $\begin{Bmatrix} \text{sepa} \\ \text{tenga.} \\ \text{haga.} \\ \text{quiera.} \end{Bmatrix}$

No tenía nada que $\begin{Bmatrix} \text{sirviera.} \\ \text{valiera.} \\ \text{funcionara.} \\ \text{marchara.} \end{Bmatrix}$

E. Contesten negativamente.

¿No hay ningún carro que sea bueno?

¿No hay ningún barco que lleve carga?

¿No hay ninguna tintorería que esté más cerca?

¿No hay ninguna secretaria que lo sepa?

¿No conoces a nadie que lo tenga?

¿No trabajas con nadie que te pueda ayudar?

¿No hay nada que sirva?

¿No tienes nada que no cueste tanto?

F. Contesten negativamente.

¿No había nada que fuera interesante?

¿No tenía nada que costara menos?

¿No viste ningún chaleco que te gustara?

¿No leíste ningún libro que te interesara?

¿No pudiste encontrar a nadie que te planchara la ropa?

¿No pudiste encontrar a nadie que te cobrara el cheque?

Banco Latino, Ciudad de México

The subjunctive is used in adjective clauses when the noun the clause modifies is indefinite. Note that when the object is an indefinite person, the personal *a* is omitted. If, however, the antecedent modified by the clause is definite, the indicative is used.

> Conozco a un ingeniero que sabe español.
> Busco un ingeniero que sepa español.
> Conocía a un ingeniero que sabía español.
> Buscaba un ingeniero que supiera español.

The subjunctive is also used when the adjective clause modifies a negative word.

> No hay nadie que lo sepa.
> No tenía ningún puesto que pagara bien.

Note that the tense of the verb in the main clause determines whether the present or the imperfect subjunctive is used in the adjective clause.

APLICACIÓN ESCRITA

G. Complete cada oración con la forma apropiada del verbo indicado.
1. Buscamos una casa que _____ cerca. *estar*
2. Los oficiales buscaban un plan que no _____ imposible. *ser*
3. Tengo una secretaria que _____ español *hablar*
4. Necesitaremos un guía que _____ explicarnos lo que hay en el museo. *poder*
5. Miguel buscaba un libro que _____ más interesante. *ser*
6. ¿Vas a comprar el chaleco que tú _____ en la tienda? *ver*
7. Quieren una casa en un lugar que _____ un clima tropical. *tener*
8. ¿Conocen Uds. un periódico que _____ todos los días? *salir*

H. Conteste negativamente.
1. ¿Hay una joven que toque la guitarra?
2. ¿Conoces a alguien que sepa hablar italiano?
3. ¿Hay algo aquí que cueste menos?
4. ¿No ves nada que te interese?
5. ¿Conoces un restaurante que esté cerca?
6. ¿Tenían Uds. un trabajo que fuera interesante?
7. ¿Tocabas una canción que ellos pudieran cantar?
8. ¿Conocía Ud. un barbero que supiera hablar español?
9. ¿Tenía él algo que quisiera vender?
10. ¿Compraría Ud. una casa que no tuviera más que dos cuartos?

el subjuntivo con <u>ojalá</u>, <u>tal</u> <u>vez</u>, <u>quizá</u>

A. Repitan.
Ojalá vengan temprano.
Tal vez estén allí.
Quizá lleguen mañana.

B. Sustituyan.

Ojalá
Quizá } lleguen a las once.
Tal vez

Ojalá {
vengan
salgan
lleguen
terminen } temprano.

C. Contesten según el modelo.

¿Van a llegar mañana?
Ojalá lleguen mañana.

¿Van a estar aquí?
¿Van a tener los billetes?
¿Van a terminar?
¿Va a venir el piloto?

¿Van Uds. a empezar mañana?
¿Van Uds. a saber la diferencia?

D. Contesten según el modelo.

¿Ella tiene el dinero?
Quizá lo tenga.

¿Castigan al criminal?
¿Compran la carne?
¿Vuelve el chico a su casa?
¿Nos reconoce él?
¿Regresas pronto?
¿Asistes al juego?

E. Contesten según el modelo.

¿Lo sabrán ellos?
Tal vez lo sepan.

¿Lo terminarán ellos?
¿Lo comprarán ellos?
¿Lo tendrá él?
¿Lo sabrá ella?
¿Vas en tren?
¿Sales mañana?

El señor plancha la ropa en la tintorería

The exclamations *ojalá*, *ojalá que*, and *quizá(s)*, are always followed by the subjunctive.

> Ojalá tengamos dinero.
> Quizá no lo sepa él.

Tal vez can be followed by either the subjunctive or the indicative.   Note that *ojalá* can also be followed by the imperfect subjunctive.

> Ojalá vinieran ellos.
> Ojalá estuviéramos presentes.

APLICACIÓN ESCRITA

F. Complete cada oración con la forma apropiada del verbo indicado.
1. Ojalá nosotros _____ el verano allí. *pasar*
2. Tal vez ellos _____ mañana. *llegar*
3. Quizá ellos no _____ hoy. *volver*
4. Ojalá ella me _____ la verdad. *decir*
5. Tal vez la vieja no _____ contenta. *estar*
6. Quizá el dueño _____ rico. *ser*
7. Ojalá yo _____ estudiar el idioma antes. *poder*
8. Tal vez nosotros _____ demasiado. *trabajar*
9. Quizá Uds. no _____ bastante. *pedir*
10. Ojalá Uds. no _____ al general. *conocer*

G. Haga un comentario apropiado empleando *ojalá, tal vez,* o *quizá*. Véase el modelo.

Ella no compra nada.
Quizá no tenga dinero.

1. Ellos pasarán el verano en México.
2. No sabemos si vamos a México o a Venezuela.
3. Ella siempre asiste al teatro.
4. Paco no discute la novela.
5. Andan de un lugar a otro.
6. Siempre compra algo Margarita.
7. Ella insiste en darme un carro.
8. En la clase de español ella no dice nada.
9. Los muchachos no llegaron hasta las nueve.
10. La dueña no tenía que ir a pie.

ESCENAS

Algunos quehaceres

En la tintorería

Empleada   Buenos días, señor. ¡Cuánta ropa trae Ud.!

Señor   Lo sé. Traigo toda la ropa de invierno para que me la limpien en seco.

Empleada   Antes de que comencemos, ¿para cuándo la necesita Ud.?

Señor   Con tal que no haga frío, no la necesitaremos. Uds. tienen servicio de almacén, ¿verdad?

Empleada   Sí, señor. Le guardaremos la ropa hasta que la necesite Ud.

Señor   Pues, aquí tiene Ud. cuatro faldas, tres vestidos, cuatro trajes de hombre, tres con chaleco, dos chaquetas y tres pares de pantalones.

Empleada   Bueno. Limpiaremos todo en seco. Tan pronto como Ud. sepa que necesitará la ropa, favor de llamarnos con quince días de anticipación y tendremos todo listo.

Señor   Bien. Y aquí tengo tres camisas. ¿Me las puede lavar y planchar para pasado mañana?

Empleada   Sí, señor. Sin problema.

servicio de almacén   storage

En el correo

Señora	Quiero sellos para tres tarjetas postales a Norteamérica. ¿Cuánto es el franqueo?
Empleado	Son veintisiete pesos, señora. ¿Algo más?
Señora	Sí, este paquete es para Venezuela. Quisiera enviarlo por avión. Por barco tarda un mes o más, ¿no?
Empleado	Sí, señora. Es más caro enviarlo por avión, pero vale la pena. Si es algo frágil, también debe Ud. asegurarlo.
Señora	Sí, es una figurita de porcelana. Cuando llegue el paquete, espero que esté en perfectas condiciones.
Empleado	Eso no se lo puedo garantizar. Pero por lo menos no perderá Ud. su dinero. El paquete pesa ochocientos gramas. Son trescientos veinte de franqueo más cien del seguro.
Señora	Y antes de que se me olvide, ¿tiene Ud. aerogramas?
Empleado	Sí, señora. ¿Cuántos quiere Ud.?
Señora	Cinco, por favor.

asegurar insure

En la barbería

Barbero	Muy buenas, don Claudio. ¿Le afeitamos hoy?
D. Claudio	Sí, Daniel. Y también quiero un corte de pelo. Tengo el pelo demasiado largo atrás y por los lados.
Barbero	Muy bien, señor. ¿Prefiere Ud. las tijeras o la navaja?
D. Claudio	La navaja. Y las patillas están un poco largas. ¿Me las puede subir un poco?
Barbero	¡Cómo no!
D. Claudio	Y cuando me afeite, cuidado, eh, porque tengo la piel un poco delicada en estos días.
Barbero	No se preocupe Ud. Y no le quitaré el bigote tampoco.

En el banco

Señora	¿Puedo cobrar un cheque en esta ventanilla?
Cajero	Sí, señora. ¿Tiene Ud. una cuenta corriente o una cuenta de ahorros en este banco?
Señora	Sí, señor. Tengo una cuenta corriente.
Cajero	¿Por cuánto es el cheque?
Señora	Dos mil pesos.
Cajero	Aquí tiene Ud. la pluma. Favor de endosarlo. ¿Prefiere Ud. billetes pequeños o grandes?
Señora	Me da igual. ¿Y me puede decir cuál es el cambio de pesos en dólares?
Cajero	Cincuenta pesos al dólar. ¿Quiere Ud. cambiarlo ahora?
Señora	No, gracias. Voy a comprar algunos cheques de viajero. Pero no los necesitaré por unos quince días cuando salga mi hija para Norteamérica.

cuenta corriente checking account
cuenta de ahorros savings account

cheques de viajero traveler's checks

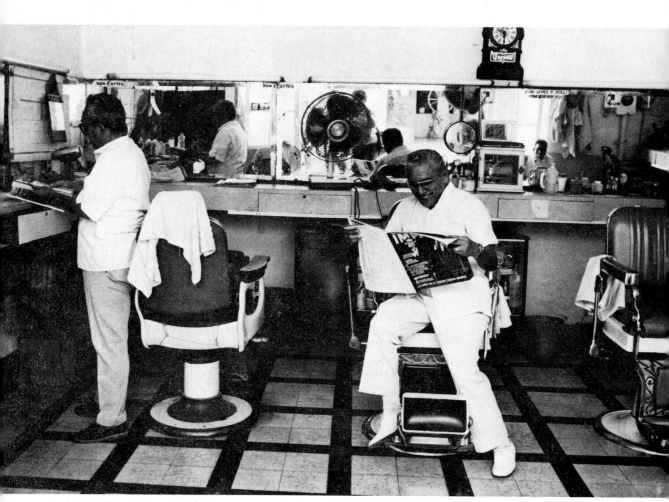

Dos barberos esperando a la gente en su barbería, México

PREGUNTAS

1. ¿Trae mucha ropa el señor?
2. ¿Para cuándo la necesita?
3. ¿Qué servicio tiene la tintorería?
4. ¿Cuántas chaquetas trae el señor?
5. ¿Para cuándo van a tener sus camisas?
6. ¿Cuánto es el franqueo a Norteamérica?
7. ¿Qué manda la señora en el paquete?
8. ¿Qué más quiere comprar la señora?
9. ¿Qué quiere don Claudio?
10. ¿Qué quiere cobrar la señora?
11. ¿Por cuánto es el cheque?

Pasatiempo

Change one letter in each of the following words to form a new word.

1. sopa
2. saco
3. pasa
4. peso
5. mía
6. corto
7. don
8. choque
9. sobrar
10. puerto
11. vez
12. sal

Actividad

Prepare un diálogo basado en el siguiente dibujo.

Entrevista

¿Tienes muchos quehaceres los sábados o puedes disfrutar de un día libre? • ¿Tienes que ir a veces a una tintorería? • ¿Tienes mucha ropa que tienen que limpiar en seco o prefieres llevar ropa que se puede lavar? • ¿Tienes parientes que viven lejos? • ¿Dónde viven? • ¿Sueles mandarles cartas o les hablas por teléfono? • A veces, ¿tienes que mandar un paquete? • ¿Vas al correo? • ¿Te pesan el paquete en el correo? • ¿Qué compras en el correo? • ¿Tienes una cuenta de ahorros? • ¿Quieres tener una algún día? • ¿Tienes una cuenta corriente? • Cuando tienes que pagar algo, ¿pagas con cheque o con dinero en efectivo?

BASES

1. Es un <u>cortijo</u> grande.
El <u>ganadero</u> tiene mucho <u>ganado</u>.
Son <u>palomas</u>.
Las palomas <u>rodean</u> al ganadero.

2. Es una <u>boda</u>.
El novio tiene un <u>título</u>.
Es un <u>conde</u>.
La familia tiene un <u>linaje</u>
   famoso.
Ese señor es el <u>obispo</u>.

el almirante   el oficial supremo de una armada
el mayoral   el que dirige el trabajo en un cortijo o en una finca
el rescate   el dinero que se paga para darle a alguien la libertad

el duque   figurar
la duquesa

PRÁCTICA

A. Contesten a las siguientes preguntas.
1. ¿Es grande el cortijo?
2. ¿Quién tiene mucho ganado?
3. ¿Qué son estos pájaros?
4. ¿A quién rodean las palomas?
5. ¿Qué ceremonia es?
6. ¿Quién tiene un título?
7. ¿Qué título tiene?
8. ¿Es famoso el linaje de esa familia?

B. Den la palabra cuya definición sigue.
1. el que dirige el trabajo en un cortijo
2. el dinero que se paga para darle la libertad a alguien
3. un oficial de una armada
4. la ceremonia en que dos personas se casan
5. un tipo de pájaro
6. un oficial religioso

Vista de una ganadería en Sevilla

ESTRUCTURAS

el presente perfecto del subjuntivo

A. Repitan.

Es posible que ellas lo hayan visto.
Es mejor que tú hayas terminado.
Es imposible que nosotros lo hayamos perdido.

B. Sustituyan.

Me alegro de que Ud. haya { llegado. / estudiado. / vuelto. / asistido. }

Yo temo que ellos lo hayan { terminado. / descubierto. / vendido. / visto. }

Ella no cree que yo lo haya { escrito. / dicho. / hecho. }

Paco se alegra de que hayamos { salido. / esperado. / pagado. / regresado. }

C. Sigan el modelo.

> Es posible que ellos asistan al teatro.
> Es posible que ellos hayan asistido al teatro.

Tememos que ella compre el caballo.
Ella duda que Paco asista al teatro.
Me alegro de que tú lo mires.
Es raro que lleguemos temprano.
Dudamos que Uds. lo aprendan en la escuela.
Es imposible que yo no lo reconozca.
Espero que Ud. no pierda mucho tiempo.
Es dudoso que él cante mejor.
No cree que tú lo termines.

Reglas

The present perfect subjunctive is formed by the present subjunctive of the auxiliary verb *haber* and the past participle.

haber past participle

haya estudiado
hayas comido
haya asistido
hayamos dicho
(hayáis escrito)
hayan vuelto

The present perfect subjunctive is used when a present or future verb in the main clause governs a subjunctive verb in the dependent clause which refers to a past action.

> Temo (hoy) que ellos no hayan estudiado (ayer).
> Ellos querrán (mañana) que lo hayamos terminado (hoy).

D. Complete cada oración con la forma apropiada del presente perfecto del subjuntivo del verbo indicado.

1. Yo dudo que ellos lo _____ . *ver*
2. Es posible que nosotras _____ demasiado. *pagar*
3. Él se alegra de que su hijo _____ . *volver*
4. Dudamos que Uds. lo _____ . *hacer*
5. Ramón teme que yo no _____ bastante. *trabajar*
6. Es dudoso que tú lo _____ . *terminar*
7. Ellas esperan que Ud. lo _____ . *escribir*
8. ¿Es posible que ellos _____ la verdad? *decir*
9. Dudamos que ellos _____ . *salir*
10. ¿Dudarás que yo lo _____? *vender*

E. Siga el modelo.

¿Ha llegado Bárbara?
No, no creo que haya llegado.

1. ¿Han terminado los ganaderos?
2. ¿Has conocido a Elena?
3. ¿Ella lo ha aprendido en la escuela?
4. ¿Lo han comprendido Uds. todo?
5. ¿Ha tenido miedo Alberto?
6. ¿Ellos han visto la ceremonia?
7. ¿Tu padre ha visto la televisión?
8. ¿Yo lo he dicho bien?

cláusulas con <u>si</u>

A. Repitan.

Él asistirá si yo lo acompaño.
Él asistiría si yo lo acompañara.
Yo no iré si ella no va.
Yo no iría si ella no fuera.

B. Sustituyan.

Ellos saldrán si { tienen dinero. / pueden. / me ven. / me hablan.

Ellos saldrían si { tuvieran dinero. / pudieran. / me vieran. / me hablaran.

Ella me hablará si me { ve. / reconoce. / necesita.

Ella me hablaría si me { viera. / reconociera. / necesitara.

C. Contesten.

¿La acompañarás si ella paga el viaje?
¿La acompañarías si ella pagara el viaje?
¿Le venderá el caballo si no es bueno?
¿Le vendería el caballo si no fuera bueno?
¿Bailará si no le pagan?
¿Bailaría si no le pagaran?
¿Podrá comprarlo si no tiene dinero?
¿Podría comprarlo si no tuviera dinero?
¿Irán ellos a Andalucía si están en España?
¿Irían ellos a Andalucía si estuvieran en
  España?

Remando una canoa en el lago, Parque del Retiro, Madrid

The conditional *si* clauses follow a regular sequence of tenses.

verb of main clause	verb of *si* clause
future	present indicative
conditional	imperfect subjunctive

Yo compraré el carro si tengo dinero.
Yo compraría el carro si tuviera dinero.

Note that the present subjunctive is never used after *si*.

APLICACIÓN ESCRITA

D. Complete cada oración con la forma apropiada del verbo indicado.

1. Ellos irían si tú los _____. *acompañar*
2. Yo no lo haré si Ud. no me _____. *ayudar*
3. Se lo diríamos si ellos _____ presentes. *estar*
4. Si tú _____ boletos, podríamos asistir. *tener*
5. Si ellos me _____, yo saldría. *ver*
6. Si tú nos _____, volveremos. *invitar*
7. Uds. lo sabrán si lo _____ nosotros. *saber*
8. Me gustaría trabajar si Ud. me _____ empleo. *dar*
9. Lo sabré si ellos me lo _____. *decir*
10. Haríamos el viaje si ellos lo _____ también. *hacer*

Si tengo el dinero, compraré el coche.
Si tuviera el dinero, compraría el
coche.

1. Si la veo, se lo diré.
2. Les hablaremos si vienen.
3. Si ellos me pagan, te daré el dinero.
4. Si están aquí, los veremos.
5. Si lo miro, me inspiraré.
6. La vista nos impresionará si la podemos ver.
7. Si llueve, la calle estará llena de agua.
8. Si vas al mercado de ganado, verás a los ganaderos.
9. Regresaremos si podemos hallar el camino.
10. Si él nos grita, no le contestaremos.

el condicional perfecto

A. Repitan.

Ellos habrían pagado pero no tenían dinero.
Ella habría salido pero no tenía carro.
Habríamos vuelto pero no pudimos.
¿Habrías comenzado ayer?

B. Sustituyan.

Yo te lo habría { vendido.
comprado.
dicho.
dado.

¿No habrías { vuelto?
salido?
luchado?
conducido?

No te lo habríamos { dicho.
hecho.
dado.
escrito.

C. Contesten.

¿Habrían luchado ellos?
¿Habrían mirado la televisión los chicos?
¿Habrían hecho el viaje los Gómez?
¿Habrían empezado ellas?

Las palomas rodean a la gente, Plaza Congreso, Buenos Aires, Argentina

¿Habría perdido ese plato María?
¿Habría limpiado la ropa él?
¿Se habría ido él?
¿Se habría levantado Pepe?

¿Habrías esperado?
¿Habrías asistido también?
¿Lo habrías hecho?
¿Lo habrías escrito?

¿Habrían Uds. vuelto?
¿Uds. lo habrían vendido?
¿La habrían cantado Uds.?
¿Uds. me lo habrían dado?

D. Sigan las instrucciones.
Pregúntele a la chica si habría comido el pan.
Pregúntele al chico si habría escrito la carta.
Pregúnteles a ellos si habrían vuelto.
Pregúntele a la señorita si habría comprado el
    vestido.
Pregúnteles a los señores si habrían asistido.

E. Contesten negativamente.
¿Ellos habrían comprado el coche?
¿Ella la habría escrito?
¿Habrías vendido el libro?
¿Habrían dormido Uds.?
¿Habríamos pagado esa cuenta?
¿Habrían vuelto tú y María?

327

The conditional perfect is formed by using the conditional of the auxiliary verb *haber* and the past participle.

habría hablado	habríamos vuelto
habrías comido	(habríais dicho)
habría asistido	habrían roto

The conditional perfect is used in Spanish as in English to express that which would have taken place had something else not interfered.

Yo no habría conducido pero ellos insistieron.

APLICACIÓN ESCRITA

F. Complete cada oración con la forma apropiada del condicional perfecto del verbo indicado.
1. Yo _____ otro coche pero no tenía dinero. *comprar*
2. Ella nos lo _____ pero no lo sabía. *decir*
3. Nosotros _____ al teatro con Uds. *asistir*
4. ¿Tú no _____ sin ellos? *volver*
5. Ellos me lo _____ ayer. *vender*
6. Sin ayuda ella _____. *morirse*
7. Los soldados no _____ en aquel territorio. *luchar*
8. Estoy segura de que él me lo _____. *escribir*
9. Yo _____ antes. *comenzar*
10. ¿Tú no _____ allí? *trabajar*

G. Escriba cada oración en el condicional perfecto.
1. Él me lo dijo ayer.
2. No nos levantamos hasta las diez.
3. ¿Te peinaste?
4. Yo lo comencé antes.
5. Ella no asistió jamás.
6. No haríamos el viaje solos.
7. Paco lo puso en la mesa.
8. Ellos no me lo dieron.
9. Ella no me lo escribió nunca.
10. Yo lo compré ayer.

ESCENAS
Paloma

Paloma García de Sotomayor era hija de Don Rufino García Altanero y Doña Prudencia de Sotomayor Oliver de García.   La familia de doña Prudencia, los de Sotomayor, sirvieron a los Reyes Católicos durante la Reconquista de España.   Ellos habían sido generales y almirantes, obispos y cardenales.   No hay libro de la historia de España donde no haya aparecido varias veces el nombre de los de Sotomayor.   La familia de don Rufino no era noble.   No hay ningún libro de historia donde haya figurado la familia de don Rufino.   Pero su nombre sí figuraba en las listas de directores de bancos, fábricas y comercios.   Él era muy, muy rico.   Si no, no se habría casado con doña Prudencia.   Los de Sotomayor habrían preferido alguien rico y noble para Prudencia.   Pero si tuvieran que escoger entre rico y noble, escogerían rico.   Porque con todo su linaje, los de Sotomayor habían venido a menos.   Lo único que les quedaba eran sus tierras en Salamanca y el cortijo.   Los toros de Sotomayor eran tan nobles

como la familia. Siempre había toros de de Sotomayor en las grandes corridas—en la Feria de Sevilla, en los sanisidros en Madrid y en los sanfermines de Pamplona. Sus toros les traían mucha fama pero poco dinero. Los de Sotomayor eran magníficos ganaderos y terribles negociantes.

Don Rufino se enamoró de Prudencia la primera vez que la vio. Ella reconoció en él la salvación de la familia. Se casaron. El matrimonio fue un negocio ideal. Era la unión de una de las familias más nobles con una de las más ricas. El fruto de esa unión fue Paloma. ¡Qué preciosidad de niña! Los padres se reventaban de orgullo. No era bella sólo de cara y cuerpo, sino también de carácter.

La familia pasaba los veranos en el cortijo. Allí la niña aprendió a montar a caballo. El mayoral, Domingo Romero, la llevaba por todo el cortijo con su hijo Paquito. Los tres iban a caballo y observaban el trabajo del cortijo. Paquito era un niño muy serio. Tenía la misma edad que Paloma pero parecía un hombre.

La niña siempre vestía de negro en el cortijo. El traje corto, las botas, el sombrero y los guantes, todos eran negros. La niña tenía el pelo y los ojos negros también.

Durante la primavera, el otoño y el invierno, Paloma y su familia se quedaban en Madrid. Casi todos los días la niña iba al Retiro. Se sentaba en el mismo banco. Miraba el lago. Daba de comer a las palomas. Las palomas la conocían. Cuando ella llegaba las palomas la rodeaban. Ella se sentaba y pensaba en el cortijo, en el señor Romero y en Paquito.

Si uno comprendiera el amor podría evitar muchos dolores. En fin, aunque comprendiéramos, haríamos lo mismo. Igual que Paquito y Paloma. A los diez años se enamoraron. A los trece años se dieron cuenta de su amor. A los quince años se declararon el amor.

Durante tres meses del año Paloma estaba con su amor. Durante nueve meses ella les contaba a los pajaritos del Retiro las maravillas de su Paquito. ¡Qué guapo era! ¡Y qué bravo! Ella le vio una vez torear una vaquilla. ¡Qué valiente! —Si Dios quiere, un día seré torero—le dijo un día Paquito. Ella se lo contaba todo a las palomas. Y ellas le contestaban dulcemente—currucucú, currucucú.

Era un amor imposible. Ellos lo sabían. ¡Cómo iba a casarse el hijo del mayoral con la hija de un millonario! Si él fuera millonario o conde o duque, quizás podrían casarse. Pero él no tenía ni título ni dos perras gordas.

Tenía la bella Paloma dieciocho años cuando entró en la casa una tarde don Rufino:

—¡Prudencia! ¿A que no sabes quién quiere casarse con nuestra hija? Romualdo Martín. El hijo de Don Fernando

los sanisidros las fiestas de San Isidro

los sanfermines las fiestas de San Fermín

el Retiro un parque famoso de Madrid

una vaquilla una vaca joven

currucucú el sonido que hace una paloma

las perras gordas monedas viejas de España de poco valor

Martín, el industrialista.   ¡Qué suerte! El muchacho es inteligente, buen mozo y millonario veinte veces.

Paloma miró a su padre y se convirtió en un mar de lágrimas.
Pero obedeció a su padre.

En mayo Paloma y Romualdo se casaron.   Paquito no fue a
la boda.   Aquel día toreaba en Valencia.

Pocos días después de la boda Paloma desapareció.   No dejó
ninguna nota.   Nadie pidió rescate.   Desapareció sin dejar
rastro.   Ni la policía ni Interpol ni los millones de su marido y   el rastro   trace
su padre pudieron encontrarla.

Paquito triunfó en Valencia.   Triunfó en todas las grandes
capitales de la península. Él llegó a ser el «número uno».

Pero nunca llegó a ser feliz.

Una tarde de otoño él andaba solo por las calles de Madrid.
Cansado de tanto andar, entró en el Retiro.   Se sentó a descansar.   En seguida los pájaros vinieron a buscar comida.   Él
no tenía nada.   Pronto los pájaros se fueron . . . menos uno.
Se le acercó a Paquito una paloma totalmente negra.   Ella lo
miraba. «Currucucú» cantaba con voz suave y dulce.

Paco Romero volvió al Retiro el día siguiente.   Volvió todos
los días que estaba en Madrid.   Y nunca supo por qué.

PREGUNTAS

1. ¿A quién sirvieron los de Sotomayor?
2. ¿Qué oficios habían tenido los de Sotomayor?
3. ¿Era noble la familia de don Rufino?
4. ¿Figuraba el nombre de don Rufino entre los directores importantes? ¿Por qué?
5. Si tuvieran que escoger entre rico y noble, ¿qué escogerían los de Sotomayor?
6. ¿Qué les quedaba a los de Sotomayor?
7. ¿En qué fiestas había toros de de Sotomayor?
8. ¿De quién se enamoró don Rufino?
9. ¿Qué fue el matrimonio de los dos?
10. ¿Cómo era Paloma?
11. ¿Dónde pasaba el verano la familia?
12. ¿Qué aprendió la niña en el cortijo?
13. ¿A quiénes llevaba el mayoral por el cortijo?
14. ¿Cómo era Paquito?
15. ¿Cómo se vestía la niña?
16. ¿Adónde iba Paloma durante el invierno?
17. ¿Qué hacía Paloma en el Retiro?
18. ¿En quién pensaba Paloma?
19. ¿A qué edad se enamoraron?
20. ¿Qué contaba Paloma a los pajaritos?
21. ¿Qué quería ser Paquito?
22. ¿Tenía título Paquito?
23. ¿Quién quería casarse con Paloma?
24. ¿En qué se convirtió Paloma?
25. ¿Obedeció a su padre la hija?
26. ¿Cuándo desapareció Paloma?
27. ¿Qué llegó a ser Paquito?
28. ¿Llegó a ser feliz?
29. ¿En dónde entró Paquito?
30. ¿Tenía comida para los pájaros Paquito?
31. ¿Se fueron todos los pájaros?
32. ¿Cómo era la paloma que se le acercó a Paquito?
33. ¿Por qué volvió al Retiro todos los días Paco Romero?

Composición

Without including all the details from the story, write a short composition about the short story of Paloma and Paquito. Explain the ending of the story.

Crucigrama

Complete the following crossword puzzle.

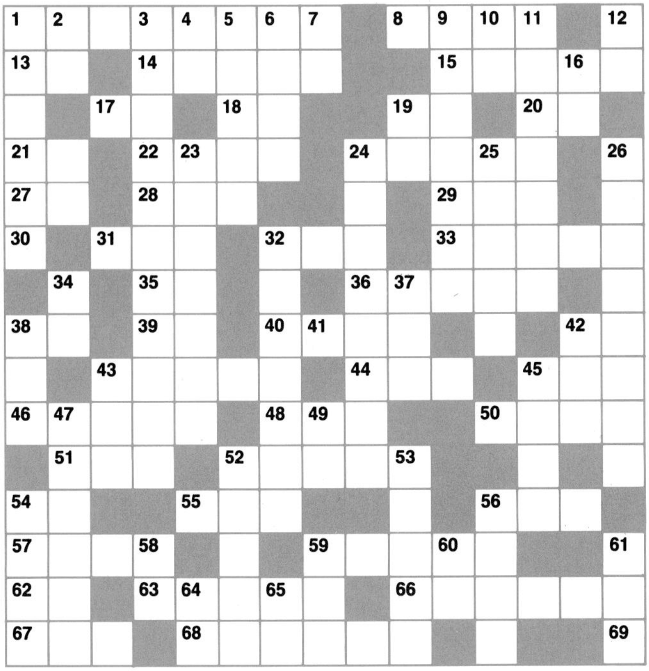

(Crossword grid with numbered cells 1–69)

Horizontal

1. padre, madre, hijo, hija
8. la ceremonia en que dos personas se casan
12. preposición
13. contracción
14. el contrario de *alguien*
15. tomar un refresco
17. una forma del verbo *ser*
18. -*ar*, -_____, -*ir*
19. conjunción
20. andar
21. pronombre
22. lleva
24. el contrario de *este*
27. pronombre
28. ganado
29. preposición
30. preposición
31. pronombre
32. este, _____, aquel
33. marisco
35. pronombre
36. quiere
38. contracción
39. igual que *17. Horizontal*
40. vienes al suelo
42. el contrario de *sí*
43. el contrario de *sale*
44. el contrario de *sin*
45. igual que *44. Horizontal*
46. igual que *24. Horizontal*
48. el contrario de *mano*
50. fundamento
51. el contrario de *escribo*
52. mostrador
54. pronombre
55. entregar
56. el contrario de *con*
57. algo que se puede beber
59. temor
62. el contrario de *o*
63. un animal
66. un proverbio
67. un metal precioso
68. lo que hay a cada lado de un río
69. conjunción

Vertical

1. bien conocida
2. contracción
3. piano, guitarra, etc.
4. artículo definido
5. planes
6. lo que se respira
7. pronombre
9. oficiales de la iglesia
10. preposición
11. el contrario de *cerrada*
12. -_____, -*er*, -*ir*
16. -*ar*, -_____, -*ir*
19. pronombre
23. opone
24. ser obediente
25. lo que haces cuando tienes dolor de garganta o catarro
26. las personas que andan a pie por la acera
32. huir
34. pronombre
37. esto, _____, aquello
38. algo picante que se usa para cocinar
41. preposición
42. pronombre
43. este, _____, aquel
45. por poco
47. nombrar por elección
49. igual que *20. Horizontal*
52. descender
53. por donde andan los peatones
54. de buena salud
56. donde uno puede sentarse
58. contracción
59. el contrario de *bien*
60. preposición
61. _____, dos, tres
64. pronombre
65. pronombre

ESPAÑA

FRANCIA

Mar Cantábrico

San Sebastián

La Coruña

Oviedo

ASTURIAS

Bilbao

VASCON-
GADAS

Pamplona

NAVARRA

GALICIA

Santiago

León

Burgos

CASTILLA LA VIEJA

Pirineos

CATALUÑA

Barcelona

LEÓN

Valladolid

Duero

Zaragoza

ARAGÓN

Salamanca

Sierra de
Guadarrama

Madrid

Tajo

MENORCA

MALLORCA

Palma

PORTUGAL

Toledo

CASTILLA LA NUEVA

La Mancha

VALENCIA

Valencia

VALENCIA

IBIZA

ISLAS BALEARES

EXTREMADURA

Guadiana

Lisboa

Badajoz

Córdoba

Guadalquivir

MURCIA

Alicante

Murcia

Mar Mediterráneo

Cartagena

ANDALUCÍA

Sevilla

Granada

Sierra Nevada

Málaga

Torremolinos

Cádiz

OCÉANO
ATLÁNTICO

Estrecho
de Gibraltar

ÁFRICA DEL NORTE

Mar Caribe

LA AMÉRICA
CENTRAL

Barranquilla
Maracaibo
⊛ Caracas
Orinoco
VENEZUELA
GUAYANAS

Medellín
⊛ Bogotá
Cali
COLOMBIA

⊛ Quito
ECUADOR
Guayaquil
Iquitos

Manaus
Amazonas
Belém

Fortaleza

Solvas
Madeira
Tapajós

BRASIL

Recife

PERÚ
Callao
⊛ Lima
Cuzco

Marañón
Ucayali
Tierra de los Andes

Xingú

Mato
Grosso

Brasilia

Salvador

L. Titicaca
La Paz
⊛
BOLIVIA
Sucre

São Paulo
Río de Janeiro

Gran Chaco
PARAGUAY
⊛ Asunción

Paraguay

OCÉANO
PACÍFICO

Tucumán

ARGENTINA
Córdoba

Pôrto Alegre

OCÉANO
ATLÁNTICO

Cordillera de los Andes

Rosario
URUGUAY
Valparaíso
Viña del Mar ⊛
Santiago
Buenos Aires ⊛
Montevideo
Río de
la Plata

CHILE

Valdivia
Puerto Montt
San Carlos
de Bariloche

ISLAS
MALVINAS

LA AMÉRICA
DEL SUR

Tierra del
Fuego

336

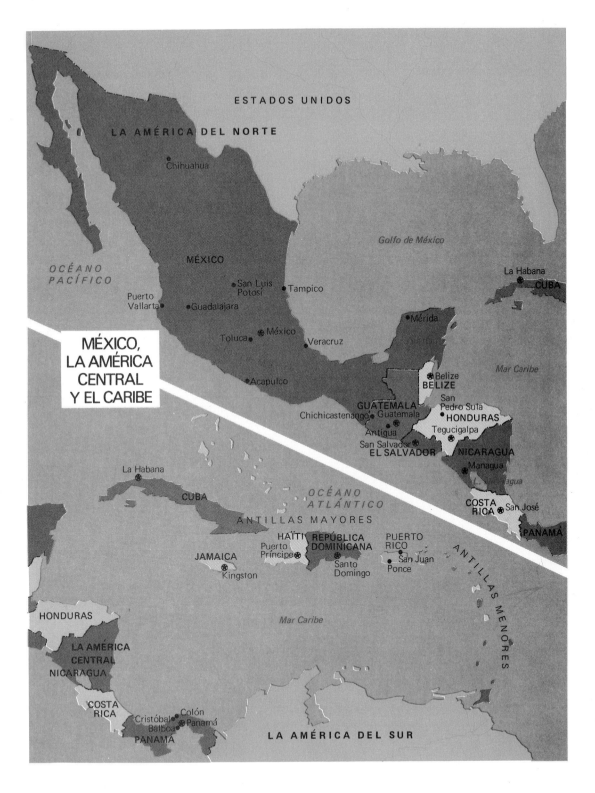

MÉXICO,
LA AMÉRICA
CENTRAL
Y EL CARIBE

ESTADOS UNIDOS

LA AMÉRICA DEL NORTE

Chihuahua

Golfo de México

OCÉANO
PACÍFICO

MÉXICO

San Luis
Potosí

Tampico

Puerto
Vallarta

Guadalajara

La Habana

CUBA

Toluca

México

Veracruz

Mérida

Acapulco

Mar Caribe

Belize
BELIZE

GUATEMALA

Chichicastenango

Guatemala

San
Pedro Sula

HONDURAS

Antigua

Tegucigalpa

San Salvador

EL SALVADOR

NICARAGUA

Managua

OCÉANO
ATLÁNTICO

La Habana

CUBA

COSTA
RICA

San José

ANTILLAS MAYORES

PANAMÁ

HAÏTI

REPÚBLICA
DOMINICANA

PUERTO
RICO

JAMAICA

Puerto
Príncipe

San Juan

Ponce

Kingston

Santo
Domingo

ANTILLAS MENORES

HONDURAS

Mar Caribe

LA AMÉRICA
CENTRAL

NICARAGUA

COSTA
RICA

Cristóbal

Colón

Balboa

Panamá

PANAMÁ

LA AMÉRICA DEL SUR

337

Apéndice

Verbos

Regular Verbs

Simple Tenses

	hablar *to speak*	**comer** *to eat*	**vivir** *to live*
Present participle	hablando	comiendo	viviendo
Past participle	hablado	comido	vivido
Present	hablo	como	vivo
	hablas	comes	vives
	habla	come	vive
	hablamos	comemos	vivimos
	habláis	coméis	vivís
	hablan	comen	viven
Imperfect	hablaba	comía	vivía
	hablabas	comías	vivías
	hablaba	comía	vivía
	hablábamos	comíamos	vivíamos
	hablabais	comíais	vivíais
	hablaban	comían	vivían
Preterite	hablé	comí	viví
	hablaste	comiste	viviste
	habló	comió	vivió
	hablamos	comimos	vivimos
	hablasteis	comisteis	vivisteis
	hablaron	comieron	vivieron

Future	hablaré	comeré	viviré
	hablarás	comerás	vivirás
	hablará	comerá	vivirá
	hablaremos	comeremos	viviremos
	hablaréis	comeréis	viviréis
	hablarán	comerán	vivirán
Conditional	hablaría	comería	viviría
	hablarías	comerías	vivirías
	hablaría	comería	viviría
	hablaríamos	comeríamos	viviríamos
	hablaríais	comeríais	viviríais
	hablarían	comerían	vivirían
Present subjunctive	hable	coma	viva
	hables	comas	vivas
	hable	coma	viva
	hablemos	comamos	vivamos
	habléis	comáis	viváis
	hablen	coman	vivan
Imperfect subjunctive	hablara	comiera	viviera
	hablaras	comieras	vivieras
	hablara	comiera	viviera
	habláramos	comiéramos	viviéramos
	hablarais	comierais	vivierais
	hablaran	comieran	vivieran

Compound Tenses

Present perfect	he			
	has			
	ha	hablado	comido	vivido
	hemos			
	habéis			
	han			

Pluperfect	había habías había habíamos habíais habían	hablado	comido	vivido
Future perfect	habré habrás habrá habremos habréis habrán	hablado	comido	vivido
Conditional perfect	habría habrías habría habríamos habríais habrían	hablado	comido	vivido
Present perfect subjunctive	haya hayas haya hayamos hayáis hayan	hablado	comido	vivido
Pluperfect subjunctive	hubiera hubieras hubiera hubiéramos hubierais hubieran	hablado	comido	vivido

Commands

Informal (*tú* and *vosotros* forms)

Affirmative	habla (tú) hablad	come (tú) comed	vive (tú) vivid
Negative	no hables no habléis	no comas no comáis	no vivas no viváis

Formal

	hable Ud. hablen Uds.	coma Ud. coman Uds.	viva Ud. vivan Uds.

Stem-Changing Verbs

First Class

	−**ar** *verbs*		−**er** *verbs*	
	e − ie	*o − ue*	*e − ie*	*o − ue*
	sentar[1] *to seat*	**contar**[2] *to tell*	**perder**[3] *to lose*	**soler**[4] *to be accustomed*
Present participle	sentando	contando	perdiendo	soliendo
Past participle	sentado	contado	perdido	solido

[1] *Cerrar, comenzar, despertar, empezar,* and *pensar* are similar.
[2] *Acordar, acostar, almorzar, apostar, colgar, costar, encontrar, jugar, mostrar, probar, recordar, rogar,* and *volar* are similar.
[3] *Defender* and *entender* are similar.
[4] *Disolver, doler, envolver, llover,* and *volver* are similar.

Present	siento	cuento	pierdo	suelo
	sientas	cuentas	pierdes	sueles
	sienta	cuenta	pierde	suele
	sentamos	contamos	perdemos	solemos
	sentáis	contáis	perdéis	soléis
	sientan	cuentan	pierden	suelen

Present subjunctive	siente	cuente	pierda	suela
	sientes	cuentes	pierdas	suelas
	siente	cuente	pierda	suela
	sentemos	contemos	perdamos	solamos
	sentéis	contéis	perdáis	soláis
	sienten	cuenten	pierdan	suelan

Second Class   Third Class

	e – ie, i	*o – ue, u*	*e – i*
	sentir[5]	**morir**[6]	**pedir**[7]
	to regret	*to die*	*to ask for; to request*
Present participle	sintiendo	muriendo	pidiendo
Past participle	sentido	muerto	pedido
Present	siento	muero	pido
	sientes	mueres	pides
	siente	muere	pide
	sentimos	morimos	pedimos
	sentís	morís	pedís
	sienten	mueren	piden

[5] *Mentir, preferir,* and *sugerir* are similar.
[6] *Dormir* is similar; however, the past participle is regular—*dormido.*
[7] *Conseguir, despedir, elegir, perseguir, reír, repetir,* and *seguir* are similar.

Preterite	sentí	morí	pedí
	sentiste	moriste	pediste
	sintió	murió	pidió
	sentimos	morimos	pedimos
	sentisteis	moristeis	pedisteis
	sintieron	murieron	pidieron
Present subjunctive	sienta	muera	pida
	sientas	mueras	pidas
	sienta	muera	pida
	sintamos	muramos	pidamos
	sintáis	muráis	pidáis
	sientan	mueran	pidan
Imperfect subjunctive	sintiera	muriera	pidiera
	sintieras	murieras	pidieras
	sintiera	muriera	pidiera
	sintiéramos	muriéramos	pidiéramos
	sintierais	murierais	pidierais
	sintieran	murieran	pidieran

Irregular Verbs

andar *to walk, to go*

Preterite   anduve, anduviste, anduvo, anduvimos, anduvisteis, anduvieron

caber *to fit*

Present   quepo, cabes, cabe, cabemos, cabéis, caben
Preterite   cupe, cupiste, cupo, cupimos, cupisteis, cupieron
Future   cabré, cabrás, cabrá, cabremos, cabréis, cabrán
Conditional   cabría, cabrías, cabría, cabríamos, cabríais, cabrían

346

caer[8] *to fall*

Present	caigo, caes, cae, caemos, caéis, caen

conocer *to know, to be acquainted with*

Present	conozco, conoces, conoce, conocemos, conocéis, conocen

dar *to give*

Present	doy, das, da, damos, dais, dan
Present subjunctive	dé, des, dé, demos, deis, den
Preterite	di, diste, dio, dimos, disteis, dieron

decir *to say, to tell*

Present participle	diciendo
Present participle	dicho
Present	digo, dices, dice, decimos, decís, dicen
Preterite	dije, dijiste, dijo, dijimos, dijisteis, dijeron
Future	diré, dirás, dirá, diremos, diréis, dirán
Conditional	diría, dirías, diría, diríamos, diríais, dirían
Command (tú)	di

estar *to be*

Present	estoy, estás, está, estamos, estáis, están
Present subjunctive	esté, estés, esté, estemos, estéis, estén
Preterite	estuve, estuviste, estuvo, estuvimos, estuvisteis, estuvieron

haber *to have*

Present	he, has, ha, hemos, habéis, han
Present subjunctive	haya, hayas, haya, hayamos, hayáis, hayan
Preterite	hube, hubiste, hubo, hubimos, hubisteis, hubieron
Future	habré, habrás, habrá, habremos, habréis, habrán
Conditional	habría, habrías, habría, habríamos, habríais, habrían

---

[8] Spelling changes are found in the present participle—*cayendo;* past participle—*caído;* and preterite—*caíste, cayó, caímos, caísteis, cayeron.*

hacer   *to do, to make*

Past participle	hecho
Present	hago, haces, hace, hacemos, hacéis, hacen
Preterite	hice, hiciste, hizo, hicimos, hicisteis, hicieron
Future	haré, harás, hará, haremos, haréis, harán
Conditional	haría, harías, haría, haríamos, haríais, harían
Command (tú)	haz

incluir[9]   *to include*

Present indicative	incluyo, incluyes, incluye, incluimos, incluís, incluyen

ir[10]   *to go*

Present	voy, vas, va, vamos, vais, van
Present subjunctive	vaya, vayas, vaya, vayamos, vayáis, vayan
Imperfect	iba, ibas, iba, íbamos, ibais, iban
Preterite	fui, fuiste, fue, fuimos, fuisteis, fueron
Command (tú)	ve

oír[11]   *to hear*

Present	oigo, oyes, oye, oímos, oís, oyen

poder   *to be able*

Present participle	pudiendo
Present indicative	puedo, puedes, puede, podemos, podéis, pueden
Preterite	pude, pudiste, pudo, pudimos, pudisteis, pudieron
Future	podré, podrás, podrá, podremos, podréis, podrán
Conditional	podría, podrías, podría, podríamos, podríais, podrían

poner   *to put, to place*

Past participle	puesto
Present	pongo, pones, pone, ponemos, ponéis, ponen

[9] Spelling changes are found in the present participle—*incluyendo;* and preterite—*incluyó, incluyeron.* Similar verbs are *atribuir, constituir, contribuir, distribuir, fluir, huir, influir,* and *sustituir.*

[10] A spelling change is found in the present participle—*yendo.*

[11] Spelling changes are found in the present participle—*oyendo;* past participle—*oído;* present indicative—*oímos;* and preterite—*oíste, oyó, oímos, oísteis, oyeron.*

Preterite	puse, pusiste, puso, pusimos, pusisteis, pusieron
Future	pondré, pondrás, pondrá, pondremos, pondréis, pondrán
Conditional	pondría, pondrías, pondría, pondríamos, pondríais, pondrían
Command (tú)	pon

producir   *to produce*

Present	produzco, produces, produce, producimos, producís, producen
Preterite	produje, produjiste, produjo, produjimos, produjisteis, produjeron

querer   *to wish, to want*

Present	quiero, quieres, quiere, queremos, queréis, quieren
Preterite	quise, quisiste, quiso, quisimos, quisisteis, quisieron
Future	querré, querrás, querrá, querremos, querréis, querrán
Conditional	querría, querrías, querría, querríamos, querríais, querrían

saber   *to know*

Present	sé, sabes, sabe, sabemos, sabéis, saben
Present subjunctive	sepa, sepas, sepa, sepamos, sepáis, sepan
Preterite	supe, supiste, supo, supimos, supisteis, supieron
Future	sabré, sabrás, sabrá, sabremos, sabréis, sabrán
Conditional	sabría, sabrías, sabría, sabríamos, sabríais, sabrían

salir   *to leave, to go out*

Present	salgo, sales, sale, salimos, salís, salen
Future	saldré, saldrás, saldrá, saldremos, saldréis, saldrán
Conditional	saldría, saldrías, saldría, saldríamos, saldríais, saldrían
Command (tú)	sal

ser   *to be*

Present	soy, eres, es, somos, sois, son
Present subjunctive	sea, seas, sea, seamos, seáis, sean
Imperfect	era, eras, era, éramos, erais, eran
Preterite	fui, fuiste, fue, fuimos, fuisteis, fueron
Command (tú)	sé

tener *to have*

Present	tengo, tienes, tiene, tenemos, tenéis, tienen
Preterite	tuve, tuviste, tuvo, tuvimos, tuvisteis, tuvieron
Future	tendré, tendrás, tendrá, tendremos, tendréis, tendrán
Conditional	tendría, tendrías, tendría, tendríamos, tendríais, tendrían
Command (tú)	ten

traer[12] *to bring*

Present	traigo, traes, trae, traemos, traéis, traen
Preterite	traje, trajiste, trajo, trajimos, trajisteis, trajeron

valer *to be worth*

Present	valgo, vales, vale, valemos, valéis, valen
Future	valdré, valdrás, valdrá, valdremos, valdréis, valdrán
Conditional	valdría, valdrías, valdría, valdríamos, valdríais, valdrían

venir *to come*

Present participle	viniendo
Present	vengo, vienes, viene, venimos, venís, vienen
Preterite	vine, viniste, vino, vinimos, vinisteis, vinieron
Future	vendré, vendrás, vendrá, vendremos, vendréis, vendrán
Conditional	vendría, vendrías, vendría, vendríamos, vendríais, vendrían
Command (tú)	ven

ver[13] *to see*

Past participle	visto
Present indicative	veo, ves, ve, vemos, veis, ven
Imperfect	veía, veías, veía, veíamos, veíais, veían

---

[12] Spelling changes are found in the present participle—*trayendo;* and the past participle—*traído.*
[13] Spelling changes are found in the preterite—*vi, vio.*

Vocabulario

The number following each entry indicates the lesson in which the word is first presented.

Spanish–English

A

a   *to, at, by, personal a (do not translate)*   1
  a bordo   *on board*   14
  a la plancha   *grilled*   20
  a menudo   *often*   9
  a veces   *sometimes*   1
  al costado   *on one's hip*   18
abandonar   *to abandon*   8
abierto, –a   *open*   10
abordar   *to board, to get on*   2
abrazo   *m*   *hug*   16
abrir   *to open*   1
abuela   *f*   *grandmother*   2
abuelo   *m*   *grandfather*
  pl.   *grandparents*   1
abundante   *abundant*   10
acabar   *to finish*   10
  acabar de   *to have just*   14
accidente   *m*   *accident*   4
aceite   *m*   *oil*   1
acelerador   *m*   *accelerator*   12
aceptar   *to accept*   5
acera   *f*   *sidewalk*   5
acercarse   *to approach*   16

acomodado, –a   *rich, well-off*   18
acompañado, –a   *accompanied*   5
acompañar   *to accompany*   4
aconsejar   *to advise*   15
acordarse (ue)   *to remember*   10
acostarse (ue)   *to go to bed, to lie down*   8
actividad   *f*   *activity*   8
actor   *m*   *actor*   3
actual   *present, of the present time*   21
acudir   *to go, to attend*   16
  acudir al quite   *to enter to distract the bull*   16
acusado, –a   *accused*   18
adaptar   *to adapt*   4
adelanto   *m*   *progress*   12
adiós   *good-bye*   6
administrador   *m*   *administrator*   7
¿adónde?   *where?*   1
aerograma   *m*   *airgram*   2
aeropuerto   *m*   *airport*   1
afán   *m*   *strong desire, eagerness*   21
afectar   *to affect*   1
afeitarse   *to shave*   8

afortunado, –a   *lucky*   21
afuera   *outside*   2
afueras   *f pl.   outskirts*   2
agravio   *m   crime, offense, injury*   21
agresivo, –a   *aggressive*   10
agricultor   *m   farmer*   13
agua   *f   water*   1
ahora   *now*   1
aire   *m   air*   6
ajo   *m   garlic*   9
ajustado, –a   *adjusted*   12
alcanzar   *to reach, to attain, to
    comprehend*   4
alcoba   *f   bedroom*   19
aldea   *f   village*   19
alegrarse   *to be happy*   13
alegre   *happy*   16
alemán, –a   *German*   1
algo   *something*   1
alguien   *someone*   1
alguno, –a   *some*   1
alimento   *m   food*   3
alineación   *f   alignment*   12
almendra   *f   almond*   20
almirante   *m   admiral*   23
almorzar (ue)   *to have lunch*   4
almuerzo   *m   lunch*   13
alquilar   *to rent*   16
alternativa   *f   bullfight ceremony that makes a
    novillero a matador*   16
alto, –a   *tall, high*   1
aluminio   *m   aluminum*   1
alumna   *f   student*   1
alumno   *m   student*   1
allá   *there*   3
allí   *there*   1
amable   *kind*   11
amanecer   *m   dawn*   4
ambición   *f   ambition*   12
ambiente   *m   environment, atmosphere*   21
ambos   *both*   9
ambulancia   *f   ambulance*   7
americano, –a   *American*   1

amiga   *f   friend*   1
amigo   *m   friend*   1
amistoso, –a   *friendly*   19
amor   *m   love*   8
anacronismo   *m   anachronism*   15
anciano, –a   *old*   23
andar   *to walk*   3
anestesia   *f   anesthesia*   7
anestesista   *m or f   anesthetist*   7
anglosajón, –a   *Anglo Saxon*   8
animal   *m   animal*   7
anoche   *last night*   2
anochecer   *m   sunset, dusk*   4
anónimo, –a   *anonymous*   21
ante   *in front of, before*   4
antes de   *before*   3
anticipación   *f   anticipation*   17
antiguo, –a   *old*   12
año   *m   year*   1
aparecer   *to appear*   4
apellido   *m   family name*   13
apetecer   *to like, to taste*   20
apetito   *m   appetite*   20
aplastar   *to crush, to smash*   15
aplauso   *m   applause*   16
aprender   *to learn*   1
aproximarse   *to come close, to
    approximate*   18
apunte   *m   note*   10
aquel, –la   *that*   2
aquí   *here*   1
árabe   *Arab, Arabic*   5
aragonés, –a   *of or from Aragón*   5
árbol   *m   tree*   12
argentino, –a   *Argentine*   1
argumento   *m   argument, plot*   19
armada   *f   armada*   23
armar   *to create*   15
  armar un escándalo   *to create a
    scene*   15
artesano   *m   skilled worker*   5
artículo   *m   article*   2
arrancar   *to start*   3

arranque *m* *starter* 12

arreglar *to arrange, to fix, to regulate* 14

arroz *m* *rice* 9

arruinar *to ruin* 15

asado, –a *roasted* 1

ascendencia *f* *origin, line of ancestors* 13

ascensor *m* *elevator* 18

asegurar *to insure* 22

asiento *m* *seat* 14

asistente de cabina *m* *flight attendant* 14

asistir *to attend* 4

asunto *m* *matter, business deal, subject, affair* 19

atacar *to attack* 7

ataque *m* *attack* 7

atender (ie) *to attend to, to take care of* 1

atleta *m or f* *athlete* 3

atormentar *to torment* 16

atractivo, –a *attractive* 5

atrás *back, in the back, behind* 12

aún *still, even* 18

aunque *although* 21

auricular *m* *phone receiver* 11

auscultar *to listen with a stethoscope* 7

auto *m* *car* 1

autobús *m* *bus* 1

automático, –a *automatic* 12

automóvil *m* *car* 1

automovilista *m or f* *driver of a car* 12

autor *m* *author* 9

autora *f* *author* 9

avenida *f* *avenue* 2

avión *m* *plane* 1

ayer *yesterday* 2

ayuda *f* *help* 2

ayudar *to help* 2

azúcar *m* *sugar* 5

azul *blue* 1

B

bailar *to dance* 1

baile *m* *dance* 1

bajar *to descend, to go down* 2

bajo, –a *short* 1

balanza *f* *scale* 17

balón *m* *ball* 4

baloncesto *m* *basketball* 4

banco *m* *bank, bench* 22

banda *f* *band* 16

baño *m* *bathroom* 14

barato, –a *inexpensive, cheap* 2

barbería *f* *barber shop* 22

barbero *m* *barber* 22

barco *m* *boat* 4

barquito *m* *little boat* 3

barra *f* *counter* 20

barriga *f* *stomach, belly* 7

barrio *m* *neighborhood, district* 2

base *f* *base* 3

básquetbol *m* *basketball* 4

bastante *enough* 1

batalla *f* *battle* 6

bateador *m* *batter* 3

batear *to bat* 3

batería *f* *battery* 12

baúl *m* *trunk* 3

bautizo *m* *baptism* 13

bebé *m or f* *baby* 9

beber *to drink* 1

bebida *f* *drink* 8

beca *f* scholarship 19
béisbol *m* baseball 3
belleza *f* beauty 5
bello, –a beautiful 4
beso *m* kiss 10
bestia *f* beast 18
bicicleta *f* bicycle 5
bien *well* 1
biftec *m* beefsteak 9
bigote *m* moustache 15
bilingüe *bilingual* 9
billete *m* ticket 2
biología *f* biology 7
bisabuelo *m* great-grandfather 6
blanco, –a white 7
blusa *f* blouse 12
bocadillo *m* sandwich 3
boda *f* wedding 23
boleto *m* ticket 2
bolsa *f* bag, pocketbook, sack 3

bomba *f* pump (air or water) 7
bombero *m* fire fighter 8
bombilla eléctrica *f* light bulb 14
bonete *m* hood (of a car) 12
bonito, –a pretty 5
bosquejo *m* sketch, outline 21
bota *f* boot 23
botella *f* bottle 12
botón *m* push button 11
boxeador *m* boxer 4
boxeo *m* boxing 4
brasileño, –a of or from Brazil 15
brazo *m* arm 7
breve *brief* 23
brindar to toast (with a drink) 8
bueno, –a good 1
bujía *f* sparkplug 12
bus *m* bus 2
buscar to look for 1

C

caballero *m* gentleman 1
caballo *m* horse 16
　caballo de carrera *m* race horse 16
caber to fit 17
cabina telefónica *f* telephone booth 11
cacahuate *m* peanut 19
cacahuete *m* peanut 19
cada *each* 1
caer to fall 3
café *m* coffee, café 1
caja *f* cashier, box 2
cajero *m* teller, cashier 22
calidad *f* quality 5
caliente hot, warm 7
calor *m* heat 2
calle *f* street 2

cama *f* bed 1
cámara *f* camera 9
camarera *f* waitress 8
camarero *m* waiter 8
cambiar to change 2
cambio *m* change, exchange 2
caminar to walk 1
camino *m* road 18
camión *f* bus, truck 19
camisa *f* shirt 1
campeón *m* champion 3
campo *m* field, country 3
canadiense *Canadian* 19
canasta *f* basket 1
canción *f* song 1
cansado, –a tired 3

cansar   *to tire*   8
cantar   *to sing*   1
capa   *f*   *cloak*   15
capital   *f*   *capital*   1
capó   *m*   *hood (of a car)*   12
capote   *m*   *cape used by bullfighters*   16
cara   *f*   *face*   7
carácter   *m*   *character*   23
característica   *f*   *characteristic*   1
carburador   *m*   *carburetor*   12
cardenal   *m*   *cardinal*   23
cardíaco, –a   *cardiac*   7
carga   *f*   *load, cargo, freight*   18
cariñoso, –a   *friendly, affectionate*   19
carne   *f*   *meat*   1
  carne de res   *f*   *beef*   8
caro, –a   *expensive*   2
carta   *f*   *letter*   1
cartero   *m*   *letter carrier*   12
carrera   *f*   *career, race*   3
carretera   *f*   *highway*   17
carro   *m*   *car*   1
casa   *f*   *house, home*   1
casarse   *to get married*   6
casi   *almost*   1
caso   *m*   *case*   14
castaño, –a   *brown, chestnut*   15
castañuelas   *f pl.*   *castanets*   1
castellano   *m*   *Spanish, Castilian*   19
castigar   *to punish*   16
castigo   *m*   *punishment*   18
catarro   *m*   *cold*   6
catástrofe   *m*   *catastrophe*   3
catedral   *f*   *cathedral*   1
causar   *to cause*   7
ceder   *to yield*   15
cenar   *to have dinner*   2
cenicero   *m*   *ashtray*   20
censura   *f*   *censorship*   21
centavo   *m*   *cent, penny*   11
centro   *m*   *center*   2
cerca   *near*   2
ceremonia   *f*   *ceremony*   23

cerrar (ie)   *to close*   7
cesta   *f*   *basket*   4
ciego, –a   *blind*   22
cien   *one hundred*   22
ciencia   *f*   *science*   7
cierto, –a   *certain*   16
cilindro   *m*   *cylinder*   12
cine   *m*   *movie, movie theater*   6
cirujana   *f*   *surgeon*   7
cirujano   *m*   *surgeon*   7
cirujía   *f*   *surgery*   7
cita   *f*   *date, appointment*   8
ciudad   *f*   *city*   1
ciudadana   *f*   *citizen*   9
ciudadano   *m*   *citizen*   9
civilización   *f*   *civilization*   18
clarín   *m*   *trumpet*   16
claro, –a   *clear, of course*   1
clase   *f*   *class*   1
clavado, –a   *fixed*   16
clave de área   *f*   *area code*   11
cliente   *m or f*   *client*   14
clima   *m*   *climate*   22
club   *m*   *club*   3
cobrador   *m*   *collector*   2
cobrar   *to cash, to charge, to collect*   2
cobre   *m*   *copper*   1
cocer (ue)   *to cook*   1
cocina   *f*   *kitchen*   5
cocinado, –a   *cooked*   9
cocinera   *f*   *cook*   18
coctel   *m*   *cocktail*   20
coche   *m*   *car*   2
cochecito de niño   *m*   *baby carriage*   15
cochinillo   *m*   *pig*   19
coger   *to grab, to grasp*   3
colaborar   *to collaborate*   4
colegio   *m*   *secondary school*   9
colgar (ue)   *to hang*   10
colmena   *f*   *beehive*   17
colombiano, –a   *Colombian*   1
colonia   *f*   *colony*   19
color   *m*   *color*   1

comandante *m or f* pilot 14
combustible *m* fuel 12
comedia *f* comedy 5
comenzar (ie) *to start* 3
comer *to eat* 1
comerciante *m or f* merchant 9
comercio *m* business, trade 3
comestibles *m pl.* food 3
cómico, –a funny 7
comida *f* food, meal 1
comité *m* committee 3
como *as, like* 1
¿cómo? how? 1
cómodo, –a comfortable 2
compañero *m* companion, friend 10
compañía *f* company 17
comparar *to compare* 15
completamente competely 9
completo, –a complete 20
complicado, –a complicated 19
comprar *to buy* 1
comprender *to understand* 2
computadora *f* computer 8
común common 1
concepto *m* concept 8
conciencia *f* conscience 7
conde *m* count 23
condición *f* condition 4
conducir *to drive* 2
conductor *m* conductor, driver 2
conexión *f* connection 11
confianza *f* confidence 11
conformar *to conform* 1
confortable comfortable 2
conmigo *with me* 3
conocer *to know, to be familiar with* 1
conocido, –a famous, known 21
consecuencia *f* consequence 9
conseguir (i, i) *to succeed in, to obtain* 3
consejo *m* advice 16
conserje *m* concierge 14
conserjería *f* concierge's desk or office 14
considerar *to consider* 21

consigna *f* baggage checkroom 14
construir *to construct* 5
contaminación *f* contamination, pollution 1
contaminado, –a contaminated, polluted 7
contaminar *to contaminate, pollute* 1
contar (ue) *to tell, to count* 5
contemporáneo, –a contemporary 19
contener *to contain* 1
contenido *m* contents 12
contento, –a happy 4
contestar *to answer* 5
contigo *with you* 3
continental *m or f* continental 9
continente *m* continent 9
continuación *f* continuation 5
continuar *to continue* 2
contra *against* 3
contrario *m* opposite 2
contribuir *to contribute* 3
convencido, –a convinced 15
conveniente convenient 2
convertir (ie, i) *to change* 23
copa *f* glass 4
corazón *m* heart 7
cordero *m* lamb 5
cortar *to cut* 7
cortejar *to court, to date* 6
corte *f* court *m* cut 13
  corte de pelo haircut 22
cortijo *m* ranch 23
corto, –a short 1
correa del dínamo *f* fan belt 12
corregir (i, i) *to correct* 16
correo *m* post office, mail 22
correr *to run* 3
corrida de toros bullfight 1
cosa *f* thing 1
cosecha *f* harvest 13
coser *to sew* 6
costar (ue) *to cost* 1
costarricense *of or from Costa Rica* 19
costo *m* cost 22

costumbre f custom 5
crear to create 1
crédito m credit 14
creer to believe 1
criada f maid 18
criarse to grow up 9
criatura f creature 16
criminal m or f criminal 18
criticar to criticize 15
crudo, –a raw 9
cruel cruel 16
crueldad f cruelty 21
cruzar to cross 2
cuaderno m notebook 12
cuadra f city block 2
cuadrilla f those who take care of a
    matador 16
¿cuál? which? which one? 1
cualquier any 5
cuando when 1
¿cuándo? when? 1
¿cuánto? how much? 5
cuarto m quarter, room 5
    cuarto sencillo m single room 14

cubierta f deck (of a boat), cover, hood (of a
    car) 4
cubrir to cover 10
cuenta f bill; account 14
    cuenta corriente f checking account 22
    cuenta de ahorros f savings
        account 22
cuento m story 1
cuerno m horn 16
cuero m leather 1
cuerpo m body 7
cuestión f question 1
cuestionar to question 10
cultura f culture 1
cumpleaños m birthday 13
cumplir to reach 16
cuñada f sister-in-law 13
cuñado m brother-in-law 13
curar to cure 12
curioso, –a strange, curious 9
curso m course 6
cuyo, –a whose 6

CH

chaleco m vest 14
    chaleco salvavidas m life jacket 14
champú m shampoo 22
chaqueta f jacket 22
cheque m check 22
    cheque de viajero m traveler's
        check 22
chequeado, –a checked 17
chica f girl 1

chico m boy 1
chileno, –a Chilean 1
chino, –a Chinese 10
chiste m joke 5
chistoso, –a funny 5
chocolate m chocolate 20
chofer m chauffeur, driver 1
choque m crash 7
chuleta f chop 20

D

daño *m* *harm* 3
dar *to give* 2
  dar a *to face* 14
  darse cuenta de *to realize* 10
de *of, from* 1
  de retraso *delay* 17
  de veras *really* 8
debajo de *below, underneath* 14
decidir *to decide* 2
decir *to say, to tell* 1
dedicado, –a *dedicated* 5
dedicar *to dedicate* 3
defecto *m* *defect* 1
definición *f* *definition* 15
dejar *to leave* 5
  dejar de *to stop* 9
delante de *in front of* 5
delantero *front* 12
delicado, –a *delicate* 22
delicioso, –a *delicious* 20
demás *the rest, the other* 18
demasiado *too much* 9
demora *f* *delay* 8
demostración *f* *demonstration* 14
demostrar (ue) *to show, to demonstrate* 14
dentro de *within* 14
departamento *m* *department* 7
depender *to depend* 1
dependiente *m or f* *clerk* 5
deporte *m* *sport* 4
deportivo, –a *athletic* 3
derecho, –a *right* 2
desaparecer *to disappear* 1
desarrollado, –a *developed* 18
desastroso, –a *disastrous* 21
descansar *to rest* 3
descanso *m* *rest* 7
descolgar (ue) *to pick up* 11
desconocido, –a *unknown* 21
describir *to describe* 1

descubrir *to discover* 10
desde *from, since* 2
desear *to wish, to want* 8
deseo *m* *desire, wish* 1
desilusionar *to disillusion* 15
desmayarse *to faint* 7
despacio *slowly* 14
despegar *to take off (airplane)* 3
despegue *m* *takeoff* 3
después *after* 3
destino *m* *destination, destiny* 3
destrucción *f* *destruction* 3
destruído, –a *destroyed* 3
destruir *to destroy* 3
detalle *m* *detail* 7
detener *to detain, to stop* 12
determinar *to determine* 7
detestar *to hate, to dislike* 9
detrás *behind* 6
devolver (ue) *to return* 10
día *m* *day* 1
diagnosis *f* *diagnosis* 12
diariamente *daily* 12
diccionario *m* *dictionary* 15
dicho *m* *saying, proverb* 1
diente *m* *tooth* 15
diferencia *f* *difference* 1
dinero *m* *money* 1
  dinero en efectivo *m* *cash* 20
dinosauro *m* *dinosaur* 15
diploma *m* *diploma* 10
dirección *f* *direction, address* 1
director *m* *director* 8
directora *f* *director* 8
dirigirse *to go toward, to direct* 15
disco *m* *disk; record* 11
discoteca *f* *discotheque* 8
discriminación *f* *discrimination* 18
discusión *f* *discussion* 10
discutir *to discuss, to argue* 4
disfrutar *to enjoy* 4

disponible *available* 14
distancia *f distance* 2
distinguir *to distinguish, to stand out* 4
distinto, –a *different* 1
distraer *to distract* 16
distribuir *to distribute* 12
divertirse (ie, i) *to have a good time, to enjoy* 20
dividir *to divide* 18
división *f division* 2
doble *double* 14
docena *f dozen* 7
doctora *f doctor* 8
documento *m document* 6
dólar *m dollar* 12
doler (ue) *to hurt* 7
dolor *m ache, pain* 7
   dolor de barriga *stomach ache* 7
donde *where* 1

¿dónde? *where?* 1
doña *f title of respect used before a woman's first name* 1
donjuan *m a don Juan type* 15
dormir (ue, u) *to sleep* 1
dormitorio *m room* 19
ducha *f shower* 14
dudar *to doubt* 16
dudoso, -a *doubtful* 16
dueña *f owner, chaperone* 6
dueño *m owner* 6
dulce *sweet* 20 *m candy* 20
dulcemente *sweetly* 23
duque *m duke* 23
duquesa *f duchess* 23
durante *during* 1
durar *to continue, to last* 2
duro, -a *hard* 4

E

e *and (before words beginning with i or hi)* 1
económico, -a *economic* 14
echar *to throw* 12
   echar piropos *to flirt* 15
edad *f age* 3
   Edad Media *Middle Ages* 18
edificio *m building* 3
EE.UU. *United States* (abbreviation) 1
eficiente *efficient* 19
egoísmo *m egotism* 15
ejercer *to exercise, to practice* 18
ejecutivo *m executive* 13
ejercicio *m exercise* 12
electricista *m or f electrician* 4
eléctrico, -a *electric* 12
elegante *elegant* 1
elegir (i, i) *to elect* 7
eliminar *to eliminate* 1

ella *she* 1
ellas *they* 1
ellos *they* 1
embrague *m clutch* 12
emergencia *f emergency* 7
empezar (ie) *to begin* 4
empleada *f employee* 5
empleado *m employee* 5
emplear *to use, to employ* 7
empujar *to push* 11
en *in* 1
   en seguida *at once* 1
enamorarse *to fall in love* 9
encargarse *to be responsible for* 14
encontrar (ue) *to find, to meet* 3
endosar *to endorse* 17
energía *f energy* 13
enfadarse *to get angry* 19
enfermera *f nurse* 1

enfermero *m* *nurse* 7

enfermo, -a *sick* 4

enfrente *in front of* 2

engrase *m* *grease job* 12

ensalada *f* *salad* 20

 ensalada de palmito *f* *hearts of palm salad* 20

enseñar *to teach, to show* 18

entender (ie) *to understand* 21

entero, -a *entire* 4

entonces *then* 2

entrada *f* *ticket, first course* 15

entrar *to enter* 4

entre *among, between* 1

entregar *to hand over, to give* 12

entrevista *f* *interview* 7

entusiasmo *m* *enthusiasm* 13

enviar *to send* 3

envolver (ue) *to wrap* 10

episodio *m* *episode* 4

equipaje *m* *baggage* 14

equipo *m* *team, equipment* 3

escala *f* *stop* 17

escándalo *m* *scandal* 15

escapar *to escape* 6

escaparate *m* *window* 5

escribir *to write* 1

escritor *m* *writer* 9

escritora *f* *writer* 10

escuchar *f* *to listen to* 6

escuela *f* *school* 3

ese, -a *that* 1

eso *that* 1

espada *f* *sword, dagger* 15

español, -a *Spanish* 1

especial *special* 7

especialidad *f* *specialty* 1

especialista *m or f* *specialist* 7

espectáculo *m* *spectacle, show* 16

espectador *m* *spectator* 4

especular *to speculate* 4

espejo *m* *mirror* 8

esperar *to wait for, to hope* 3

espeso, -a *thick* 12

esposa *f* *wife* 4

esposo *m* *husband* 6

esquí acuático *m* *water skiing* 4

esquiar *to ski* 4

esquina *f* *corner* 2

establecer *to establish* 1

estación *f* *station, season* 2

 estación de ferrocarril *f* *railroad station* 5

estadio *m* *stadium* 4

estado *m* *state* 3

estar *to be* 2

este *m* *East* 13

este, -a *this* 1

estereotipo *m* *stereotype* 1

estereotípico, -a *stereotypic* 1

estetoscopio *m* *stethoscope* 7

esto *this* 4

estómago *m* *stomach* 7

estoque *m* *bullfighter's sword* 16

estropear *to damage, to ruin, to break* 15

estudiante *m or f* *student* 1

estudiar *to study* 1

estudio *m* *study* 6

estupendo, -a *stupendous* 1

estúpido, -a *stupid* 6

étnico, -a *ethnic* 9

europeo, -a *European* 1

evidente *evident* 1

evitar *to avoid* 12

exacto, -a *exact* 2

exageración *f* *exaggeration* 1

exagerado, -a *exaggerated* 15

exagerar *to exaggerate* 1

examen *m* *examination, test* 7

examinar *to examine* 7

exceder *to exceed* 4

excelente *excellent* 7

excepción *f* *exception* 1

exhibir *to exhibit* 8

exigir *to demand* 15

éxito *m* *success* 7

experiencia f experience 6
experta f expert 12
experto m expert 12
explicar to explain 7
exquisito, -a exquisite 20

exterior exterior 4
extranjero m foreigner 1
extraordinario, -a extraordinary 20
extremo, -a extreme 15

F

fábrica f factory 1
fabricar to make, to manufacture 1
fácil easy 5
falda f skirt 12
falta f lack 8
faltar to lack 12
fama f fame 5
familia f family 2
famoso, -a famous 3
fanático, -a fan, zealot, fanatic 4
farmacéutica f pharmacist 9
farmacéutico m pharmacist 9
farmacia f pharmacy 9
fascinar to fascinate 7
fatalismo m fatalism 21
favor de please 17
favorito, -a favorite 4
fecha f date 13
feliz happy 23
femenina f feminine 18
fenomenalmente phenomenally 14
fenómeno m phenomenon 14
feo, -a ugly 21
feroz ferocious 6
ficción f fiction 1
ficticio, -a fictitious 1
fiebre f fever 7
fiera f wild beast 6
fiesta f party 9
figura f figure 6
figurar to figure 23
figurita f figurine 22

fila f line, row 15
filete m filet 20
filtro m filter 12
finca f farm 12
fino, -a fine, thin 1
firme firm 16
física f physics 7
físico, –a physical 7
flamenco flamenco 1
flor f flower 19
florecimiento m flourishing 21
fomentar to increase, to foster 14
forastero m foreigner 2
forma f form 1
formalidad f formality 17
formar to form 1
foto f photo 1
fotografía f picture, photograph 1
frágil fragile 22
francés, –a French 10
franqueo m postage 22
frecuencia f frequency 4
frecuentemente frequently 1
freno m brake 12
frente a opposite, in front of 2
fresco, –a fresh 20
frijol m bean 1
frío m cold 6
frito, –a fried 5
frontera f boundary, border 4
fruta f fruit 13
fruto m fruit, result 23

fuente *f* *source, fountain* 5
fuera *outside* 3
fuerte *strong* 1
fuerza *f* *force, strength* 16
fumar *to smoke* 17

funcionar *to function* 3
fútbol *m* *football* 4
futbolista *m or f* *football player* 7
futuro *m* *future* 21

G

ganadero *m* *cattle breeder* 23
ganado *m* *livestock* 23
ganar *to win, to earn* 4
garantizar *to guarantee* 22
gasolina *f* *gasoline* 5
gasolinera *f* *gas station* 12
gastar *to spend* 20
generalizar *to generalize* 20
generosamente *generously* 3
gente *f* *people* 1
gloria *f* *glory* 21
gobernador *m* *governor* 19
gobierno *m* *government* 1
golf *m* *golf* 4
golpe *m* *kick, blow* 7
golpear *to hit* 3
gotear *to drip* 14
gozar de *to enjoy* 8
gracias *f pl.* *thanks* 2

graduarse *to graduate* 9
gran, grande *big, large, great* 1
gratis *free* 17
grave *serious, grave* 7
griego *m* *Greek* 13
grifo *m* *faucet* 14
gritar *to shout, to scream* 4
grito *m* *shout, cry* 16
grupo *m* *group* 4
guagua *f* *bus (Cuba)* 19
guante *m* *glove* 3
guapo, –a *handsome* 1
guardar *to keep* 14
guerra *f* *war* 1
guía *m or f* *guide* 5
guisado *m* *stew* 20
guitarra *f* *guitar* 1
gustar *to be pleasing, to like* 1
gusto *m* *flavor, taste* 20

H

haba *f* *bean* 1
haber *to have* 1
habichuela *f* *kidney bean* 9
habitación *f* *room* 14
habitante *m or f* *inhabitant* 7
hablar *to speak* 1
hace *ago (+ time)* 1
hacer *to do, to make* 1
    hacer caso *to pay attention* 15

hallar *to find* 3
hambre *f* *hunger* 1
hamburguesa *f* *hamburger* 1
hasta *until, even* 2
hay *there is, there are* 1
helado *m* *ice cream* 20
hembra *f* *female* 15
herida *f* *wound* 7
herir (ie, i) *to wound, to hurt* 7

hermana *f* *sister* 1
hermano *m* *brother* 1
héroe *m* *hero* 3
híbrido *m* *hybrid, something created from two different species* 9
hija *f* *daughter* 5
hijo *m* *son* 3
hispano, –a *Hispanic* 4
hispanoamericano, –a *Spanish American* 1
historia *f* *story, history* 6
historieta *f* *cartoon, illustrated short story* 15

hogar *m* *home* 18
hombre *m* *man* 1
honor *m* *honor* 6
hora *f* *hour* 1
horno *m* *oven* 5
horror *m* *horror* 6
hotel *m* *hotel* 2
hoy *today* 1
humano *m* *human being* 16
humo *m* *smoke* 12
humor *m* *humor* 5
humorístico, –a *humorous* 5

I

idea *f* *idea* 5
identificación *f* *identification* 14
idioma *m* *language* 1
idiota *m or f* *idiot* 15
iglesia *f* *church* 5
ignorancia *f* *ignorance* 18
ignorar *to ignore* 1
igual *equal, the same* 1
imaginación *f* *imagination* 21
imaginar *to imagine* 8
imitar *to imitate* 4
implorar *to beg* 15
importante *important* 1
importar *to be important* 22
imposible *impossible* 14
impresión *f* *impression* 10
impresionante *impressive* 14
improbable *improbable* 14
inánime *lifeless* 16
incidente *m* *incident* 10
incierto, –a *uncertain* 16
inconsciente *unconscious* 7
independencia *f* *independence* 9
independiente *independent* 1
indicar *to indicate* 2

indígena *native* 18
individual *individual* 1
individualista *m or f* *individualist* 4
individuo *m* *individual* 1
industria *f* *industry* 12
infértil *infertile* 21
influir *to influence* 5
información *f* *information* 2
informar *to inform* 2
ingeniera *f* *engineer* 1
ingeniero *m* *engineer* 1
inglés *m* *English* 1
injusticia *f* *injustice* 18
inmediatamente *immediately* 6
inmigrante *m or f* *immigrant* 13
insignificante *insignificant* 18
insistir *to insist* 13
instrumento *m* *instrument* 4
insultar *to insult* 15
intelectual *intellectual* 6
inteligente *intelligent* 1
intercambio *m* *exchange* 6
interés *m* *interest* 1
internacional *international* 4
interpretar *to interpret* 13

intervenir *to intervene* 3
introducir *to introduce* 4
inventar *to invent* 4
investigar *to investigate* 12
invierno *m* *winter* 22
invitación *f* *invitation* 8
invitado *m* *guest* 18

invitar *to invite* 8
inyección *f* *injection* 7
ir *to go* 1
irresistible *irresistible* 15
isla *f* *island* 3
italiano, –a *Italian* 1
izquierdo, –a *left* 2

J

jabón *m* *soap* 5
jamás *never* 6
jardinero *m* *fielder, gardener* 3
jaula *f* *cage* 18
jefe *m* *leader, chief* 3
jonrón *m* *homerun* 3

joven *young* 1
juego *m* *game* 4
jugador *m* *player* 3
jugar (ue) *to play* 3
junto, –a *together* 1
justo, –a *fair* 14

K

kilo *m* *kilo* 5

kilómetro *m* *kilometer* 4

L

la *the, her, it* 1
labrar *to work* 13
lado *m* *side* 4
lago *m* *lake* 3
lágrima *f* *tear* 23
lamentar *to lament, to cry about* 6
langosta *f* *lobster* 12
largo, –a *long* 1
latín *m* *Latin* 19
latino, –a *Latin* 8

lavabo *m* *sink, washroom* 10
lavandería *f* *laundry* 18
lavar *to wash* 8
lazarillo *m* *guide for a blind person* 21
lección *f* *lesson* 3
leche *f* *milk* 20
lechón *m* *suckling pig* 1
leer *to read* 1
legalmente *legally* 18
lejos *far* 1

lengua *f* *language* 21
lesión *f* *lesion* 7
letra *f* *letter (alphabet), words* 1
   pl. *literature* 1
letrero *m* *sign* 2
levantarse *to get up* 4
ley *f* *law* 4
libertad *f* *liberty* 23
libre *free* 1
libremente *freely* 9
librería *f* *bookstore* 8
libreta *f* *passbook* 22
libro *m* *book* 1
licencia *f* *license* 10
liceo *m* *secondary school, high school* 10
líder *m* *leader* 3
liga *f* *league* 3
ligero, –a *light, quick* 20

límite *m* *limit* 15
limonada *f* *lemonade* 5
limpiar *to clean* 22
   limpiar en seco *to dry clean* 22
limpio, –a *clean* 10
linaje *m* *lineage* 23
línea *f* *line* 2
   línea aérea *f* *airline* 14
lista *f* *list* 3
listo, –a *ready, clever* 3
literatura *f* *literature* 8
lo *it, him* 1
loco, –a *crazy, mad* 16
lucha *f* *struggle* 18
luchar *to fight* 3
luego *then, next* 2
lugar *m* *place, spot* 2
lujo *m* *luxury* 20

LL

llamada *f* *call* 11
   llamada por cobrar *f* *collect call* 11
llamar *to call* 1
llanta *f* *tire* 12
llave *f* *key* 12
llegada *f* *arrival* 3

llegar *to arrive* 1
llenar *to fill* 3
lleno, –a *full* 16
llevar *to wear, to carry, to take* 1
llorar *to cry* 1
llover (ue) *to rain* 4

M

machismo *m* *machismo* 15
macho *macho* 15
madre *f* *mother* 2
madrileño, –a *from Madrid* 5
madrugada *f* *dawn* 7

maestra *f* *teacher* 7
maestro *m* *teacher* 22
magnífico, -a *magnificent* 23
maíz *m* *corn* 5
mal *m* *evil* 21

maleta *f* suitcase 1
maletín *m* small suitcase 1
malo, –a *bad* 2
maltratar *to mistreat* 21
mamá *f* mama 1
mandar *to send, to order* 7
manera *f* way, manner 2
maní *m* peanut 19
manifestar *to show* 15
manivela *f* crank 12
mano *f* hand 2
mantener *to maintain, to keep* 9
manual *manual* 12
mañana *f* morning 6
   m tomorrow 6
máquina *f* machine 7
mar *m* sea 1
maravilla *f* marvel 23
marca *f* brand, make, kind 12
marcar *to mark, to indicate* 11
   marcar con el disco *to dial* 11
marcha *f* speed, velocity 3
   en marcha *in motion* 3
margen *m* margin 21
marido *m* husband 9
marino *m* sailor 4
marisco *m* shellfish 1
más *more* 1
masa *f* mass 4
máscara *f* mask 14
masculinidad *f* masculinity 15
masculino, –a *masculine* 18
matador *m* matador 16
matemática *f* mathematics 12
matrimonio *m* married couple,
   marriage 20
mayor *older, oldest* 2
mayoral *m* boss, overseer 23
mayoría *f* majority 5
mecánico *m* mechanic 12
medianoche *f* midnight 2
médica *f* doctor 1
médico *m* doctor 7

medicina *f* medicine 3
medio, –a *half* 2
medir (i, i) *to measure* 7
mejor *better* 1
memoria *f* memory 19
menor *younger, youngest* 2
menos *less* 1
mente *f* mind 21
menú *m* menu 3
menudo, –a *small* 9
   a menudo *often* 9
mercado *m* market 1
merienda *f* snack 1
mes *m* month 6
mesa *f* table 3
mesero *m* waiter 8
mesón *m* inn, pub 1
metal *m* metal 1
meter *to put, to place* 4
método *m* method 16
mexicano, –a *Mexican* 1
mi *my* 1
mí *me* 3
miedo *m* fear 10
miembro *m* member 3
mientras *while* 1
migración *f* migration 17
mil *m* one thousand 1
millón *m* million 7
millonario *m* millionaire 23
minero *m* miner 13
miniatura *f* miniature 14
mínimo, –a *minimum* 4
mío, –a *mine* 9
mirar *to look at* 1
mismo, –a, *same* 1
modista *m or f* seamstress, tailor 9
molestar *to bother, to annoy* 6
momento *m* moment 3
moneda *f* coin 11
monstruo *m* monster 16
montaña *f* mountain 1
moribundo, –a *dying* 21

morir (ue, u) *to die* 3
mostrador *m* *counter* 20
mostrar (ue) *to show* 1
motor *m* *motor* 3
mozo *m* *boy, youth* 14
muchacha *f* *girl* 1
muchacho *m* *boy* 1
mucho, –a *much* 1
mudanza *f* *move* 9
mudarse *to move* 9
muelle *m* *pier, wharf* 4

muerto, –a *dead* 6
mujer *f* *woman* 1
mula *f* *mule* 18
muleta *f* *bullfighter's cape* 16
multa *f* *fine* 10
mundial *pertaining to the world* 4
mundo *m* *world* 1
museo *m* *museum* 1
música *f* *music* 16
musical *musical* 4
muy *very* 1

N

nacer *to be born* 3
nación *f* *nation* 9
nacional *national* 2
nacionalidad *f* *nationality* 19
nada *nothing* 1
nadar *to swim* 1
nadie *no one* 1
nariz *f* *nose* 12
natación *f* *swimming* 4
nativo, –a *native* 2
naturaleza *f* *nature* 3
navaja *f* *razor* 16
Navidad *f* *Christmas* 3
necesario, –a *necessary* 2
necesidad *f* *necessity* 14
necesitar *to need* 2
negar (ie) *to deny, to refuse* 18
negociante *m* *dealer, merchant* 23
negocio *m* *business, occupation* 14
negro, –a *black* 1
nervioso, –a *nervous* 7
neumático *m* *tire* 12
ni *neither, nor* 12
nicaragüense *of or from Nicaragua* 3
ninguno, –a *no, any* 3

niña *f* *girl* 1
niño *m* *boy* 2
noble *noble* 5
noche *f* *night* 1
Nochebuena *f* *Christmas Eve* 3
Nochevieja *f* *New Year's Eve* 3
nombrar *to name* 13
nombre *m* *name* 3
nordeste *m* *Northeast* 13
normalmente *normally* 12
noroeste *m* *Northwest* 13
norte *m* *North* 1
norteamericano, –a *North American* 1
nos *us* 1
nosotros, –as *we, us* 1
noticia *f* *notice, news* 3
novela *f* *novel* 12
novelista *m or f* *novelist* 15
novillero *m* *novice bullfighter* 16
novia *f* *fiancée* 6
novio *m* *fiancé* 6
nuevo, –a *new* 1
número *m* *number* 2
nunca *never, ever* 1

O

o or 1
obedecer to obey 23
obispo m bishop 23
obra f work 21
observar to observe 7
obstinado, -a stubborn 5
obtener to obtain 3
obviamente obviously 14
obvio, -a obvious
ocasión f occasion 9
ocupado, -a busy 11
ocurrir to occur 3
oeste m west 13
oficial official 5
oficialmente officially 7
oficina f office 1
oír to hear 3
ojalá would that 22
ojo m eye 1
oler (ue) to smell 16
olvidar to forget 10

operación f operation 7
operador m operator 11
operar to operate 7
opinión f opinion 5
oponer to oppose 6
oportunidad f opportunity 3
organización f organization 3
organizar to organize 3
orgullo m pride 23
origen m origin 4
original original 3
orilla f bank, shore 21
oro m gold 3
orquesta f orchestra 4
oscuridad f darkness 18
ostra f oyster 7
otoño m fall, autumn 7
otro, -a other, another 1
oveja f sheep 21
oxígeno m oxygen 14

P

paciencia f patience 5
paciente m or f patient 7
padre m father 1
    pl. parents 1
padrino m senior matador, sponsor,
    godfather 16
paella f saffron-flavored dish of rice with
    seafood, chicken, and vegetables 10
pagar to pay
país m country 1
paja f straw
pajarito m little bird 18
pájaro m bird
palabra f word 4
pálido, -a pale 7

paloma f dove, pigeon 23
pan m bread 1
pantalón m pants 4
panza f stomach (slang), belly 21
papa f potato 1
papá m dad 3
papel m paper, role 3
    papel higiénico m toilet paper 14
papelito m little paper 10
paquete m package 9
par m pair, couple 5
para for, in order to 1
parabrisas m windshield 12
parada f (bus) stop 2
paraguayo, a of Paraguay 7

368

parar *to stop* 2
parecer *to seem* 1
pared *f* *wall* 4
pariente *m or f* *relative* 9
parque *m* *park* 1
parte *f* *part* 1
participante *m or f* *participant* 6
participar *to participate* 4
partido *m* *game, political party, match* 3
pasado, –a *last, past* 4
pasaje *m* *fare, passage* 2
pasajera *f* *passenger* 2
pasajero *m* *passenger* 2
pasaporte *m* *passport* 9
pasar *to pass, to spend (time)* 1
pasear *to go for a walk* 5
paseíllo *m* *parade before bullfight* 16
pasillo *m* *aisle* 17
pasivo, –a *passive* 15
paso *m* *step, way* 15
pasodoble *m* *graceful march played during the bullfight* 16
patilla *m* *sideburn* 22
patria *f* *native country* 10
paz *f* *peace* 6
peatón *m* *pedestrian* 15
pedestal *m* *pedestal* 15
pediatría *f* *pediatrics* 7
pedir (i, i) *to ask for, to order* 1
pegado, –a *fastened* 6
peinar *to comb* 8
película *f* *film, movie* 3
peligro *m* *danger* 15
peligroso, –a *dangerous* 16
pelo *m* *hair* 1
   corte de pelo *haircut* 22
pelota *f* *ball* 3
pena *f* *pain, grief, penalty* 6
pensar (ie) *to think* 2
peor *worse* 2
pequeño, –a *small, little* 4
perder (ie) *to lose, to miss* 2
perdonar *to pardon* 11

perfectamente *perfectly* 8
perfecto, –a *perfect* 3
periódico *m* *newspaper* 1
periodista *m or f* *journalist* 5
permiso *m* *permission* 6
permitir *to allow* 17
pero *but* 1
perseguir (i, i) *to pursue* 7
persona *f* *person* 2
personal *personal* 1
peruano, –a *of Perú* 17
perro *m* *dog* 15
pesar *to weigh* 7
pesimista *pessimistic* 21
peso *m* *peso, monetary unit of Mexico and of several Latin American countries* 2
piano *m* *piano* 16
picador *m* *picador* 16
picante *spicy, hot* 9
pico *little* 9
pie *m* *foot* 2
piedra *f* *stone* 1
pieza *f* *piece, part* 22
pilotear *to pilot* 1
piloto *m* *pilot* 1
pimienta *f* *pepper* 12
pionero *m* *pioneer* 13
piropo *m* *flirtatious compliment* 15
piso *m* *floor, story* 14
pista *f* *runway, ski slope* 2
pistola *f* *pistol* 10
planchar *to iron* 22
platillo *m* *small dish* 20
plato *m* *dish, plate* 5
playa *f* *beach* 1
plaza *f* *plaza, square, place* 2
pleno, –a *full* 18
plomero *m* *plumber* 14
plomo *m* *lead* 12
población *f* *population* 7
pobre *poor* 1
poco, –a *little, few* 1
poder (ue) *to be able* 1

poema *m* poem 3
poeta *m or f* poet 15
policía *m or f* police officer
　f police department 1
político, –a *political* 14
pollo *m* chicken 2
poner *to put, to place* 1
popular *popular* 1
por *through, by* 1
　por ciento *percent* 7
　por poco *almost* 15
　¿por qué? *why?* 1
　por supuesto *of course* 19
　porque *because* 2
porcelana *f* porcelain 22
portafolios *m* briefcase 15
posesión *f* possession 3
posguerra *f* postwar 21
posible *possible* 1
potencia *f* potential, power 12
precio *m* price 1
precioso, –a *delightful, precious* 16
preferir (ie, i) *to prefer* 1
pregunta *f* question 2
preguntar *to ask* 1
preocupación *f* worry 12
preocuparse *to worry* 22
preparado, –a *prepared, ready* 3
preparar *to prepare* 1
presentar *to present* 3
presidente *m* president 3
presión *f* pressure 7
　presión arterial *f* blood pressure 7
préstamo *m* loan 20
presupuesto *m* budget 20
primavera *f* spring 23
primero, –a *first* 1
primo *m* cousin 9
principio *m* beginning 10
prisa *f* haste, hurry 1
privado *private* 11

privilegio *m* privilege 18
probable *probable* 14
probablemente *probably* 1
probar (ue) *to try, to taste* 20
problema *m* problem 4
procedente *coming* 17
producir *to produce* 3
producto *m* product 5
profesional *professional* 3
profesor *m* professor 1
profesora *f* professor 1
programa *m* program 6
progresar *to progress* 18
progreso *m* progress 12
prohibir *to prohibit* 4
promedio *m* average 3
prometer *to promise* 11
pronunciar *to pronounce* 19
propiedad *f* property 18
propio, –a *one's own* 7
proporción *f* proportion 18
proteger *to protect* 4
provecho *m* advantage, profit, gain 20
　¡buen provecho! *bon appetit!* 20
proverbio *m* proverb 1
próximo, –a *next* 3
proyecto *m* project 19
publicidad *f* publicity 14
pueblo *m* town 1
puerta *f* door, gate 1
puertorriqueño, –a *Puerto Rican* 3
pues *well, then* 1
puesto *m* job, position 7
punitivo, –a *punitive* 16
punto *m* point 7
　tomar puntos *to stitch* 7
puntual *punctual* 8
puntualidad *f* punctuality 8
purgante *m* laxative 12
puro, –a *pure* 9
puya *f* steel point 16

Q

que *that, who, which*   1
¿qué? *what? how?*   1
quedar *to stay, to remain*   1
quehacer *m* *chore*   22
querer (ie) *to wish, to want*   1

queso *m* *cheese*   2
¿quién? *who?*   1
química *f* *chemistry*   7
quitar *to take off, to take away*   10
quizás *perhaps*   1

R

radiador *m* *radiator*   12
ranura *f* *slot, groove*   11
rápido, –a *rapid, quickly*   1
raro, –a *rare, strange*   8
rasgo *m* *characteristic*   21
rastro *m* *trace*   23
raza *f* *race*   1
razón *f* *reason*   4
reaccionar *to react*   15
realidad *f* *reality*   21
realizar *to realize, to achieve*   9
realmente *really*   4
rebaño *m* *flock, herd*   21
rebosar *to overflow, to abound*   21
recepción *f* *reception, front desk*   14
receta *f* *recipe*   19
recibir *to receive*   1
reciente *recently*   13
recientemente *recently*   13
recoger *to pick up, to gather*   10
recomendar (ie) *to recommend*   2
reconocer *to recognize*   4
recordar (ue) *to remember*   8
rechazar *to reject*   9
refrán *m* *saying, proverb*   1
refrigerio *m* *refreshment, snack*   20
refresco *m* *drink, refreshment*   3
regalo *m* *gift*   3
región *f* *region*   1
regional *regional*   5

regla *f* *rule*   4
regresar *to return*   9
regreso *m* *return*   9
reír *to laugh*   5
   reír a carcajadas *to burst out laughing*   5
relacionado, –a *related*   14
relatar *to relate*   5
relevancia *f* *relevance*   15
reloj *m* *watch, clock*   10
   reloj de pulsera *wristwatch*   10
relleno *m* *filling*   20
remar *to row*   3
reparación *f* *repair*   12
reparar *to repair*   14
repetir (i, i) *to repeat*   6
representar *to represent*   1
repostería *f* *pastry, confectionery*   20
reputación *f* *reputation*   7
res *f* *head of cattle*   5
   carne de res *beef*   8
rescate *m* *ransom*   23
reservación *f* *reservation*   14
residencia *f* *residence, residency*   7
resistir *to resist*   16
resolver (ue) *to resolve*   6
respiración *f* *breathing*   16
respirador *m* *respirator*   7
respirar *to breathe*   7
responder *to answer, to respond*   5

restaurante *m*   *restaurant*   1
resultar   *to result*   4
reventar   *to explode, to burst*   23
revisar   *to change, to look over*   12
revista *f*   *magazine*   8
revolución *f*   *revolution*   2
rico, –a   *rich*   1
ridículo, –a   *ridiculous*   8
río *m*   *river*   1
risa *f*   *laughter*   5
robar   *to rob*   13
rodear   *to surround*   23
rogar (ue)   *to beg, to ask for*   15
rojo, –a   *red*   1
rol *m*   *role*   18

romántico, –a   *romantic*   15
romper   *to break*   7
ropa *f*   *clothing*   1
rosa *f*   *rose*   1
roto, –a   *broken*   7
rubio, –a   *blond*   1
rueda *f*   *wheel*   12
ruedo *m*   *bullring*   16
ruido *m*   *noise*   14
ruinas *f pl.*   *ruins*   3
ruso, –a   *Russian*   19
rústico, –a   *rustic, coarse, crude*   5
ruta *f*   *route*   2
rutinariamente   *routinely*   12
rutinario, –a   *routine*   12

S

sábana *f*   *sheet*   14
saber   *to know*   1
sabor *m*   *taste*   1
sabroso, –a   *tasty*   13
sacar   *to take out*   10
sajón, –a   *Saxon*   18
sal *f*   *salt*   12
sala *f*   *hall, living room, room*   7
salario *m*   *salary*   4
salchicha *f*   *sausage*   3
salida *f*   *exit, departure*   1
salir   *to leave*   1
salud *f*   *health*   8
saludar   *to greet*   4
saludo *m*   *greeting*   8
salvación *f*   *salvation*   23
salvar   *to save, to rescue*   3
sándwich *m*   *sandwich*   2
sano, –a   *healthy*   7
santa *f*   *saint*   6
santo *m*   *saint, saint's day*   13
sarape *m*   *serape, Mexican heavy shawl or
    small blanket*   1

sartén *f*   *frying pan*   1
sección *f*   *section*   2
secretario *m*   *secretary*   1
secundario, –a   *secondary*   7
segregación *f*   *segregation*   9
seguir (i, i)   *to follow*   2
según   *according to*   2
seguridad *f*   *safety*   14
seguro, –a   *sure, safe, certain*   9
    m   *insurance*   22
sello *m*   *stamp*   22
semáforo *m*   *traffic light*   12
semana *f*   *week*   3
semejanza *f*   *similarity*   1
sencillo, –a   *simple*   12
sentado, –a   *seated*   2
sentarse (ie)   *to sit down*   2
sentido *m*   *sense*   5
sentir (ie, i)   *to feel*   6
señor *m*   *Mr., gentleman*   1
señora *f*   *Mrs., Ms., lady*   1
señorita *f*   *Miss, Ms., young lady*   1
ser   *to be*   1

serie *f* *series* 16

serio, –a *serious* 23

servicio *m* *service* 2

   servicio de almacén *m* *storage* 22

servir (i, i) *to serve* 1

sevillano, –a *of or from Seville* 5

si *if* 1

siempre *always* 1

siesta *f* *nap* 1

siglo *m* *century* 1

significar *to mean* 15

silla *f* *chair, seat* 8

similar *similar* 1

simpático, –a *nice* 2

sin *without* 1

   sin embargo *nevertheless* 9

sino *but, but rather* 12

síntoma *m* *symptom* 7

sinvergüenza *m* *scoundrel* 6

sistema *m* *system* 2

situado, –a *situated* 10

sobre *over* 3

sobrepasar *to exceed* 4

sobrina *f* *niece* 13

sobrino *m* *nephew* 13

social *social* 5

sociedad *f* *society* 18

socorro *m* *help* 3

sofá *m* *sofa* 7

sol *m* *sun* 4

solamente *only* 1

soldado *m* *soldier* 3

soler (ue) *to be accustomed to* 20

solicitar *to solicit* 7

solitario, –a *solitary, alone* 4

solo, –a *alone* 1

sólo *only* 1

sombrero *m* *hat* 1

sonar (ue) *to ring, to sound* 11

sonreír *to smile* 7

sonrisa *f* *smile* 5

soñar (ue) *to dream* 9

sopa *f* *soup* 6

suave *soft, smooth* 19

subir *to go up, to get on* 1

subordinado, –a *subordinate* 18

suburbio *m* *suburb* 2

sucio, –a *dirty* 12

sudamericano, –a *South American* 1

sudar *to sweat* 7

sudoeste *m* *Southwest* 13

suela *f* *sole (of a shoe)* 9

sueldo *m* *salary* 18

suelo *m* *floor, ground* 13

sueño *m* *dream* 3

suerte *f* *luck* 16

sufragio *m* *right to vote, suffrage* 18

sufrir *to suffer* 7

sugerir (ie, i) *to suggest* 15

sumamente *highly, extremely* 4

superar *to stand out* 4

superior *superior* 9

suplicar *to ask for* 15

suplir *to supply* 12

supremo, –a *supreme* 23

sur *m* *South* 13

suroeste *m* *Southwest* 13

T

tabaco *m* *tobacco* 3

tal *such, so, as, thus* 21

talón *m* *check, ticket, receipt* 14

tamaño *m* *size* 13

también *also* 1

tan *so* 2

tango *m* tango 8
tanque *m* tank 12
tanto, –a *so much, as much* 10
tarde *late* 2
   f afternoon 1
tarifa *f tax, fare* 17
tarjeta *f card* 14
   tarjeta de crédito *f credit card* 14
   tarjeta de embarque *f boarding card*
   (*pass*) 17
   tarjeta postal *f postcard* 22
taxi *m taxi* 2
taza *f cup* 7
té *m tea* 5
teatro *m theater* 3
técnico, –a *technical* 8
tejano, –a *of or from Texas* 5
telefonista *m or f telephone operator* 18
teléfono *m telephone* 10
televisión *f television* 1
televisor *m television set* 14
tema *m theme* 19
temer *to fear* 13
temperatura *f temperature* 7
temporada *f season* 3
temprano *early* 1
tener *to have* 1
   tener ganas de *to feel like* 8
   tener gracia *to be funny* 5
   tener que *to have to* 1
tenis *m tennis* 4
teoría *f theory* 15
terco, –a *stubborn* 5
terminal *f (airline) terminal* 2
terminar *to finish* 4
terremoto *m earthquake* 3
terrible *terrible* 7
territorio *m territory* 23
tía *f aunt* 6
ticket *m ticket* 2
tiempo *m time, weather* 2
tienda *f store* 1
tierra *f land* 1

tigre *m tiger* 15
tiniebla *f darkness, ignorance* 18
tintorería *f dry cleaner's* 22
tío *m uncle* 13
tipo *m type* 10
tirar *to throw, to pull* 4
título *m title* 23
toalla *f towel* 14
tocar *to touch, to play (an instrument)* 1
todavía *still* 3
todo, –a *all* 1
tolerante *tolerant* 21
tomar *to take, to drink, to eat* 1
   tomar la alternativa *to participate in the*
   bullfight ceremony in which a novillero
   becomes a matador 16
tonto, –a *stupid* 19
torear *to fight a bull* 16
torero *m bullfighter* 16
toril *m door or gate through which the bull*
   enters the arena 16
tormenta *f torment, storm* 16
toro *m bull* 4
tortilla *f cornmeal tortilla, omelet* 3
torta *f cake* 20
torturar *to torture* 4
torre *f tower* 5
toser *to cough* 6
tostado, –a *toasted* 20
total *total* 3
totalmente *totally* 1
trabajador *m worker* 1
trabajadora *f worker* 1
trabajar *to work* 1
trabajo *m work* 1
tradición *f tradition* 5
tradicional *traditional* 18
traducir *to translate* 3
traer *to bring* 1
tráfico *m traffic* 2
tragedia *f tragedy* 5
traje *m suit* 11
transferido, –a *transferred* 12

transmisión *f* *transmission* 12
trapo *m* *rag* 4
trasero, –a *back, rear* 12
tratar *to try, to treat* 6
tremendo, –a *tremendous* 4
tren *m* *train* 1
tripulación *f* *crew aboard an airplane or ship* 14
triste *sad* 5
tristeza *f* *sadness* 7
triunfar *to triumph* 16

triunfo *m* *triumph* 16
tronco *m* *tree trunk* 7
tropical *tropical* 3
trozo *m* *piece* 20
trucha *f* *trout* 20
tubo *m* *pipe* 12
  tubo de escape *m* *tail pipe* 12
turismo *m* *tourism* 1
turista *m or f* *tourist* 1
turno *m* *turn* 7
tuyo, –a *yours* 9

U

u *or (before words beginning with o or ho)* 4
último, –a *last* 2
un, una *a, an, one* 1
único, –a *only, only one* 9

unión *f* *union* 23
universidad *f* *university* 5
usar *to use* 1
útil *useful* 1

V

vacación *f* *vacation* 1
vaciar *to empty* 7
vacío *m* *vacuum, emptiness* 4
valenciano, –a *of Valencia* 16
valer *to be worth* 17
valiente *brave* 16
valle *m* *valley* 13
vaquilla *f* *young cow* 23
variar *to vary* 18
variedad *f* *variety* 10
varios, –as *various, several* 1
varón *m* *male, man, boy* 15
vasco, –a *Basque* 4
vecino *m* *neighbor* 12
vegetal *m* *vegetable* 1

velocidad *f* *speed, velocity* 4
vender *to sell* 1
vengado, –a *avenged* 21
venir *to come* 1
venta *f* *sale* 8
ventaja *f* *advantage* 14
ventana *f* *window* 7
ventanilla *f* *little window, ticket window* 8
ver *to see* 1
verano *m* *summer* 4
verdad *f* *truth, true* 1
verdadero, –a *true, real* 1
verde *green* 2
verónica *f* *pass with the capote* 16

versión *f* *version* 19
vestido *m* *dress* 1
vestir (i, i) *to dress* 6
vez *f* *time* 2
viajar *to travel* 1
viaje *m* *trip* 1
viajero *m* *traveler* 14
víctima *f* *victim* 3
victorioso, –a *victorious* 4
vida *f* *life* 3
vidrio *m* *glass* 7
viejecita *f* *little old lady* 6
viejo, –a *old* 1
vino *m* *wine* 10
violentamente *violently* 3
violín *m* *violin* 16
virar *to turn* 2

virtud *f* *virtue* 1
visado *m* *visa* 17
visitar *to visit* 1
vista *f* *sight, view* 3
viuda *f* *widow* 6
vivir *to live* 1
volante *m* *steering wheel* 12
volar (ue) *to fly* 17
vólibol *m* *volleyball* 4
voluntario, –a *voluntary* 7
   m *volunteer* 7
volver (ue) *to return* 1
vomitar *to vomit* 7
voz *f* *voice* 14
vuelo *m* *flight* 9
vuelta *f* *turn* 17

Y

ya *already* 3

yanqui *m* *Yankee* 9

Z

zapato *m* *shoe* 1

English-Spanish

A

a *un* 1
   una 1
to abandon *abandonar* 8
to be able *poder (ue)* 1
to abound *rebosar* 21
   abundant *abundante* 10
   accelerator *acelerador* m 12
to accept *aceptar* 5
   accident *accidente* m 4
   accompanied *acompañado, –a* 5
to accompany *acompañar* 4
   according to *según* 2
   account *cuenta* f 14
   accused *acusado, –a* 18
to be accustomed to *soler (ue)* 20
   ache *dolor* m 7
to achieve *realizar* 9
   activity *actividad* f 8
   actor *actor* m 3
to adapt *adaptar* 4
   address *dirección* f 1
   adjusted *ajustado, –a* 12
   administrator *administrador* m 7
   admiral *almirante* m 23
   advantage *provecho* m 20
      ventaja f 14
   advice *consejo* m 16
to advise *aconsejar* 15
   aerogram *aerograma* m 2
   affair *asunto* m 19
to affect *afectar* 1
   affectionate *cariñoso, –a* 19
   after *después* 3
   afternoon *tarde* f 1
   against *contra* 3
   age *edad* f 3
   aggressive *agresivo, –a* 10
   ago (+ time) *hace* 1
   air *aire* m 6
   airline *línea aérea* f 14
   airport *aeropuerto* m 1
   aisle *pasillo* m 17
   alignment *alineación* f 12
   all *todo, –a* 1

to allow *permitir* 17
   almond *almendra* f 20
   almost *por poco* 15
      casi 1
   alone *solo, –a* 1
      solitario, –a 4
   already *ya* 3
   also *también* 1
   although *aunque* 21
   aluminum *aluminio* m 1
   always *siempre* 1
   ambition *ambición* f 12
   ambulance *ambulancia* f 7
   American *americano, –a* 1
   among *entre* 1
   an *un* 1
      una 1
   anachronism *anacronismo* m 15
   ancestors (line of) *ascendencia* f 13
   and *e* (before words beginning with *i* or *hi*) 1
   anesthesia *anestesia* f 7
   anesthetist *anestesista* m or f 7
   Anglo-Saxon *anglosajón, –ona* 8
to get angry *enfadarse* 19
   animal *animal* m 7
to annoy *molestar* 6
   anonymous *anónimo, –a* 21
   another *otro, –a* 1
to answer *responder* 5
      contestar 5
   anticipation *anticipación* f 17
   any *cualquier* 5
      ninguno, –a 3
to appear *aparecer* 4
   appetite *apetito* m 20
   applause *aplauso* m 16
   appointment *cita* f 8
to approach *acercarse* 16
to approximate *aproximarse* 18
   Arab, Arabic *árabe* 5
   Aragon (of or from) *aragonés, –esa* 5
   area code *clave de área* f 11
   Argentine *argentino, –a* 1

to argue *discutir* 4
   argument *argumento* m 19
   arm *brazo* m 7
   armada *armada* f 23
to arrange *arreglar* 14
   arrival *llegada* f 3
to arrive *llegar* 1
   article *artículo* m 2
   as *tal* 21
      como 1
   ashtray *cenicero* m 20
to ask *preguntar* 1
   to ask for *pedir (i, i)* 1
      rogar (ue) 15
      suplicar 15
   as much *tanto, –a* 10
   at *a* 1
   athlete *atleta* m or f 3
   athletic *deportivo, –a* 3
   atmosphere *ambiente* m 21
   at once *en seguida* 1
   attack *ataque* m 7
to attack *atacar* 7
to attain *alcanzar* 4
to attend *asistir* 4
      acudir 16
   to attend to *atender (ie)* 1
   attractive *atractivo, –a* 5
   aunt *tía* f 6
   author *autora* f 9
      autor m 9
   automatic *automático, –a* 12
   autumn *otoño* m 7
   available *disponible* 14
   avenged *vengado, –a* 21
   avenue *avenida* f 2
   average *promedio* m 3
to avoid *evitar* 12

B

   baby *bebé* m or f 9
   baby carriage *cochecito de niño* m 15
   back *atrás* 12
      trasero, –a 12
   bad *malo, –a* 2
   bag *bolsa* f 3

baggage *equipaje* m 14
   baggage checkroom *consigna* f 14
ball *balón* m 4
   pelota f 3
band *banda* f 16
bank (institution) *banco* m 22 (of a river) *orilla* f 21
baptism *bautizo* m 13
barber *barbero* m 22
   barbershop *barbería* f 22
base *base* f 3
baseball *béisbol* m 3
basket *cesta* f 4
   canasta f 1
basketball *baloncesto* m 4
   básquetbol m 4
Basque *vasco, –a* 4
to bat *batear* 3
bathroom *baño* m 14
batter *bateador* m 3
battery *batería* f 12
battle *batalla* f 6
to be *ser* 1
   estar 2
beach *playa* f 1
bean *frijol* m 1
   haba f 1
   kidney bean *habichuela* f 9
beast *bestia* f 18
beautiful *bello, –a* 4
beauty *belleza* f 5
because *porque* 2
bed *cama* f 1
   to go to bed *acostarse (ue)* 8
bedroom *alcoba* f 19
beef *carne de res* f 8
beefsteak *biftec* m 9
beehive *colmena* f 17
before *ante* 4
   antes de 3
to beg *implorar* 15
   rogar (ue) 15
to begin *empezar (ie)* 4
beginning *principio* m 10
behind *detrás* 6
   atrás 12
to believe *creer* 1

belly *panza* f 21
   barriga f 7
below *debajo de* 14
bench *banco* m 22
better *mejor* 1
between *entre* 1
bicycle *bicicleta* f 5
big *gran, grande* 1
bilingual *bilingüe* 9
bill *cuenta* f 14
biology *biología* f 7
bird *pájaro* m 5
   little bird *pajarito* m 18
birthday *cumpleaños* m 13
bishop *obispo* m 23
black *negro, –a* 1
blind *ciego, –a* 22
block (city) *cuadra* f 2
blond *rubio, –a* 1
blood pressure *presión arterial* f 7
blouse *blusa* f 12
blow *golpe* m 7
blue *azul* 1
to board *abordar* 2
boarding card (pass) *tarjeta de embarque* f 17
boat *barco* m 4
   little boat *barquito* m 3
body *cuerpo* m 7
bon appetit! *¡buen provecho!* 20
book *libro* m 1
bookstore *librería* f 8
boot *bota* f 23
border *frontera* f 4
to be born *nacer* 3
boss *mayoral* m 23
both *ambos* m 9
to bother *molestar* 6
bottle *botella* f 12
boundary *frontera* f 4
box *caja* f 2
boxer *boxeador* m 4
boxing *boxeo* m 4
boy *niño* m 2
   muchacho m 1
   mozo m 14
   varón m 15
   chico m 1
brake *freno* m 12
brand *marca* f 12

brave *valiente* 16
Brazilian *brasileño, –a* 15
bread *pan* m 1
to break *romper* 7
   estropear 15
to breathe *respirar* 7
breathing *respiración* f 16
brief *breve* 23
briefcase *portafolios* m 15
to bring *traer* 1
broken *roto, –a* 7
brother *hermano* m 1
   brother-in-law *cuñado* m 13
brown *castaño, –a* 15
budget *presupuesto* m 20
building *edificio* m 3
bull *toro* m 4
bullfight *corrida de toros* f 1
bullfighter *torero* m 16
bullring *ruedo* m 16
to burst *reventar* 23
bus *autobús* m 1
   bus m 2
   camión f 19
   guagua (Cuba) f 19
business *negocio* m 14
   comercio m 3
   business deal *asunto* m 19
bus stop *parada* f 2
busy *ocupado, –a* 11
but *pero* 1
   sino 12
   but rather *sino* 12
to buy *comprar* 1
by *a* 1
   por 1

C

café *café* m 1
cage *jaula* f 18
cake *torta* f 20
call *llamada* f 11
   collect call *llamada por cobrar* f 11
to call *llamar* 1
camera *cámara* f 9
Canadian *canadiense* 19
candy *dulce* m 20

cape (bullfighter's) *muleta*
f 16 *capote* m 16
capital *capital* f 1
car *automóvil* m 1
auto m 1
carro m 1
coche m 2
carburetor *carburador* m
12
card *tarjeta* f 14
cardiac *cardíaco, –a* 7
cardinal *cardenal* m 23
career *carrera* f 3
cargo *carga* f 18
to carry *llevar* 1
cartoon *historieta* f 15
case *caso* m 14
cash *dinero en efectivo* m
20
to cash *cobrar* 2
cashier *cajero* m 22
caja f 2
castanets *castañuelas* f pl
1
Castilian *castellano* m 19
catastrophe *catástrofe* m 3
cathedral *catedral* f 1
cattle breeder *ganadero* m
23
to cause *causar* 7
censorship *censura* f 21
cent *centavo* m 11
center *centro* m 2
century *siglo* m 1
ceremony *ceremonia* f 23
bullfight ceremony that
makes a novillero a mat-
ador *alternativa* f 16
certain *seguro, –a* 9
cierto, –a 16
chair *silla* f 8
champion *campeón* m 3
change *cambio* m 2
to change *cambiar* 2
convertir (ie, i) 23
revisar 12
chaperon *dueña* f 6
character *carácter* m 23
characteristic *característica* f
1 *rasgo* m 21
to charge *cobrar* 2
chauffeur *chofer* m 1

cheap *barato, –a* 2
check *cheque* m 22
talón m 14
checked *chequeado, –a* 17
checking account *cuenta
corriente* f 22
cheese *queso* m 2
chemistry *química* f 7
chestnut (color) *castaño, –a*
15
chicken *pollo* m 2
chief *jefe* m 3
Chilean *chileno, –a* 1
Chinese *chino, –a* 10
chocolate *chocolate* m 20
chop *chuleta* f 20
chore *quehacer* m 22
Christmas *Navidad* f 3
Christmas Eve *Nochebuena*
f 3
church *iglesia* f 5
citizen *ciudadana* f 9
ciudadano m 9
city *ciudad* f 1
civilization *civilización* f
18
class *clase* f 1
clean *limpio, –a* 10
to clean *limpiar* 22
clear *claro, –a* 1
clerk *dependiente* m or f 5
clever *listo, –a* 3
client *cliente* m or f 14
climate *clima* m 22
cloak *capa* f 15
clock *reloj* m 10
to close *cerrar (ie)* 7
clothing *ropa* f 1
club *club* m 3
clutch *embrague* m 12
coarse *rústico, –a* 5
cocktail *coctel* m 20
coffee *café* m 1
coin *moneda* f 11
cold *frío* m 6
catarro m 6
to collaborate *colaborar* 4
to collect *cobrar* 2
collector *cobrador* m 2
colony *colonia* f 19
color *color* m 1
Colombian *colombiano, –a* 1

to comb *peinar* 8
to come *venir* 1
to come close *aproximarse*
18
comedy *comedia* f 5
comfortable *cómodo, –a* 2
coming *procedente* 17
committee *comité* m 3
common *común* 1
companion *compañero* m
10
company *compañía* f 17
to compare *comparar* 15
complete *completo, –a* 20
completely *completamente* 9
complicated *complicado, –a*
19
computer *computadora* f 8
concept *concepto* m 8
concierge *conserje* m 14
concierge's desk or office
conserjería f 14
condition *condición* f 4
conductor *conductor* m 2
confectionery *repostería* f
20
confidence *confianza* f 11
to conform *conformar* 1
comfortable *confortable* 2
connection *conexión* f 11
conscience *conciencia* f 7
consequence *consecuencia* f
9
to consider *considerar* 21
to construct *construir* 5
to contain *contener* 1
to contaminate *contaminar* 1
contaminated *contaminado, –a*
7
contamination *contaminación*
f 1
contemporary *contemporá-
neo, –a* 19
contents *contenido* m 12
continent *continente* m 9
continental *continental* m
or f 9
continuation *continuación* f
5
to continue *continuar* 2
durar 2
to contribute *contribuir* 3

convenient *conveniente* 2
convinced *convencido, –a* 15
cook *cocinera* f 18
to cook *cocer (ue)* 1
cooked *cocinado, –a* 9
copper *cobre* m 1
corn *maíz* m 5
corner *esquina* f 2
to correct *corregir (i, i)* 16
cost *costo* m 22
to cost *costar (ue)* 1
Costa Rican *costarricense* 19
to cough *toser* 6
count *conde* m 23
to count *contar (ue)* 5
counter *mostrador* m 20
      barra f 20
country *campo* m 3
      país m 1
  native country *patria* f 10
couple *par* m 5
  married couple *matrimonio* m 20
course (of study) *curso* m 6 first course (of a meal) *entrada* f 15
court *corte* f 13
to court *cortejar* 6
cousin *primo* m 9
cover *cubierta* f 4
to cover *cubrir* 10
cow (young) *vaquilla* f 23
crank *manivela* f 12
crash *choque* m 7
crazy *loco, –a* 16
to create *crear* 1
  to create a scene *armar un escándalo* 15
creature *criatura* f 16
credit *crédito* m 14
  credit card *tarjeta de crédito* f 14
crew (aboard an airplane or ship) *tripulación* f 14
crime *agravio* m 21
criminal *criminal* m or f 18
to criticize *criticar* 15
to cross *cruzar* 2
crude *rústico, –a* 5

cruel *cruel* 16
cruelty *crueldad* f 21
to crush *aplastar* 15
cry *grito* m 16
to cry *llorar* 1
  to cry about *lamentar* 6
cuadrilla *cuadrilla* (those who take care of a matador) f 16
culture *cultura* f 1
cup *taza* f 7
to cure *curar* 12
curious *curioso, –a* 9
custom *costumbre* f 5
cut *corte* m 13
to cut *cortar* 7
cylinder *cilindro* m 12

D

dad *papá* m 3
dagger *espada* f 15
daily *diariamente* 12
to damage *estropear* 15
dance *baile* m 1
to dance *bailar* 1
danger *peligro* m 15
dangerous *peligroso, –a* 16
darkness *oscuridad* f 18
      tiniebla f 18
date *cita* f 8
      fecha f 13
to date *cortejar* 6
daughter *hija* f 5
dawn *madrugada* f 7
      amanecer m 4
day *día* m 1
dead *muerto, –a* 6
dealer *negociante* m 23
to decide *decidir* 2
deck (of a boat) *cubierta* f 4
to dedicate *dedicar* 3
dedicated *dedicado, –a* 5
defect *defecto* m 1
definition *definición* f 15
delay *demora* f 8
delicate *delicado, –a* 22
delicious *delicioso, –a* 20
delightful *precioso, –a* 16
to demand *exigir* 15

to demonstrate *demostrar (ue)* 14
demonstration *demostración* f 14
to deny *negar (ie)* 18
department *departamento* m 7
departure *salida* f 1
to depend *depender* 1
to descend *bajar* 2
to describe *describir* 1
desire *deseo* m 1
  strong desire *afán* m 21
destination, destiny *destino* m 3
to destroy *destruir* 3
destroyed *destruído, –a* 3
destruction *destrucción* f 3
detail *detalle* m 7
to detain *detener* 12
to determine *determinar* 7
developed *desarrollado, –a* 18
diagnosis *diagnosis* f 12
to dial *marcar con el disco* 11
dictionary *diccionario* m 15
to die *morir (ue, u)* 3
difference *diferencia* f 1
different *distinto, –a* 1
dinner *cena* f
  to have dinner *cenar* 2
dinosaur *dinosauro* m 15
diploma *diploma* m 10
to direct *dirigirse* 15
direction *dirección* f 1
director *directora* f 8
      director m 8
dirty *sucio, –a* 12
to disappear *desaparecer* 1
disastrous *desastroso, –a* 21
discotheque *discoteca* f 8
to discover *descubrir* 10
discrimination *discriminación* f 18
to discuss *discutir* 4
discussion *discusión* f 10
dish *plato* m 5
  small dish *platillo* m 20
to disillusion *desilusionar* 15
disk *disco* m 11

to dislike *detestar* 9
distance *distancia* f 2
to distinguish *distinguir* 4
to distract *distraer* 16
to distribute *distribuir* 12
district *barrio* m 2
to divide *dividir* 18
division *división* f 12
to do *hacer* 1
doctor *médica* f 1
médico m 1
doctora f 8
document *documento* m 6
dog *perro* m 15
dollar *dólar* m 12
doña *doña* (title of respect before a woman's first name) f 1
Don Juan (type) *donjuan* m 15
door *puerta* f 1
door or gate through which the bull enters the arena *toril* m 16
double *doble* 14
to doubt *dudar* 16
doubtful *dudoso, –a* 16
dove *paloma* f 23
dozen *docena* f 7
dream *sueño* m 3
to dream *soñar (ue)* 9
dress *vestido* m 1
to dress *vestir (i, i)* 6
drink *refresco* m 3
bebida f 8
to drink *tomar* 1
beber 1
to drip *gotear* 14
to drive *conducir* 2
driver *conductor* m 2
chofer m 1
driver of a car *automovilista* m or f 12
to dry-clean *limpiar en seco* 22
dry cleaner's *tintorería* f 22
duchess *duquesa* f 23
duke *duque* m 23
during *durante* 1
dusk *anochecer* m 4
dying *moribundo, –a* 21

E

each *cada* 1
eagerness *afán* m 21
early *temprano* 1
to earn *ganar* 4
earthquake *terremoto* m 3
East *este* m 13
easy *fácil* 5
to eat *comer* 1
tomar 1
economic *económico, –a* 14
efficient *eficiente* 19
egotism *egoísmo* m 15
to elect *elegir (i, i)* 7
electric *eléctrico, –a* 12
electrician *electricista* m or f 4
elegant *elegante* 1
elevator *ascensor* m 18
to eliminate *eliminar* 1
emergency *emergencia* f 7
to employ *emplear* 7
employee *empleada* f 5
empleado m 5
emptiness *vacío* m 4
to empty *vaciar* 7
to endorse *endosar* 17
energy *energía* f 13
engineer *ingeniera* f 1
ingeniero m 1
English *inglés* m 1
to enjoy *divertirse (ie, i)* 20
gozar de 8
disfrutar 4
enough *bastante* 1
to enter *entrar* 4
to enter to distract the bull *acudir al quite* 16
enthusiasm *entusiasmo* m 13
entire *entero, –a* 4
environment *ambiente* m 21
episode *episodio* m 4
equal *igual* 1
equipment *equipo* m 3
to escape *escapar* 6
to establish *establecer* 1
ethnic *étnico, –a* 9
European *europeo, –a* 1
even *hasta* 2
aún 18

ever *nunca* 1
evident *evidente* 1
evil *mal* m 21
exact *exacto, –a* 2
to exaggerate *exagerar* 1
exaggerated *exagerado, –a* 15
exaggeration *exageración* f 1
to examine *examinar* 7
examination *examen* m 7
to exceed *exceder* 4
sobrepasar 4
excellent *excelente* 7
exception *excepción* f 1
exchange *intercambio* m 6
cambio m 2
executive *ejecutivo* m 13
exercise *ejercicio* m 12
to exercise *ejercer* 18
to exhibit *exhibir* 8
exit *salida* f 1
expensive *caro, –a* 2
experience *experiencia* f 6
expert *experta* f 12
experto m 12
to explain *explicar* 7
to explode *reventar* 23
exquisite *exquisito, –a* 20
exterior *exterior* 4
extraordinary *extraordinario, –a* 20
extreme *extremo, –a* 15
extremely *sumamente* 4
eye *ojo* m 1

F

face *cara* f 7
to face *dar a* 14
factory *fábrica* f 1
to faint *desmayarse* 7
fair *justo, –a* 14
fall (season) *otoño* m 7
to fall *caer* 3
fame *fama* f 5
to be familiar with *conocer* 1
family *familia* f 2
famous *conocido, –a* 21
famoso, –a 3
fan, fanatic *fanática* f 4
fanático m 4

fan belt *correa del dínamo* f
   12
far *lejos* 1
fare *pasaje* m 2
   tarifa f 17
farm *finca* f 12
farmer *agricultor* m 13
to fascinate *fascinar* 7
fastened *pegado, –a* 6
fatalism *fatalismo* m 21
father *padre* m 1
faucet *grifo* m 14
favorite *favorito, –a* 4
fear *miedo* m 10
to fear *temer* 13
to feel *sentir (ie, i)* 6
   to feel like *tener ganas de*
   8
female *hembra* f 15
feminine *femenino, –a* 18
ferocious *feroz* 6
fever *fiebre* f 7
few *poco, –a* 1
fiancé *novio* m 6
fiancée *novia* f 6
fiction *ficción* f 1
fictitious *ficticio, –a* 1
field *campo* m 3
fielder (baseball) *jardinero*
   m 3
to fight *luchar* 3
   to fight a bull *torear* 16
figure *figura* f 6
to figure *figurar* 23
figurine *figurita* f 22
filet *filete* m 20
to fill *llenar* 3
filling *relleno* m 20
film *película* f 3
filter *filtro* m 12
to find *encontrar (ue)* 3
   hallar 3
fine *multa* f 10
   fino, –a 1
to finish *terminar* 4
   acabar 10
fire fighter *bombero* m 8
firm *firme* 16
first *primero, –a* 1
to fit *caber* 17
to fix *arreglar* 14
   fixed *clavado, –a* 16

flamenco *flamenco* m 1
flavor *gusto* m 20
flight *vuelo* m 9
flight attendant *asistente de*
   cabina m 14
to flirt *echar piropos* 15
flirtatious compliment *pi-*
   ropo m 15
flock *rebaño* m 21
floor *piso* m 14
   suelo m 10
flourishing *florecimiento* m
   21
flower *flor* f 19
to fly *volar (ue)* 17
to follow *seguir (i, i)* 2
food *comida* f 1
   alimento m 3
   comestibles m pl 3
foot *pie* m 2
football *fútbol* m 4
   football player *futbolista*
   m or f 7
for *para* 1
force *fuerza* f 16
foreigner *extranjero* m 1
   forastero m 2
to forget *olvidar* 10
form *forma* f 1
to form *formar* 1
formality *formalidad* f 17
to foster *fomentar* 14
fountain *fuente* f 5
fragile *frágil* 22
free *gratis* 17
   libre 1
freely *libremente* 9
freight *carga* f 18
French *francés, –esa* 10
frequency *frecuencia* f 4
frequently *frecuentemente* 1
fresh *fresco, –a* 20
fried *frito, –a* 5
friend *compañero* m 10
   amiga f 1
   amigo m 1
friendly *cariñoso, –a* 19
   amistoso, –a 19
from *de* 1
   desde 2
front *delantero, –a* 12
front desk *recepción* f 14

fruit (result) *fruto* m 23
   (food) *fruta* f 13
frying pan *sartén* f 1
fuel *combustible* m 12
full *pleno, –a* 18
   lleno, –a 16
to function *funcionar* 3
funny *cómico, –a* 7
   chistoso, –a 5
   to be funny *tener gracia*
   5
future *futuro* m 21

G

gain *provecho* m 20
game *partido* m 3
   juego m 4
gardener *jardinero* m 3
garlic *ajo* m 9
gasoline *gasolina* f 5
gas station *gasolinera* f 12
gate *puerta* f 1
to gather *recoger* 10
to generalize *generalizar* 20
generously *generosamente* 3
gentleman *señor* m 1
   caballero m 1
German *alemán, –ana* 1
to get on *subir* 1
   abordar 2
to get up *levantarse* 4
gift *regalo* m 3
girl *muchacha* f 1
   niña f 1
   chica f 1
to give *entregar* 12
   dar 2
glass *vidrio* m 7
   copa f 4
glory *gloria* f 21
glove *guante* m 3
to go *ir* 1
   acudir 16
   to go down *bajar* 2
   to go toward *dirigirse a* 15
   to go up *subir* 1
godfather *padrino* m 16
gold *oro* m 3
golf *golf* m 4
good *bueno, –a* 1
good-bye *adiós* 6

government *gobierno* m 1
governor *gobernador* m 19
to grab *coger* 3
to graduate *graduarse* 9
grandfather *abuelo* m 1
  great-grandfather *bisa-buelo* m 6
grandmother *abuela* f 2
grandparents *abuelos* m pl 1
to grasp *coger* 3
grave *grave* 7
grease job *engrase* m 12
great *gran, grande* 1
Greek *griego, –a* m 13
green *verde* 2
to greet *saludar* 4
greeting *saludo* m 8
grief *pena* f 6
grilled *a la plancha* 20
groove *ranura* f 11
ground *suelo* m 10
group *grupo* m 4
to grow up *criarse* 9
to guarantee *garantizar* 22
guest *invitado* m 18
guide *guía* m or f 5
  guide for a blind person *lazarillo* m 21
guitar *guitarra* f 1

H

hair *pelo* m 1
haircut *corte de pelo* m 22
half *medio, –a* 2
hall *sala* f 7
hamburger *hamburguesa* f 1
hand *mano* f 2
to hand over *entregar* 12
handsome *guapo, –a* 1
to hang *colgar (ue)* 10
happy *feliz* 23
  contento, –a 4
  alegre 16
  to be happy *alegrarse* 13
hard *duro, –a* 4
harm *daño* m 3
harvest *cosecha* f 13
haste *prisa* f 1
hat *sombrero* m 1

to hate *detestar* 9
to have *tener* 1
  haber 1
  to have a good time *divertirse (ie, i)* 20
  to have just *acabar de* 14
  to have to *tener que* 1
head (of cattle) *res* f 5
health *salud* f 8
healthy *sano, –a* 7
to hear *oír* 3
heart *corazón* m 7
heat *calor* m 2
help *socorro* m 3
  ayuda f 2
to help *ayudar* 2
her *la* 1
herd *rebaño* m 21
here *aquí* 1
hero *héroe* m 3
high *alto, –a* 1
highly *sumamente* 4
highway *carretera* f 17
him *lo* 1
Hispanic *hispano, –a* 4
history *historia* f 6
to hit *golpear* 3
home *casa* f 1
  hogar m 18
home run *jonrón* m 3
honor *honor* m 6
hood (of a car) *cubierta* f 4 *capó* m 12 *bonete* m 12
to hope *esperar* 3
horn *cuerno* m 16
horror *horror* m 6
horse *caballo* m 16
hot *picante* 2
  caliente 7
hotel *hotel* m 2
hour *hora* f 1
house *casa* f 1
how? *¿qué?* 1
  ¿cómo? 1
  how much? *¿cuánto?* 5
hug *abrazo* m 16
human being *humano* m 16
humor *humor* m 5
humorous *humorístico, –a* 5
hundred *cien* 22

hunger *hambre* f 1
hurry *prisa* f 1
to hurt *herir (ie, i)* 7
  doler (ue) 7
husband *esposo* m 6
  marido m 9
hybrid (something created from two different species) *híbrido* m 9

I

ice cream *helado* m 20
idea *idea* f 5
identification *identificación* f 14
idiot *idiota* m or f 15
if *si* 1
ignorance *ignorancia* f 18
  tiniebla f 18
to ignore *ignorar* 1
imagination *imaginación* f 21
to imagine *imaginar* 8
to imitate *imitar* 4
immediately *inmediatamente* 6
immigrant *inmigrante* m or f 13
important *importante* 1
  to be important *importar* 22
impossible *imposible* 14
impression *impresión* f 10
impressive *impresionante* 14
improbable *improbable* 14
in *en* 1
incident *incidente* m 10
to increase *fomentar* 14
independence *independencia* f 9
independent *independiente* 1
to indicate *marcar* 11
  indicar 2
individual *individuo* m 1
  individual 1
individualist *individualista* m or f 4
industry *industria* f 12
inexpensive *barato, –a* 2

infertile *infértil* 21
to influence *influir* 5
to inform *informar* 2
information *información* f 2
in front of *frente a* 2 *enfrente de* 2 *delante de* 5 *ante* 4
inhabitant *habitante* m or f 7
injection *inyección* f 7
injury *agravio* m 21
injustice *injusticia* f 18
in motion *en marcha* 3
inn *mesón* m 1
in order to *para* 1
insignificant *insignificante* 18
to insist *insistir* 13
instrument *instrumento* 15
to insult *insultar* 15
insurance *seguro* m 22
to insure *asegurar* 22
intellectual *intelectual* 6
intelligent *inteligente* 1
interest *interés* m 1
international *internacional* 4
to interpret *interpretar* 13
to intervene *intervenir* 3
interview *entrevista* f 7
in the back *atrás* 12
to introduce *introducir* 4
to invent *inventar* 4
to investigate *investigar* 12
invitation *invitación* f 8
to invite *invitar* 8
to iron *planchar* 22
irresistible *irresistible* 15
island *isla* f 3
it *lo* 1 *la* 1
Italian *italiano, –a* 1

J

jacket *chaqueta* f 22
job *puesto* m 7
joke *chiste* m 5
journalist *periodista* m or f 5

K

to keep *guardar* 14 *mantener* 9
key *llave* f 12
kick *golpe* m 7
kilo *kilo* m 5
kilometer *kilómetro* m 4
kind *marca* f 12 *amable* 11
kiss *beso* m 10
kitchen *cocina* f 5
to know *conocer* 1 *saber* 1
known *conocido, –a* 21

L

lack *falta* f 8
to lack *faltar* 12
lady *señora* f 1
   young lady *señorita* f 1
lake *lago* m 3
lamb *cordero* m 5
to lament *lamentar* 6
land *tierra* f 1
language *idioma* m 1 *lengua* f 21
large *gran, grande* 1
last *pasado, –a* 4 *último, –a* 2
to last *durar* 2
late *de retraso* 17 *tarde* 2
Latin *latín* m 19 *latino, –a* 8
to laugh *reír* 5
   to burst out laughing *reír a carcajadas* 5
laughter *risa* f 5
laundry *lavandería* f 18
law *ley* f 4
laxative *purgante* m 12
lead *plomo* m 12
leader *jefe* m 3 *líder* m 3
league *liga* f 3
to learn *aprender* 1
leather *cuero* m 1
to leave *salir* 1 *dejar* 5
left *izquierdo, –a* 2
legally *legalmente* 18

lemonade *limonada* f 5
lesion *lesión* f 7
less *menos* 1
lesson *lección* f 3
letter (alphabet) *letra* f 1 (mail) *carta* f 1
   letter carrier *cartero* m 12
lettuce (hearts of palm) *ensalada de palmito* f 20
liberty *libertad* f 23
license *licencia* f 10
to lie down *acostarse (ue)* 8
life *vida* f 3
life jacket *chaleco salvavidas* m 14
lifeless *inánime* 16
light *ligero, –a* 20
light bulb *bombilla eléctrica* f 14
like *como* 1
to like *gustar* 1 *apetecer* 20
limit *límite* m 15
line *línea* f 2 *fila* f 15
lineage *linaje* m 23
list *lista* f 3
to listen to *escuchar* 6
   to listen with a stethoscope *auscultar* 7
literature *letras* f pl 1 *literatura* f 8
little *pequeño, –a* 4 *pico* 9 *poco, –a* 1
to live *vivir* 1
livestock *ganado* m 23
living room *sala* f 7
load *carga* f 18
loan *préstamo* m 20
lobster *langosta* f 12
long *largo, –a* 1
to look at *mirar* 1
to look for *buscar* 1
to look over *revisar* 12
to lose *perder (ie)* 2
love *amor* m 8
   to fall in love *enamorarse* 9
luck *suerte* f 16
lucky *afortunado, –a* 21

lunch *almuerzo* m 13
  to have lunch *almorzar* (ue) 4
luxury *lujo* m 20
lyrics (of a song) *letra* f 1

M

machine *máquina* f 7
machismo *machismo* m 15
macho *macho* 15
mad *loco, –a* 16
Madrid (from) *madrileño, –a* 5
magazine *revista* f 8
magnificent *magnífico, –a* 23
maid *criada* f 18
mail *correo* m 22
to maintain *mantener* 9
majority *mayoría* f 5
make *marca* f 12
to make *fabricar* 1
  hacer 1
male *varón* m 15
mama *mamá* f 1
man *hombre* m 1
  varón m 15
manner *manera* f 2
manual *manual* 12
to manufacture *fabricar* 1
march (played during the bullfight) *pasodoble* m 16
margin *margen* m 21
to mark *marcar* 11
  market *mercado* m 1
marriage, married couple *matrimonio* m 20
to get married *casarse* 6
marvel *maravilla* f 23
masculine *masculino, –a* 18
masculinity *masculinidad* f 15
mask *máscara* f 14
mass *masa* f 4
matador *matador* m 16
  senior matador *padrino* m 16
match (sports) *partido* m 3

mathematics *matemática* f 12
matter *asunto* m 19
me *mí* 3
meal *comida* f 1
to mean *significar* 15
to measure *medir (i, i)* 7
  meat *carne* f 1
mechanic *mecánico* m 12
medicine *medicina* f 3
to meet *encontrar (ue)* 3
member *miembro* m 3
memory *memoria* f 19
menu *menú* m 3
merchant *comerciante* m or f 9 *negociante* m 23
metal *metal* m 1
method *método* m 16
Mexican *mexicano, –a* 1
Middle Ages *Edad Media* f 18
midnight *medianoche* f 2
migration *migración* f 17
milk *leche* f 20
million *millón* m 7
millionaire *millonario* m 23
mind *mente* f 21
mine *mío, –a* 9
miner *minero* m 13
miniature *miniatura* f 14
minimum *mínimo, –a* 4
mirror *espejo* m 8
Miss *señorita* f 1
to miss *perder (ie)* 2
to mistreat *maltratar* 21
moment *momento* m 3
money *dinero* m 1
monster *monstruo* m 16
month *mes* m 6
more *más* 1
morning *mañana* f 6
mother *madre* f 2
motor *motor* m 3
mountain *montaña* f 1
mustache *bigote* m 15
move *mudanza* f 9
to move *mudarse* 9
movie *película* f 3
  cine m 6
Mr. *señor* m 1
Mrs. *señora* f 1

Ms. *señorita* f 1
  señora f 1
much *mucho, –a* 1
mule *mula* f 18
museum *museo* m 1
music *música* f 16
musical *musical* 4
my *mi* 1

N

name *nombre* m 3
  family name *apellido* m 13
to name *nombrar* 13
nap *siesta* f 1
nation *nación* f 9
  país m 1
national *nacional* 2
nationality *nacionalidad* f 19
native *nativo, –a* 2
  indígena 18
nature *naturaleza* f 3
near *cerca* 2
necessary *necesario, –a* 2
necessity *necesidad* f 14
to need *necesitar* 2
neighbor *vecino* m 12
neighborhood *barrio* m 2
neither *ni* 12
nephew *sobrino* m 13
nervous *nervioso, –a* 7
never *nunca* 1
  jamás 6
nevertheless *sin embargo* 9
new *nuevo, –a* 1
news *noticias* f pl 3
newspaper *periódico* m 1
New Year's Eve *Nochevieja* f 3
next *próximo, –a* 3
  luego 2
Nicaraguan *nicaragüense* 3
nice *simpático, –a* 2
niece *sobrina* f 13
night *noche* f 1
  last night *anoche* 2
no *ninguno, –a* 3
noble *noble* 5
noise *ruido* m 14
no one *nadie* 1

nor *ni* 12
normally *normalmente* 12
North *norte* m 1
North American *norteamericano, –a* 1
Northeast *nordeste* m 13
Northwest *noroeste* m 13
nose *nariz* f 12
note *apunte* m 10
notebook *cuaderno* m 12
nothing *nada* 1
novel *novela* f 12
novelist *novelista* m or f
15
novice (bullfighter) *novillero*
m 16
now *ahora* 1
number *número* m 2
nurse *enfermera* f 1
enfermero m 7

O

to obey *obedecer* 23
to observe *observar* 7
to obtain *obtener* 3
conseguir (i, i) 3
obvious *obvio, –a* 1
obviously *obviamente* 14
occasion *ocasión* f 9
occupation *negocio* m 14
to occur *ocurrir* 3
of *de* 1
of course *claro* 1
por supuesto 19
offense *agravio* m 21
office *oficina* f 1
official *oficial* 5
officially *oficialmente* 7
often *a menudo* 9
oil *aceite* m 1
old *antiguo, –a* 2
anciano, –a 23
viejo, –a 1
little old lady *viejecita* f
6
older, oldest *mayor* 2
omelet *tortilla* f 3
on board *a bordo* 14
one *un* 1
una 1
one hundred *cien* 22

one thousand *mil* m 1
only *solamente* 1
sólo 1
único, –a 9
only one *único, –a* 9
on one's hip *al costado* 18
open *abierto, –a* 10
to open *abrir* 1
to operate *operar* 7
operation *operación* f 7
operator *operador* m 11
telephone operator *tele-
fonista* m or f 18
opinion *opinión* f 5
opportunity *oportunidad* f
3
to oppose *oponer* 6
opposite *contrario* m 2
frente a 2
or *u* (before words beginning with *o* or *ho*) 4
o 1
orchestra *orquesta* f 4
to order *pedir (i, i)* 1
mandar 7
organization *organización* f
3
to organize *organizar* 3
origin *origen* m 4
ascendencia f 13
original *original* 3
other *otro, –a* 1
the other *demás* 18
outline *bosquejo* m 21
outside *fuera* 3
afuera 2
outskirts *afueras* f pl 2
oven *horno* m 5
over *sobre* 3
to overflow *rebosar* 21
overseer *mayoral* m 23
own (one's own) *propio, –a*
7
owner *dueña* f 6
dueño m 6
oxygen *oxígeno* m 14
oyster *ostra* f 7

P

package *paquete* m 9

paella *paella* (saffron-flavored dish of rice with
seafood, chicken, and
vegetables) f 10
pain *pena* f 6
dolor m 7
pair *par* m 5
pale *pálido, –a* 7
pants *pantalones* m pl 4
paper *papel* m 3
little paper *papelito* m
10
parade (before a bullfight)
paseíllo m 16
Paraguayan *paraguayo, –a*
7
to pardon *perdonar* 11
parents *padres* m pl 1
park *parque* m 1
part *pieza* f 22
parte f 1
participant *participante* m
or f 6
to participate *participar* 4
to participate in the bullfight ceremony in which
a novillero becomes a
matador *tomar la alter-
nativa* 16
party *fiesta* f 9
political party *partido* m
3
pass (with the cape) *verónica* f 16
to pass *pasar* 1
passage *pasaje* m 2
passbook *libreta* f 22
passenger *pasajera* f 2
pasajero m 2
passive *pasivo, –a* 15
passport *pasaporte* m 9
past *pasado, –a* 4
pastry *repostería* f 20
patience *paciencia* f 5
patient *paciente* m or f 7
to pay *pagar* 2
to pay attention *hacer caso*
15
peace *paz* f 6
peanut *cacahuate* m 19
cacahuete m 19
maní m 19

pedestal *pedestal* m 15
pedestrian *peatón* m 15
pediatrics *pediatría* f 7
penalty *pena* f 6
penny *centavo* m 11
people *gente* f 1
pepper *pimienta* f 12
percent *por ciento* 7
perfect *perfecto, –a* 3
perfectly *perfectamente* 8
perhaps *quizás* 1
permission *permiso* m 6
person *persona* f 2
personal *personal* 1
Peruvian *peruano, –a* 17
peso *peso* (monetary unit of
     Mexico and of several
     Latin American coun-
     tries) m 2
pessimistic *pesimista* 21
pharmacist *farmacéutica* f
     9 *farmacéutico* m 9
pharmacy *farmacia* f 9
phenomenally *fenomenal-
     mente* 14
phenomenon *fenómeno* m
     14
photograph *foto* f 1
          fotografía f 1
physical *físico, –a* 7
physics *física* f 7
piano *piano* m 16
picador *picador* m 16
     picador's lance *puya* f
     16
to pick up *recoger* 10
          descolgar (ue) 11
picture *fotografía* f 1
piece *pieza* f 22
          trozo m 20
pier *muelle* m 4
pig *cochinillo* m 19
     suckling pig *lechón* m 1
pigeon *paloma* f 23
pilot *piloto* m 1
          comandante m or f 14
to pilot *pilotear* 1
pioneer *pionero* m 13
pipe *tubo* m
pistol *pistola* f 10
place *plaza* f 2
          lugar m 2

to place *poner* 1
          meter 4
plane *avión* m 1
plate *plato* m 5
to play (games, sports)
          jugar (ue) 3 (an instru-
          ment) *tocar* 1
player *jugador* m 3
plaza *plaza* f 2
please *favor de* 17
to be pleasing *gustar* 1
plot *argumento* m 19
plumber *plomero* m 14
pocketbook *bolsa* f 3
poem *poema* m 3
poet *poeta* m or f 15
point *punto* m
police department *policía* f
     1
police officer *policía* m or f
     1
political *político, –a* 14
to pollute *contaminar* 1
polluted *contaminado, –a* 7
pollution *contaminación* f
     1
poor *pobre* 1
popular *popular* 1
population *población* f 7
porcelain *porcelana* f 22
position *puesto* m 7
possession *posesión* f 3
possible *posible* 1
postage *franqueo* m 22
postcard *tarjeta postal* f 22
postoffice *correo* m 22
postwar period *posguerra* f
     21
potato *papa* f 1
potential *potencia* f 12
power *potencia* f 12
to practice *ejercer* 18
precious *precioso, –a* 16
to prefer *preferir (ie, i)* 1
to prepare *preparar* 1
prepared *preparado, –a* 3
present *actual* 21
to present *presentar* 3
president *presidente* m 3
pressure *presión* f
pretty *bonito, –a* 5
price *precio* m 1

pride *orgullo* m 23
private *privado, –a* 11
privilege *privilegio* m 18
probable *probable* 14
probably *probablemente* 1
problem *problema* m 4
to produce *producir* 3
product *producto* m 5
professional *profesional* 3
professor *profesora* f 1
          profesor m 1
profit *provecho* m 20
program *programa* m 6
progress *progreso* m 12
          adelanto m 12
to progress *progresar* 18
to prohibit *prohibir* 4
project *proyecto* m 19
to promise *prometer* 11
to pronounce *pronunciar* 19
property *propiedad* f 18
proportion *proporción* f 18
to protect *proteger* 4
proverb *refrán* m 1
          proverbio m 1
          dicho m 1
pub *mesón* m 1
publicity *publicidad* f 14
Puerto Rican *puertorriqueño,
     –a* 3
to pull *tirar* 4
pump (air or water) *bomba*
     f 7
punctual *puntual* 8
punctuality *puntualidad* f
     8
to punish *castigar* 16
punishment *castigo* m 18
punitive *punitivo, –a* 16
pure *puro, –a* 9
to pursue *perseguir (i, i)* 7
to push *empujar* 11
push button *botón* m 11
to put *meter* 4
          poner 1

Q

quality *calidad* f 5
quarter *cuarto* m 5

387

question *pregunta* f 2
    cuestión f 1
to question *cuestionar* 10
quick *ligero, –a* 20
    rápido, –a 1

R

race *raza* f 1
    carrera f 3
    racehorse *caballo de carrera*
    m 16
radiator *radiador* m 12
rag *trapo* m 4
to rain *llover (ue)* 4
ranch *cortijo* m 23
ransom *rescate* m 23
rapid *rápido, –a* 1
rare *raro, –a* 8
raw *crudo, –a* 9
razor *navaja* f 16
to reach *cumplir* 16
    alcanzar 4
to react *reaccionar* 15
to read *leer* 1
ready *preparado, –a* 3
    listo, –a 3
real *verdadero, –a* 1
reality *realidad* f 21
to realize *realizar* 9
    darse cuenta de 10
really *realmente* 4
    de veras 8
rear *trasero, –a* 12
reason *razón* f 4
receipt *talón* m 14
to receive *recibir* 1
receiver (telephone) *auricu-
    lar* m 1
recent *reciente* 13
recently *recientemente* 13
reception *recepción* f 14
recipe *receta* f 19
to recognize *reconocer* 4
to recommend *recomendar (ie)*
    2
record *disco* m 11
red *rojo, –a* 1
refreshment *refrigerio* m
    20 *refresco* m 3
to refuse *negar (ie)* 18

region *región* f 1
regional *regional* 5
to regulate *arreglar* 14
to reject *rechazar* 9
to relate *relatar* 5
    related *relacionado, –a* 14
    relative *pariente* m or f 9
    relevance *relevancia* f 15
to remain *quedar* 1
to remember *recordar (ue)* 8
    acordarse (ue) 10
to rent *alquilar* 16
    repair *reparación* f 12
to repair *reparar* 14
to repeat *repetir (i, i)* 6
to represent *representar* 1
    reputation *reputación* f 7
to rescue *salvar* 3
    reservation *reservación* f
    14
    residence, residency *resi-
    dencia* f 7
to resist *resistir* 16
to resolve *resolver (ue)* 6
    respirator *respirador* m 7
to respond *responder* 5
to be responsible for *encargarse*
    14
    rest *descanso* m 7
    the rest *demás* 18
to rest *descansar* 3
    restaurant *restaurante* m 1
    result *fruto* m 23
to result *resultar* 4
    return *regreso* m 9
to return *devolver (ue)* 10
    regresar 9
    volver (ue) 1
    revolution *revolución* f 2
    rice *arroz* m 9
    rich *rico, –a* 1
    acomodado, –a 18
    ridiculous *ridículo, –a* 8
    right *derecho, –a* 2
to ring *sonar (ue)* 11
    river *río* m 1
    road *camino* m 18
    roasted *asado, –a* 1
to rob *robar* 13
    role *rol* m 18
    papel m 3
    romantic *romántico, –a* 15

room *sala* f 7
    habitación f 14
    dormitorio m 19
    cuarto m 5
    single room *cuarto sencillo*
    m 14
rose *rosa* f 1
route *ruta* f 2
routine *rutinario, –a* 12
routinely *rutinariamente* 12
row *fila* f 15
to row *remar* 3
to ruin *estropear* 15
    arruinar 15
ruins *ruinas* f pl 3
rule *regla* f 4
to run *correr* 3
runway *pista* f 2
Russian *ruso, –a* 19
rustic *rústico, –a* 5

S

sack *bolsa* f 3
sad *triste* 5
sadness *tristeza* f 7
safe *seguro, –a* 22
safety *seguridad* f 14
sailor *marino* m 4
saint *santa* f 6
    santo m 13
    saint's day *santo* m 13
salad *ensalada* f 20
salary *salario* m 4
    sueldo m 18
sale *venta* f 8
salt *sal* f 12
salvation *salvación* f 23
same *mismo, –a* 1
    the same *igual* 1
sandwich *sándwich* m 2
    bocadillo m 3
sausage *salchicha* f 3
to save *salvar* 3
savings account *cuenta de
    ahorros* f 22
Saxon *sajón, –ona* 18
to say *decir* 1
saying *dicho* m 1
    refrán m 1
scale *balanza* f 17
scandal *escándalo* m 15

scholarship *beca* f 19
school *escuela* f 3
  high school *liceo* m 10
      colegio m 9
science *ciencia* f 7
scoundrel *sinvergüenza* m 6
to scream *gritar* 4
sea *mar* m 1
seamstress *modista* f 9
season *estación* f 2
     temporada f 3
seat *silla* f 8
    asiento m 14
seated *sentado, –a* 2
secondary *secundario, –a* 7
secretary *secretaria* f 1
section *sección* f 2
to see *ver* 1
to seem *parecer* 1
segregation *segregación* f 9
to sell *vender* 1
to send *enviar* 3
    mandar 7
sense *sentido* m 5
serape *sarape* (Mexican heavy shawl or small blanket) m 1
series *serie* f 16
serious *serio, –a* 23
    grave 7
to serve *servir (i, i)* 1
service *servicio* m 2
several *varios, –as* 1
Seville (of or from) *sevillano, –a* 5
to sew *coser* 6
shampoo *champú* m 22
to shave *afeitarse* 8
she *ella* 1
sheep *oveja* f 21
sheet *sábana* f 14
shellfish *marisco* m 1
shirt *camisa* f 1
shoe *zapato* m 1
shore *orilla* f 21
short *corto, –a* 1
    bajo, –a 1
shout *grito* m 16
to shout *gritar* 4
show *espectáculo* m 16

to show *mostrar (ue)* 1
    enseñar 18
    manifestar 15
    demostrar (ue) 14
shower *ducha* f 14
sick *enfermo, –a* 4
side *lado* m 4
sideburns *patillas* f pl 22
sidewalk *acera* f 5
sight *vista* f 3
sign *letrero* m 2
similar *similar* 1
similarity *semejanza* f 1
simple *sencillo, –a* 12
since *desde* 2
to sing *cantar* 1
sink *lavabo* m 10
sister *hermana* f 1
  sister-in-law *cuñada* f 13
to sit down *sentarse (ie)* 2
situated *situado, –a* 10
size *tamaño* m 13
sketch *bosquejo* m 21
to ski *esquiar* 4
skirt *falda* f 12
ski slope *pista* f 2
to sleep *dormir (ue, u)* 1
slot *ranura* f 11
slowly *despacio* 14
small *menudo, –a* 9
    pequeño, –a 4
to smash *aplastar* 15
to smell *oler (ue)* 16
smile *sonrisa* f 5
to smile *sonreír* 7
smoke *humo* m 12
to smoke *fumar* 17
smooth *suave* 19
snack *refrigerio* m 20
    merienda f 1
so *tan* 2
  tal 21
soap *jabón* m 5
social *social* 5
society *sociedad* f 18
sofa *sofá* m 7
soft *suave* 19
soldier *soldado* m 3
sole (of a shoe) *suela* f 9
to solicit *solicitar* 7
solitary *solitario, –a* 4

some *alguno, –a* 1
someone *alguien* 1
something *algo* 1
sometimes *a veces* 1
so much *tanto, –a* 10
son *hijo* m 3
song *canción* f 1
to sound *sonar (ue)* 11
soup *sopa* f 6
source *fuente* f 5
South *sur* m 13
South American *sudamericano –a* 1
Southwest *sudoeste* m 13
    suroeste m 13
Spanish *español, –a* 1
    castellano, –a m 19
Spanish American *hispanoamericano, –a* 1
spark plug *bujía* f 12
to speak *hablar* 1
special *especial* 7
specialist *especialista* m or f 7
specialty *especialidad* f 1
spectacle *espectáculo* m 16
spectator *espectador* m 4
to speculate *especular* 4
speed *velocidad* f 4
    marcha f 3
to spend (money) *gastar* 20
  (time) *pasar* 1
spicy *picante* 9
sponsor *padrino* m 16
sport *deporte* m 4
spot *lugar* m 2
spring *primavera* f 23
square *plaza* f 2
stadium *estadio* m 4
stamp *sello* m 22
to stand out *superar* 4
    distinguir 4
to start *comenzar (ie)* 3
    arrancar 3
starter *arranque* m 12
state *estado* m 3
station *estación* f 2
  railroad station *estación de ferrocarril* f 5
to stay *quedar* 1
steering wheel *volante* m 12

step *paso* m 15
stereotype *estereotipo* m 1
stereotypical *estereotípico, –a* 1
stethoscope *estetoscopio* m 7
stew *guisado* m 20
still *todavía* 3
   aún 18
to stitch *tomar puntos* 7
stomach *estómago* m 7
   barriga f 7
   panza (slang) f 21
  stomachache *dolor de barriga* m 7
stone *piedra* f 1
stop *escala* f 17
to stop *detener* 12
   parar 2
   dejar de 9
storage *servicio de almacén* m 22
store *tienda* f 1
story *cuento* m 1
   piso m 14
   historia f 6
  illustrated short story *historieta* f 15
strange *raro, –a* 8
   curioso, –a 9
straw *paja* f 1
street *calle* f 2
strength *fuerza* f 16
strong *fuerte* 1
struggle *lucha* f 18
stubborn *obstinado, –a* 5
   terco, –a 5
student *estudiante* m or f 1 *alumna* f 1 *alumno* m 1
study *estudio* m 6
to study *estudiar* 1
stupendous *estupendo, –a* 1
stupid *estúpido, –a* 6
   tonto, –a 19
subject *asunto* m 19
subordinate *subordinado, –a* 18
suburb *suburbio* m 2
to succeed in *conseguir (i, i)* 3
success *éxito* m 7

such *tal* 21
to suffer *sufrir* 7
suffrage *sufragio* m 18
sugar *azúcar* m 5
to suggest *sugerir (ie, i)* 15
suit *traje* m 11
suitcase *maleta* f 1
  small suitcase *maletín* m 1
summer *verano* m 4
sun *sol* m 4
sunset *anochecer* m 4
superior *superior* 9
to supply *suplir* 12
supreme *supremo, –a* 23
sure *seguro, –a* 22
surgeon *cirujana* f 7
   cirujano m 7
surgery *cirujía* f 7
to surround *rodear* 23
to sweat *sudar* 7
sweet *dulce* 20
sweetly *dulcemente* 23
to swim *nadar* 1
swimming *natación* f 4
sword *espada* f 15
  bullfighter's sword *estoque* m 16
symptom *síntoma* m 7
system *sistema* m 2

T

table *mesa* f 3
tailor *modista* m 9
tail pipe *tubo de escape* m 12
to take *tomar* 1
   llevar 1
  to take away, to take off *quitar* 10
  to take care of *atender (ie)* 1
  to take off (airplane) *despegar* 3
  to take out *sacar* 10
takeoff *despegue* m 3
tall *alto, –a* 1
tango *tango* m 8
tank *tanque* m 12
taste *sabor* m 1
   gusto m 20

to taste *probar (ue)* 20
   apetecer 20
tasty *sabroso, –a* 13
tax *tarifa* f 14
taxi *taxi* m 2
tea *té* m 5
to teach *enseñar* 18
teacher *maestra* f 7
   maestro m 22
team *equipo* m 3
tear *lágrima* f 23
technical *técnico, –a* 8
telephone *teléfono* m 10
  telephone booth *cabina telefónica* f 11
television *televisión* f 1
  television set *televisor* m 14
to tell *contar (ue)* 5
   decir 1
teller *cajero* m 22
temperature *temperatura* f 7
tennis *tenis* m 4
terminal (bus) *terminal* m 2
terrible *terrible* 7
territory *territorio* m 23
test *examen* m 7
Texan *tejano, –a* 5
thanks *gracias* f pl 2
that *eso* 1
   ese, –a 1
   aquel, –la 2
   que 1
the *la* 1
   el 1
theater *teatro* m 3
   cine m 6
them *ellos, –as* 1
theme *tema* m 19
then *luego* 2
   entonces 2
   pues 1
theory *teoría* f 15
there *allá* 3
   allí 1
there is, there are *hay* 1
they *ellos, –as* 1
thick *espeso, –a* 12
thin *fino, –a* 1
thing *cosa* f 1

to think *pensar (ie)* 2
this *esto, –a* 4
    este, –a 1
thousand *mil* m 1
through *por* 1
to throw *echar* 12
    tirar 4
thus *tal* 21
ticket *billete* m 2
    boleto m 2
    entrada f 15
    talón m 14
    ticket m 2
tiger *tigre* m 15
time *tiempo* m 2
    vez f 2
tire *neumático* m 12
    llanta f 12
to tire *cansar* 8
tired *cansado, –a* 3
title *título* m 23
to *a* 1
to toast (with a drink) *brindar* 8
toasted *tostado, –a* 20
tobacco *tabaco* m 3
today *hoy* 1
together *junto, –a* 1
toilet paper *papel higiénico* m 14
tolerant *tolerante* 21
tomorrow *mañana* m 6
too much *demasiado* 9
tooth *diente* m 15
torment *tormenta* f 16
to torment *atormentar* 16
tortilla *tortilla* (type of pancake made from corn) f 3
to torture *torturar* 4
total *total* 3
totally *totalmente* 1
to touch *tocar* 1
tourism *turismo* m 1
tourist *turista* m or f 1
towel *toalla* f 14
tower *torre* f 5
town *pueblo* m 1
trace *rastro* m 23
trade *comercio* m 3
tradition *tradición* f 5
traditional *tradicional* 18

traffic *tráfico* m 2
    traffic light *semáforo* m 12
tragedy *tragedia* f 5
train *tren* m 1
transferred *transferido, –a* 12
to translate *traducir* 3
transmission *transmisión* f 12
to travel *viajar* 1
traveler *viajero* m 14
    traveler's check *cheque de viajero* m 22
to treat *tratar* 6
tree *árbol* m 12
    tree trunk *tronco* m 7
tremendous *tremendo, –a* 4
trip *viaje* m 1
triumph *triunfo* m 16
to triumph *triunfar* 16
tropical *tropical* 3
trout *trucha* f 20
truck *camión* f 19
true *verdadero, –a* 1
    verdad 1
trumpet *clarín* m 16
trunk *baúl* m 3
truth *verdad* f 1
to try *probar (ue)* 20
    tratar 6
turn *vuelta* f 17
    turno m 7
to turn *virar* 2
type *tipo* m 10

U

ugly *feo, –a* 21
uncertain *incierto, –a* 16
uncle *tío* m 13
unconscious *inconsciente* 7
underneath *debajo de* 14
to understand *comprender* 2
    entender (ie) 21
union *unión* f 23
United States *EE. UU.* (abbreviation) m pl 1
university *universidad* f 5
unknown *desconocido, –a* 21
until *hasta* 2

us *nosotros, –as* 1
    nos 1
to use *emplear* 7
    usar 1
useful *útil* 1

V

vacation *vacaciones* f pl 1
vacuum *vacío* m 4
Valencia (of) *valenciano, –a* 16
valley *valle* m 13
variety *variedad* f 10
various *varios, –as* 1
to vary *variar* 18
vegetable *vegetal* m 1
velocity *velocidad* f 4
    marcha f 3
version *versión* f 19
very *muy* 1
vest *chaleco* m 14
victim *víctima* f 3
victorious *victorioso, –a* 4
view *vista* f 3
village *aldea* f 19
violently *violentamente* 3
violin *violín* m 16
virtue *virtud* f 1
visa *visado* m 17
to visit *visitar* 1
voice *voz* f 14
volleyball *vólibol* m 4
voluntary *voluntario, –a* 7
volunteer *voluntario* m 7
to vomit *vomitar* 7
vote, right to vote *sufragio* m 18

W

waiter *mesero* m 8
    camarero m 8
to wait for *esperar* 3
waitress *camarera* f 8
to walk *caminar* 1
    andar 3
    to go for a walk *pasear* 5
wall *pared* f 4
to want *querer (ie)* 1
    desear 8
war *guerra* f 1

warm *caliente* 7
to wash *lavar* 8
washroom *lavabo* m 10
watch *reloj* m 10
   wristwatch *reloj de pulsera*
     m 10
water *agua* f 1
waterskiing *esquí acuático*
   m 4
way *paso* m 15
   manera f 2
we *nosotros, –as* 1
to wear *llevar* 1
weather *tiempo* m 2
wedding *boda* f 23
week *semana* f 3
to weigh *pesar* 7
well *pues* 1
   bien 1
well-off *acomodado, –a* 18
West *oeste* m 13
wharf *muelle* m 4
what? *¿qué?* 1
wheel *rueda* f 12
when *cuando* 1
   when? *¿cuándo?* 1
where *donde* 1
   where? *¿dónde?* 1
        ¿adónde? 1
which *que* 1
   which? *¿cuál?* 1
   which one? *¿cuál?* 1
while *mientras* 1
white *blanco, –a* 7

who *que* 1
   who? *¿quién?* 1
whose *cuyo, –a* 6
why? *¿por qué?* 1
widow *viuda* f 6
wife *esposa* f 4
wild beast *fiera* f 6
to win *ganar* 4
window *ventana* f 7
        escaparate m 5
   little window, ticket win-
     dow *ventanilla* f 8
windshield *parabrisas* m
   12
wine *vino* m 10
winter *invierno* m 22
wish *deseo* m 1
to wish *querer (ie)* 1
   desear 8
with *con*
   with me *conmigo* 3
   with you *contigo* 3
within *dentro de* 14
without *sin* 1
woman *mujer* f 1
word *palabra* f 4
   words (of a song) *letra* f
   1
work *trabajo* m 1
   obra f 21
to work *labrar* 13
   trabajar 1
worker *trabajadora* f 1
   trabajador m 1

skilled worker *artesano*
   m 5
world *mundo* m 1
   pertaining to the world
   mundial 4
worry *preocupación* f 12
to worry *preocuparse* 22
worse *peor* 2
to be worth *valer* 17
would that *ojalá* 22
wound *herida* f 7
to wound *herir (ie, i)* 7
to wrap *envolver (ue)* 10
to write *escribir* 1
writer *escritora* f 10
   escritor m 9

Y

Yankee *yanqui* m 9
year *año* m 1
yesterday *ayer* 2
to yield *ceder* 15
young *joven* 1
younger, youngest *menor*
   2
yours *tuyo, –a* 9
youth *mozo* m 14

Z

zealot *fanática* f 4
   fanático m 4

Índice

adjectives, comparative and superlative, 22–24, 167–170
  used as nouns, 262–263
andar, preterite, 36–37, 258–261
–ar verbs
  conditional, 245–247
  future, 233–234
  imperfect, 4–6
  participle, past, 135–136 present, 65
  present perfect, 120–123
  present progressive, 65–66
  preterite, 24–25
conditional perfect, 326–328
conditional, 245–249
construir, present participle, 77–78
creer, present participle, 77–78
decir
  conditional, 247–249
  future, 233–235
  preterite, 40, 259–261
–er verbs
  conditional, 245–247
  future, 233–234
  imperfect, 6–8
  present perfect, 122–123
  present progressive, 67–68
  preterite, 24–25
estar, preterite, 36–37, 258–261
  future tense, 233–234
hacer
  conditional, 247–249
  future, 233–235
  preterite, 38–39, 259–261
imperatives, familiar, irregular, 165–166

  regular, 163–165
  formal, 150–154
    irregular, 152–154
    regular, 150–152
imperfect progressive tense, 80–81
imperfect tense, 4–11
  vs. preterite, 52–55
infinitive vs. subjunctive, 235–236
ir, imperfect, 10–11
  preterite, 41, 258–261
–ir verbs
  conditional, 245–247
  future, 233–234
  imperfect, 6–8
  present, 66–68
  present perfect, 122–123
  present progressive, 67–68
irregular verbs (*see* individual verbs)
leer, present participle, 77–78
negative words, 295–296
nouns formed from adjectives, 262–263
past participle, *–ar* verbs, 135–136
  –er and *–ir* verbs, 135–136
  irregular verbs, 137–138
pluperfect tense, 135–138
poder
  conditional, 247–249
  future, 233–235
  preterite, 37–38, 259–261
poner
  conditional, 247–249
  future, 233–235
  preterite, 37–38, 259–261
prepositional pronouns, 34–36

present participle, –ar verbs, 65–66
   –er and –ir verbs, 67–68
   irregular verbs (see individual verbs)
   stem-changing verbs, 78–79
present perfect tense, 120–123
   subjunctive, 323–324
present progressive tense, 65–68
preterite tense, 24–25, 36–41
   vs. imperfect, 52–55
   stem-changing verbs, 91–94, 257–258
producir, preterite, 40, 259–261
progressive tense, imperfect, 80–81
   present, 65–68
pronouns, direct object, 196–198
   indirect object, 207–208
   with participle, 103–106
   possessive, 124–127
   with preposition, 34–36
querer
   conditional, 247–249
   future, 233–235
   preterite, 38–39, 259–261
reflexive pronouns with participle, 103–104
saber
   conditional, 247–249
   future, 233–235
   preterite, 37–38, 259–261
ser, imperfect, 8–9
   preterite, 41, 258–261
si clauses, 324–326
stem-changing verbs, present, 107–109
   present participle, 78–79
   preterite, 91–94, 257–258
   subjunctive of, 219–221
subjunctive, with adverbial clauses, 289–292
   of time, 306–308
   with antes de que, 308–309
   with aunque, 292–294
   with expressions of doubt, 222–223
   imperfect, 271–277
     in noun clauses, 272–277
   with impersonal expressions, 194–196
   vs. infinitive, 235–236

with ojalá, tal vez, quizá, 312–313
present, 180–185
   of stem-changing verbs, 219–221
   in noun clauses, 180–185
   present perfect, 323–324
   in relative clauses, 310–311
   with special verbs, 209–211
superlative of adjectives, 22–24, 167–170
tener
   conditional, 247–249
   future, 233–235
   preterite, 36–37, 258–261
traducir, preterite, 40, 259–261
traer, present participle, 77–78
   preterite, 40, 259–261
venir
   conditional, 247–249
   future, 233–235
   preterite, 38–39, 259–261
verbs, –ar
   conditional, 245–247
   future, 233–234
   imperfect, 4–11
   participle, past, 135–136 present, 65
   present perfect, 120–122
   present progressive, 65–67
   preterite, 24–25
–er and –ir, conditional perfect tense,
     326–328
   conditional tense, 245–249
   future tense, 233–234
   imperfect, 6–11
   imperfect progressive tense, 80–81
   participle, past, 135–136
     present, 65–68
   pluperfect tense, 135–138
   present perfect tense, 122–123
   present progressive, 65–68
   present, stem-changing, 107–109
   preterite, regular, 24–25
     stem-changing, 91–94, 257–258
       present participle, 65
       preterite, 91–94, 257–258